Y 5545.
Znf.3.

Ⓒ

Yf 4656

ŒUVRES COMPLÈTES

DE

CASIMIR DELAVIGNE

III

THÉATRE

III

PARIS, IMPRIMÉ PAR PLON FRERES,

36, RUE DE VAUGIRARD.

OEUVRES COMPLÈTES

DE

CASIMIR DELAVIGNE

AVEC UNE NOTICE

PAR M. GERMAIN DELAVIGNE

NOUVELLE EDITION

THÉATRE
III

LES ENFANTS D'ÉDOUARD, — DON JUAN D'AUTRICHE, — UNE FAMILLE AU TEMPS DE LUTHER.

PARIS

DIDIER, LIBRAIRE-ÉDITEUR

35, QUAI DES AUGUSTINS

1846

LES ENFANTS D'ÉDOUARD,

TRAGÉDIE EN TROIS ACTES,

REPRÉSENTÉE POUR LA PREMIÈRE FOIS, A PARIS, SUR LE THÉATRE-FRANÇAIS, LE 18 MAI 1833.

> O thus, quoth Dighton, lay the gentle babes, —
> Thus, thus, quod Forrest, girdling one another
> Within their alabaster innocent arms:
> Their lips were four red roses on a stalk,
> Which, in their *summer* beauty, kiss'd each other.
> A book of prayers on their pillow lay;
> Which once, quoth Forrest, almost chang'd my mind;
> But, O, the devil — there the villain stopp'd;
> When Dighton thus told on, — we smothered
> The most replenished sweet work of nature,
> That from the prime creation, e'er she fram'd. —
>
> (SHAKSPEARE.)

« C'est ainsi, me disait Dighton, qu'étaient couchés ces aimables enfants. » — « Ils se tenaient ainsi, disait Forrest, l'un l'autre entourés de leurs bras innocents et blancs comme l'albâtre; leurs lèvres semblaient quatre roses vermeilles sur une seule tige, qui dans tout l'éclat de leur beauté, se baisaient l'une l'autre. Un livre de prières était posé sur leur chevet : cette vue, dit Forrest, a, pendant un moment, presque changé mon âme; mais, oh! le démon.... » Le scélérat s'est arrêté à ce mot, et Dighton a continué : « Nous avons étouffé le plus parfait, le plus charmant ouvrage que la nature ait jamais formé depuis la création! »

PERSONNAGES.

ÉDOUARD V, roi d'Angleterre.
RICHARD, duc d'York, son frère.
RICHARD, duc de Glocester, oncle des princes, régent du royaume.
Le duc de BUCKINGHAM.
Sir James TYRREL.
La reine ÉLISABETH, veuve de lord Gray, puis d'Édouard IV, mère des deux princes.
LUCI, première femme de la reine.
EMMA,
FANNY, } femmes de la reine.
WILLIAM, serviteur de la reine.
Le cardinal BOURCHIER.
L'archevêque d'York.
DIGHTON.
FORREST.
Lords, Seigneurs de la cour.
Gardes.

L'EXTINCTION

DES

DEUX FILS DU ROY ÉDOUARD D'ANGLETERRE.

Le roy Edouard d'Angleterre, quatrième de ce nom, recommanda avant son trespas ses deux fils Edouard et Georges[1] à son frère Richard, duc de Glocestre, afin que Edouard, prince de Galles, son fils aisné, eagé de quatorze ans, succédast à la couronne, comme son vrai héritier. Son dit frère Richard, duc de Glocestre, proumit de faire son possible, et demoura régent, et print en sa tutelle les deux enfans ses nepveux. Ycelui, faindant vouloir debeller et envahir les François, assembla grande pécune et suffisante armée pour ce faire, et arriva à Londres la nuict Sainct-Jehan-Baptiste; et commença dès lors à monter en orgueil; si devint à demi tyran. La reine d'Angleterre, cognoissant la protervie de son courage, se tirra arrière et emmena ses enfans en une place forte nommée Vastremonstre (Westminster), afin que le dit de Glocestre ne leur fist quelque moleste. Néantmoins ceulx de Galles, les princes du sang et parenté du roy Edouard se mirent en peine de couronner le prince de Galles, et tirèrent vers Londres pour ce faire; et le dit duc de Glocestre l'une fois se faindoit être joyeux de ce couronnement, l'aultre fois tenoit terme tout au contraire; et y mit tant d'entraves que la chose suschey.

Il trouva façon par aulcunes accusations de soi despescher du

---

[1] La plupart des historiens s'accordent à donner à ce prince le nom de Richard.

seigneur d'Escales, nepveu des dits enfans, et seigneur de la Rivière, ensemble de Thomas Vayant; puis fit bouter le dit prince son nepveu en la Tour de Londres. Et pour ce qu'il sembloit qu'il ne povoit faire chose de valeur s'il n'avoit le second fils son nepveu, eagé de douze ans, afin de anéantir la querelle, il le fit mander par l'arcevesque de Cantorbie, oncle des dits enfans, lequel dit à la mère, vevfe du roy Edouard, que son fils Georges vinst hastivement au couronnement de son frère; si verroit les honneurs qui se feroient illecq afin de tousjours apprendre. La reine, toute apprinse des deceptions de son beau frère, l'accordoit fort enuis; nonobstant elle se confioit au dit arcevesque.

Le second fils du roy Edouard, nommé Georges, comme dit est, fut rendu et bouté en la Tour de Londres, avecq son frère aisné; le duc Richard leur fit donner estat, qui fort diminua. L'aisné fils estoit simple et fort mélancolieux, cognoissant aulcunement la mauvaisetié de son oncle, et le second fils estoit fort joyeux et spirituel, appert et prompt aux danses et aux esbats; et disoit à son frère, portant l'ordre de la Jarretière : « Mon frère, apprenez à danser. » Et son frère lui répondit : « Il vauldroit mieux que vous et moi apprinssions à mourir, car je cuide bien savoir que guaires de temps ne serons au monde. » Ils furent environ cinq sepmaines prisonniers; et par le capitaine de la Tour le duc Richard les fit occultement mourir et esteindre.

Aulcuns disent qu'il les fit bouter en une grande huge, et enclorre illec sans boire et sans manger. Aultres disent qu'ils furent estaincts entre deux quientes, couchants en une même chambre. Et quand vint à l'exécution, Edouard, l'aisné fils, dormoit, et le jeune veilloit, lequel s'apperçut du malice, car il commença à dire : « Ha! mon frère, esveillez-vous, car l'on vous vient occir! » Puis disoit aux appariteurs : « Pourquoi tuez-vous mon frère? tuez-moi et le laissez vivre! » Ainsi doncques l'un après l'autre furent exécutés et estaincts, et les corps rués en quelque lieu secret; puis furent recueillis, et après la mort du roy Richard eurent royaux obsecques.

(CHRONIQUE DE MOLINET.)

A mon Ami,

PAUL DELAROCHE,

Ma tragédie des Enfants d'Édouard.

Casimir Delavigne.

ACTE PREMIER.

Un salon chez la reine Élisabeth. D'un côté, la reine occupée à broder; de l'autre, quelques métiers de tapisserie abandonnés par ses femmes, qui entourent le jeune duc d'York.

SCENE I.

ÉLISABETH, LE DUC D'YORK, LUCI, EMMA, FANNY.

ÉLISABETH, au duc d'York, sans lever les yeux.

Regarderai-je?

LE DUC D'YORK, dont on achève la toilette.

Oh! non.

ÉLISABETH.

Enfant!

LE DUC D'YORK.

Non, pas encor.
(A Luci.)
Bonne mère, attendez. Donne le collier d'or.

LUCI.

Plus tard.

LE DUC D'YORK, courant vers une table.

Tiens! Je le prends.

LUCI.

Reine, veuillez, de grâce,
Forcer le duc d'York à demeurer en place.
Il est comme un oiseau,

ACTE I, SCÈNE I.

LE DUC D'YORK.
Qu'au piége on aurait pris :
Je ne fais pas un bond sans qu'on pousse des cris.
Allons, vieille Luci, viens, cours!

LUCI, à la reine.
Il me désole.

LE DUC D'YORK, courant autour de la table.
Rattrape en chancelant ton oiseau qui s'envole,

LUCI.
Essayer un habit pour le couronnement,
(S'élançant pour le saisir.)
C'est grave... On vous tient!

LE DUC D'YORK, s'échappant.
Bon!...

ÉLISABETH.
Très-grave assurément.

LUCI.
Lord Glocester, votre oncle, aujourd'hui vient vous prendre
Pour recevoir le roi.

ÉLISABETH.
Vous le ferez attendre :
(Le regardant de côté.)
Richard, je vais gronder. Cher trésor, qu'il est bien!

LUCI, au duc d'York.
Votre frère est un ange, et vous ne valez rien.

LE DUC D'YORK.
Voyez-vous l'hypocrite! Il est roi d'Angleterre,
Et je ne le suis pas; voilà tout le mystère.

LUCI.
Dans le pays de Galle, où chacun l'admirait,
Le jour de son départ il a fait un beau trait.

LE DUC D'YORK, se rapprochant.

Lequel?

LUCI.

On nous l'écrit.

LE DUC D'YORK.

Lequel? je veux l'apprendre :
L'éloge d'Édouard, j'aime tant à l'entendre!

LUCI, le saisissant.

On vous tient, déserteur!

LE DUC D'YORK.

C'est une trahison ;
Mais je me vengerai.

ÉLISABETH.

Demande-lui raison.

(A Luci.)
Abuser de l'amour qu'il montre pour son frère,
Ah! fi! c'est mal.

LUCI.

Amour que je ne comprends guère ;
Ils sont si différents! l'un gai, bouillant, fougueux ;
L'autre, grave et sensible.

ÉLISABETH.

Aimables tous les deux.

LE DUC D'YORK, à Luci.

Si tu pouvais finir! pour cette jarretière
Faut-il donc à genoux rester une heure entière?

LUCI.

Encor faut-il le temps. Je suis vieille, et mes doigts
N'ont plus l'agilité qu'ils avaient autrefois,
Mon cher petit Richard.

LE DUC D'YORK.

Petit! quelle injustice!
On est jusqu'à vingt ans petit pour sa nourrice.

ACTE I, SCÈNE I.

LUCI.

Un moment, et j'achève.

LE DUC D'YORK, avec impatience.

Est-ce fait?

LUCI.

Liberté!

Beau captif.

LE DUC D'YORK, se plaçant devant la reine.

Regardez.

ÉLISABETH.

Charmant, en vérité!

EMMA.

On n'est pas plus joli.

ÉLISABETH.

Venez, vous qu'on adore,
Qu'on vous baise cent fois, et puis cent fois encore!

LE DUC D'YORK.

Sous l'appareil du sacre et l'auguste bandeau,
Luci, crois-tu toujours qu'Édouard soit plus beau?

ÉLISABETH.

Vous charmerez tous deux ce peuple qui vous aime.

(A Luci.)

Levez vos grands yeux noirs! C'est son père lui-même.

LUCI, appuyée sur le dos du fauteuil de la reine.

Il a de son regard.

ÉLISABETH.

Mais beaucoup; mais, Luci,
C'est sa vivante image : il souriait ainsi;
Cette grâce, il l'avait, quand sa main souveraine
Releva lady Gray pour en faire une reine.

LE DUC D'YORK.

Lady Gray, c'était vous.

ÉLISABETH.

Qui, pauvre et sans appui,
Redemandais mes biens en pleurant devant lui.
Dieu! comme je tremblais! Luci se le rappelle.
(A Luci.)
Il fut bien généreux; mais moi, j'étais bien belle;
N'est-ce pas?

LE DUC D'YORK.

Je le crois; belle comme à présent.

ÉLISABETH, qui l'embrasse.

Je vous punis, flatteur!

LUCI.

Sans doute; en le baisant.
Voilà vos châtiments : caresses sur caresses;
Et votre fils aîné n'a rien de vos tendresses.

LE DUC D'YORK, à la reine.

Je lui rendrai sa part en l'embrassant pour vous.

ÉLISABETH.

Savez-vous qu'à Radnor il souffrait loin de nous?

LUCI.

Quoi! toujours?

ÉLISABETH.

Pauvre fleur, le chagrin l'a fanée.
Que de pleurs nous coûta cette triste journée,
Où le noble Édouard de ses bras défaillants,
De ses yeux affaiblis vous cherchait, mes enfants,
Rapprochait, unissait vos deux têtes charmantes
Sous les derniers baisers de ses lèvres mourantes!
Aimez-vous! a-t-il dit, et, regardant les cieux,
Pour ne plus les rouvrir, il a fermé les yeux.

LE DUC D'YORK, d'une voix altérée.

Un beau soir, à Windsor, nous irons, ô ma mère,

Lui demandant tous trois la santé de mon frère,
Déposer sur le marbre, où souvent nous pleurons,
Deux couronnes de fleurs que nous enlacerons;
Et puis vous lui direz : A ton désir fidèles,
Tes fils jusqu'au tombeau seront unis comme elles.
Le voulez-vous?

ÉLISABETH, essuyant les yeux du duc d'York.

Demain.

LE DUC D'YORK.

Dès qu'il nous reverra,
Au bonheur, à la vie Édouard renaîtra.
De lui donner des soins qu'on me laisse le maître.
Mon remède est si bon!

ÉLISABETH.

Pourrait-on le connaître?

LUCI.

C'est le jeu.

LE DUC D'YORK.

Trouve mieux pour guérir ses douleurs.

ÉLISABETH, à part.

Comme, chez les enfants, le rire est près des pleurs!

LE DUC D'YORK.

Lord Rivers avec lui reviendra-t-il à Londre?

ÉLISABETH.

Sans doute.

LUCI.

Noble cœur, et dont je puis répondre!
Parent loyal et sûr; ami vrai, celui-là,
Votre oncle maternel.

ÉLISABETH.

Qu'entendez-vous par là?

LUCI.

Rien : je dis seulement que c'est leur second père,
Et qu'ils n'en ont pas d'autre.

LE DUC D'YORK.

Il est parfois sévère ;
Mon oncle Glocester est bien plus indulgent,
Et je l'aime bien moins.

ÉLISABETH.

Parlez mieux du régent.
Quoi qu'en dise Luci, dont le discours me blesse,
Vous pouvez, chers enfants, compter sur sa tendresse.
Il a de votre père et le zèle et les soins ;
Il lui ressemble en tout.

LE DUC D'YORK.

Pas de figure au moins.

ÉLISABETH.

Richard, vous me fâchez.

LE DUC D'YORK.

Eh bien ! je me ravise,
Et dirai, si l'on veut, que sa taille est bien prise.

ÉLISABETH.

Quand vous aurez son âge, ayez sa dignité ;
Vous serez bien, milord.

LE DUC D'YORK.

Oui, très-bien d'un côté ;
(Montrant son épaule.)
Mais de l'autre !

ÉLISABETH, sévèrement.

Richard !

LUCI.

Que milady pardonne.

ACTE I, SCÈNE I.

ÉLISABETH, au duc d'York.

C'est un méchant esprit que celui qu'on vous donne.
Vous m'entendez, Luci!

LUCI.

Mais, madame...

ÉLISABETH.

En effet,
Le régent est coupable; et de quoi? qu'a-t-il fait?
Depuis qu'à sa tutelle on remit leur enfance,
A-t-il un seul instant trompé ma confiance?

LUCI.

Non, jusqu'à présent; mais...

ÉLISABETH.

Mais il vous est suspect.
C'est fâcheux; cependant il a droit au respect,
Au vôtre, au sien surtout.

(Au duc d'York.)

Les vertus, le courage,
Valent mieux que la grâce et qu'un joli visage.
Il est mal et très-mal de prendre un ton moqueur!
Je ne vous aime plus : vous avez mauvais cœur.

LUCI.

Le voilà tout confus.

LE DUC D'YORK

Pardon!

ÉLISABETH.

Je suis trop bonne.

LUCI.

Paix! quelqu'un vient : c'est lui.

ÉLISABETH.

Le régent?

LE DUC D'YORK.

En personne.

(Imitant la démarche de son oncle.)
Le reconnaissez-vous?

ÉLISABETH, au duc d'York.

Je vois qu'il faut sévir.

(Bas à Luci.)
Vous m'y forcez : c'est bien. Il l'imite à ravir.

FANNY.

Sortirons-nous?

ÉLISABETH.

Pourquoi? Reprenez votre ouvrage.

SCENE II.

LES PRÉCÉDENTS, GLOCESTER.

(Les femmes de la reine vont s'asseoir près des métiers à tapisserie. Le duc d'York est devant Luci qui déride un écheveau de soie sur ses bras.)

ÉLISABETH, à Glocester.

Vous avez de mon fils reçu quelque message,
Milord, il vous écrit? Pour moi, j'en fais l'aveu,
Ainsi que lord Rivers, il me néglige un peu :
Me laisser deux longs jours sans lettres, sans nouvelles,
C'est comprendre bien mal mes craintes maternelles.

GLOCESTER.

Oui, voilà les enfants : pour nous ils ne font rien,
Et les ingrats sont sûrs qu'on les recevra bien.

LE DUC D'YORK, d'un air boudeur, à Luci, qui lui fait signe de se taire.
Les ingrats!

ÉLISABETH, à Glocester.

Votre grâce en dit plus que moi-même.

Eh! n'est-ce pas pour eux, pour eux seuls qu'on les aime?
Pauvre ange! qu'il m'oublie et qu'il ne souffre pas,
Il n'aura point de tort.

####### GLOCESTER.

Il vient, et sur ses pas,
Semant tous les chemins de fleurs, de verts feuillages,
Nos Anglais, m'écrit-on, l'environnent d'hommages.
C'est porté dans leurs bras qu'il arrive aujourd'hui ;
Sa marche est un triomphe, et jamais, avant lui,
Le noble sang d'York, jamais la Rose blanche,
N'ont ému tant de cœurs d'une joie aussi franche.

####### ÉLISABETH.

Vous m'enchantez, milord.

####### GLOCESTER.

Moi, son humble sujet,
Heureux de ces transports dont je chéris l'objet,
J'arrive, et des douleurs je trouve ici l'image :
Tant d'attraits sont voilés des ombres du veuvage.
Que ce front, pour un jour affranchi de son deuil,
Rayonne, heureuse mère, et d'ivresse et d'orgueil.

####### ÉLISABETH.

Hélas! ne dois-je rien à qui m'a couronnée?
Je suis heureuse mère et femme infortunée;
Et cet autre Édouard qui va m'être rendu
Rappelle à mes regrets celui que j'ai perdu.

####### LE DUC D'YORK, à la plus jeune femme de la reine qui joue avec lui.

Tu m'oses défier : eh bien! voilà mon gage!
(Il l'embrasse.)
Rends-le moi si tu veux.

####### LUCI, le suivant.

Milord, soyez donc sage!

Ces fils de soie et d'or vont tomber de vos bras :
Bien : les voilà mêlés.

LE DUC D'YORK.
Tu les démêleras...

LUCI, lui montrant l'écheveau qu'elle a ramassé.
Des nœuds?

LE DUC D'YORK.
En les coupant.

GLOCESTER, à la reine en souriant.
C'est un autre Alexandre

ÉLISABETH.
Quand on ne le voit pas on est sûr de l'entendre.

GLOCESTER, au duc d'York.
A la bonne heure au moins, beau neveu! les rubis,
L'or et les diamants brillent sur vos habits.

LE DUC D'YORK.
Je vous fais grâce encor du grand manteau d'hermine :
Au sacre je l'aurai.

GLOCESTER.
C'est vrai : plus j'examine,
Et plus je reconnais le vêtement pompeux
Qui doit à Westminster parer mes chers neveux.

LE DUC D'YORK.
Est-ce demain?

GLOCESTER.
Bientôt.

LE DUC D'YORK.
Non, fixez la journée :
Bientôt, c'est quand on veut, c'est un mois, une année.

GLOCESTER.
Un siècle.

ACTE I, SCÈNE II.

LE DUC D'YORK.

En attendant, milord, on peut mourir.

ÉLISABETH, vivement.

Le ciel nous en préserve !

GLOCESTER, au duc d'York.

Attendre, c'est souffrir,

N'est-ce pas ?

LE DUC D'YORK.

Eh bien, quand ?

GLOCESTER.

De ses vœux l'enfant presse
Ce temps, dont l'âge mûr accuse la vitesse.

LE DUC D'YORK.

Enfin, quand donc ?

GLOCESTER.

Bientôt.

ÉLISABETH.

Milord, asseyons-nous.

LE DUC D'YORK.

Ma mère à son travail, et moi sur vos genoux.

ÉLISABETH.

Vous abusez, Richard !

GLOCESTER, au duc d'York qui veut descendre.

Restez !

LE DUC D'YORK.

Oh ! non, j'abuse.

ÉLISABETH.

Ne faites pas le fier : on vous souffre.

GLOCESTER, à la reine.

Il m'amuse.

ÉLISABETH, à Glocester.

Le roi vous marque-t-il l'heure de son retour ?

GLOCESTER.

Mais nous devons ce soir l'embrasser à la Tour.

LE DUC D'YORK.

A la Tour! et pourquoi?

GLOCESTER.

Je m'en vais vous le dire :
Si mon neveu lisait tout ce qu'il devrait lire,
Instruit d'un vieil usage, il saurait que toujours
Les rois avant leur sacre y passent quelques jours.

LE DUC D'YORK.

Mais c'est une prison.

GLOCESTER.

Qui n'attriste personne,
Quand on en doit sortir pour ceindre une couronne.

LE DUC D'YORK.

Mon frère, en la quittant, va donc gouverner?

GLOCESTER.

Non.

ÉLISABETH.

Tant qu'on n'est pas majeur on n'est roi que de nom.

LE DUC D'YORK.

J'en voudrais le pouvoir, si j'en avais le titre.

GLOCESTER.

A treize ans, de l'État milord serait l'arbitre?

LE DUC D'YORK.

Oui, milord.

GLOCESTER.

Des enfants qui courent sur le port,
Nous ferions pour la guerre une armée à milord.

LE DUC D'YORK.

Il n'en est pas besoin : milord pourrait, j'espère,

Compter sur les soldats commandés par son père.
GLOCESTER.
Ils sont vieux pour milord.
LE DUC D'YORK.
Milord se ferait vieux.
GLOCESTER.
Et comment, s'il vous plaît?
LE DUC D'YORK.
En combattant comme eux,
GLOCESTER.
Voilà des sentiments dignes d'un diadème!
LE DUC D'YORK.
Mais celui qui le tient le défendra lui-même.
LUCI, à part.
Bien dit!
ÉLISABETH.
Et de son front qui voudrait l'enlever?
Lord Glocester est là pour le lui conserver.
GLOCESTER
Que vous me jugez bien! Au péril de ma vie,
Vous le prouver, ma sœur, est un sort que j'envie.
LE DUC D'YORK.
Votre beau cheval blanc, que souvent j'admirai,
Vous me l'avez promis; donnez : je vous croirai.
ÉLISABETH.
Vous demandez toujours.
GLOCESTER, au duc d'York.
Il est à votre grâce;
Mais saurez-vous au moins le conduire à ma place?
LE DUC D'YORK.
Tout jeune que je suis, mieux qu'un autre à vingt ans.

2.

GLOCESTER.

Mauvaise herbe est précoce et croît avant le temps :
Le proverbe dit vrai.

LE DUC D'YORK.

Voilà pourquoi, je gage,
A quelqu'un que je sais l'esprit vint avant l'âge.

ÉLISABETH, à Glocester.

Parlons du roi, milord.

GLOCESTER, au duc d'York.

A qui donc?

LE DUC D'YORK.

A quelqu'un.

GLOCESTER.

Mais enfin?...

ÉLISABETH.

Certain duc va se rendre importun;
Et je le renverrai.

GLOCESTER.

Non pas : laissez-le dire;
Sa malice m'enchante et me fait beaucoup rire.

ÉLISABETH

Vous le rendez, milord, trop libre en le gâtant.
(Bas.)
Il est un peu malin; mais il vous aime tant!

GLOCESTER.

Et moi donc!... cher enfant : il faut que je l'embrasse.
Si jamais celui-là ment à sa noble race!...

ÉLISABETH.

Et son frère!

GLOCESTER.

Son frère est aussi mon espoir.

Qu'ils prospèrent tous deux, et que je puisse voir
Ces rejetons chéris d'une tige si belle,
Ces deux roses d'York fleurir sous ma tutelle!

ÉLISABETH.

Eh bien! protégez-les; qu'ils vous soient toujours chers,
Eux, comme tous les miens : la main de lord Rivers
Sur le lit d'Édouard serra deux fois la vôtre;
En veillant sur mes fils, aimez-vous l'un et l'autre!

(Ici on entend quelque rumeur sous les fenêtres.)

UN CRIEUR PUBLIC, en dehors.

« Jugement et condamnation de lord Hastings, pair du
» royaume, atteint et convaincu du crime de haute tra-
» hison. »

LE DUC D'YORK.

Hastings!... grâce, mon oncle!

ÉLISABETH.

Il aimait cet enfant.

GLOCESTER.

Le lâche avait trahi celle qui le défend.
Forcé de le punir, j'eus peine à m'y résoudre;
Mais je vous aimais trop, milady, pour l'absoudre.

LE CRIEUR PUBLIC.

« Arrestation de lord Rivers, conduit de Northampton
» à la forteresse de Pomfret, par ordre du duc de Gloces-
» ter, régent du royaume. »

ÉLISABETH.

Qu'entends-je?

LE DUC D'YORK.

Lord Rivers!

GLOCESTER, en riant.

Oh! lui, c'est différent.

ÉLISABETH.

Qu'a-t-il fait?

GLOCESTER, de même.

Rien.

ÉLISABETH.

Encore?...

GLOCESTER.

Il est votre parent;
Voilà son crime.

ÉLISABETH.

Eh quoi! vous faisait-il ombrage?

GLOCESTER.

A moi? lui?... Sans témoins, j'en dirai davantage.
En l'embrassant bientôt vous me remercierez;
Il le fera lui-même.

LE DUC D'YORK.

Ah! vous nous rassurez.

ÉLISABETH.

(A son fils.)   (A ses femmes.)
Va jouer. Laissez-nous.

LE DUC D'YORK, à Glocester.

Tenez votre promesse,
Et vous rirez de moi si je manque d'adresse.

GLOCESTER.

Le petit écuyer pourra tomber de haut.

LE DUC D'YORK.

Petit! et vous aussi, vous raillez ce défaut!
Allez, d'autres que moi pécheraient par la taille,
Si l'on mesurait l'homme au cheval de bataille.

GLOCESTER.

Vraiment!

ACTE I, SCÈNE III.

LE DUC D'YORK.

Adieu, bel oncle!

GLOCESTER.

A revoir, bon neveu!

(A part.)
Quand ils ont tant d'esprit, les enfants vivent peu.

SCENE III.

ÉLISABETH, GLOCESTER.

ÉLISABETH.

Parlez : de lord Rivers avez-vous à vous plaindre?
De quoi l'accuse-t-on? pour lui que dois-je craindre?

GLOCESTER.

Mais rien, croyez-moi donc.

(Se penchant sur le métier de la reine.)

Quel travail délicat!
Cet ouvrage de femme est d'un goût, d'un éclat!...

ÉLISABETH.

Il est vrai, je suis femme, et comprends vos paroles :
Je dois me renfermer dans ces travaux frivoles.

GLOCESTER.

Vous ai-je dit cela?

ÉLISABETH.

Je me le dis pour vous.
Mon Dieu! de ses secrets que l'État soit jaloux;
J'y consens : gardez-les, restez-en seul le maître;
Je les ai trop connus pour vouloir les connaître.
Mais je suis sœur, milord : je suis mère, et je crains.
Est-ce un tort? que l'excuse en soit dans mes chagrins :
Le malheur rend timide; à force de souffrance,

J'ai contre l'avenir perdu toute assurance.
Quittez ce ton léger que dément votre cœur,
Milord, et parlez-moi comme un frère à sa sœur.

GLOCESTER.

Eh bien! à votre gré gouvernez votre esclave,
Et parlons gravement de ce qui n'est pas grave :
Lord Rivers arrêté! quel forfait est le sien?
Que lui reproche-t-on?... rien, absolument rien.
Mais à notre Édouard plus je le crois utile,
Moins je vois ses dangers avec un œil tranquille.

ÉLISABETH.

Quels dangers?

GLOCESTER.

Vous savez que vos augustes nœuds
Ont, dans ses intérêts, dans son orgueil haineux,
Ulcéré jusqu'au cœur cette vieille noblesse,
Que rien ne satisfait et qui d'un rien se blesse.
Quand on vit vos parents des emplois revêtus,
On chercha leurs aïeux, je comptais leurs vertus;
Rivers, qu'avaient poussé mes amis et les vôtres,
Vint sur les bancs des pairs s'asseoir parmi nous autres,
Dont les noms se perdaient dans la nuit du passé;
Le mot de parvenu fut alors prononcé :
Mot banal, et des cours injure favorite
Lorsqu'auprès des grands noms s'élève un grand mérite.
Sa fortune croissant avec ses ennemis,
L'héritier du royaume à ses soins fut remis.
On murmura plus haut; mais on craignit les armes
Que vous teniez du roi subjugué par vos charmes.

ÉLISABETH.

Milord!...

GLOCESTER.
Qui n'eût fléchi sous un tel ascendant?
J'y cède comme lui, reine, en vous regardant.
Mais enfin ce dépit, que retenait la crainte,
Depuis votre veuvage éclate sans contrainte.
« Votre frère, dit-on, maître du jeune roi, »
C'est ce parti haineux qui parle, et non pas moi,
« Gouverne son esprit ainsi que sa personne,
» Et mettrait volontiers les mains sur sa couronne. »

ÉLISABETH.
Qui? lui, mon noble frère!...

GLOCESTER.
Eh! non, mille fois non!
Ce sont vos deux enfants qu'on poursuit sous son nom;
On voulait, prévenant le sacre qui s'apprête,
Pour aller jusqu'au roi, faire tomber sa tête.

ÉLISABETH.
Mais c'est affreux! milord.

GLOCESTER.
Sans doute, c'est affreux;
Et de tous ces complots l'artisan ténébreux,
Quel est-il? Lord Hastings.

ÉLISABETH.
J'en frémis : à l'entendre,
Il avait pour mes fils un dévouement si tendre!
A qui donc se fier?

GLOCESTER.
A moi, qui l'ai puni.
Gardez-vous cependant de croire tout fini;
Leur parti n'est pas mort avec ce chef habile.
Il fallait à Rivers assurer un asile;

Il fallait plus encor, que le bruit des verrous
Par un acte apparent satisfît leur courroux.
Voilà le double but où je voulais atteindre,
Et le complot détruit, tout calmé, pourquoi feindre?
Rendant pleine justice à Rivers méconnu,
Je l'embrasse, et lui dis : Soyez le bienvenu.
De tout ce que j'ai fait tel est l'aveu sincère :
Eh bien! ai-je à ma sœur répondu comme un frère?

ÉLISABETH.

Sous cet amas d'horreurs mon cœur reste abattu ;
Peut-on se faire un jeu de noircir la vertu !

GLOCESTER.

Et que diriez-vous donc si, dans leur folle haine,
Ils osaient insulter jusqu'à leur souveraine?

ÉLISABETH.

Moi?

GLOCESTER.

Vous : de votre hymen la légitimité
Par de sourdes rumeurs est un point contesté ;
Et, comme leur fureur ne peut être assouvie
Qu'en frappant mes neveux dans leurs droits ou leur vie,
Ils vont plus loin.

ÉLISABETH.

Comment?

GLOCESTER.

Et cette indignité
Réussit en raison de son absurdité!
Plus une calomnie est difficile à croire,
Plus pour la retenir les sots ont de mémoire.

ÉLISABETH.

De grâce, expliquez-vous.

ACTE I, SCÈNE III.

GLOCESTER.

      Je comprends ces discours
Quand une Jeanne Shore est du mépris des cours
Retombée à sa place, et meurt en criminelle,
Dans la fange, où déjà son nom traîne avant elle;
Fussent-ils, ses enfants, issus du sang des rois,
Le dernier des Anglais peut contester leurs droits.
Ils étaient nés flétris, ces fruits de l'adultère;
Mais vos fils!...

ÉLISABETH.

     Ose-t-on déshonorer leur mère?
Répondez-moi, milord : l'ose-t-on?

GLOCESTER.

         Bruits menteurs,
Dont je voudrais connaître et punir les auteurs.

ÉLISABETH.

On l'ose!

GLOCESTER.

  Ah! milady, que du faîte où nous sommes
Le spectacle qu'on a vous dégoûte des hommes!

ÉLISABETH.

Mon frère, moi, mes fils, tout frapper à la fois!
Je reste de surprise immobile et sans voix.

GLOCESTER.

Enfin dans leur démence ils vont jusqu'à prétendre
Que, d'un remords secret ne pouvant vous défendre,
Tout entière à vos fils, vous les aimez assez
Pour vous sacrifier à leurs jours menacés,
Et... puis-je d'un tel bruit me rendre l'interprète!
Signer l'aveu public des erreurs qu'on vous prête...

ÉLISABETH.

Le signer!

GLOCESTER.

Par tendresse : en préférant pour eux
Une vie assurée à des droits dangereux.

ÉLISABETH.

Le signer! qu'à ce point la terreur m'avilisse!
Que de mon lâche cœur cette main soit complice!
Pour flétrir mes enfants, pour les déshériter,
Pour abdiquer ces droits qu'on leur vient disputer;
Droits augustes, milord, certains, incontestables,
Et dont j'écraserai tous ces bruits misérables!
Le signer! je suis faible, et cependant j'irais,
Reine et mère à la fois, dans mes yeux, sur mes traits,
Portant le démenti d'une telle infamie,
Aborder le front haut cette ligue ennemie.
J'irais, je traînerais mes deux fils sur mes pas;
Je prendrais d'Édouard l'héritier dans mes bras :
Oui, j'en aurais la force, et courant leur répondre,
Au peuple rassemblé dans les places de Londre,
Je dirais, je crierais... Que sais-je? Ah! si les mots
Me manquent, au besoin, mes regards, mes sanglots
Répandront au dehors ma douleur maternelle;
Si ma voix me trahit, mes pleurs crieront pour elle :
« Peuple, sauve ton roi, c'est Édouard, c'est lui,
» Édouard orphelin qui te demande appui;
» Abandonné de tous, c'est en toi qu'il espère :
» Adopte mes enfants qu'on prive de leur père. »
Mes enfants! mes enfants!... Ah! qu'ils viennent, vos lords;
Qu'ils m'insultent en face; ils me verront alors,
Entre mes deux enfants, faire tête à l'outrage.

La lionne qu'on blesse aurait moins de courage,
Moins de fureur que moi, si jamais je défends
Les jours, les droits sacrés, l'honneur de mes enfants.

GLOCESTER.

Vertu, que c'est bien là ton sublime langage !
Mais croyez qu'avant tout, si la lutte s'engage,
J'irai leur faire affront de leurs propres noirceurs,
Reine, et vous m'oubliez parmi vos défenseurs.

ÉLISABETH.

Vous, jamais ! Après Dieu, soyez ma providence.
De vos soins pour Rivers j'admire la prudence ;
Je vous en remercie. Ah ! qu'un plus noble effort
(A William qui rentre.)
Couronnant vos projets... Que nous veut-on ?

SCENE IV.

ÉLISABETH, GLOCESTER, WILLIAM.

WILLIAM.

Milord,
Le duc de Buckingham est porteur d'un message ;
Peut-il voir votre grâce ?

GLOCESTER.

Encor ! quel esclavage !
(Faisant un pas pour sortir.)
Pardon, je vais l'entendre.

ÉLISABETH, l'arrêtant.

Ici, milord, ici.
(A William qui sort.) (A Glocester.)
Qu'il vienne. Excusez-moi de vous quitter ainsi :
Impuissante à cacher la douleur qui m'oppresse,

J'ai besoin d'y céder pour m'en rendre maîtresse.
Calme devant mon fils, qui doit tout ignorer,
Je voudrais, s'il se peut, l'embrasser sans pleurer.
Je vous attends, milord.

SCENE V.

GLOCESTER, la regardant sortir.

Sous le deuil que de charmes !
J'aime une reine en deuil : mon Dieu, les belles larmes !
Qu'elles jaillissaient bien d'un cœur au désespoir !
On les ferait couler seulement pour les voir.

SCENE VI.

GLOCESTER, BUCKINGHAM.

BUCKINGHAM.

Salut au protecteur !

GLOCESTER.

C'est donc fait ?

BUCKINGHAM.

Et mon zèle
N'a pas permis qu'un autre apportât la nouvelle.
Au palais, d'où je viens, je n'ai pas attendu :
Vous étiez chez la reine, et je m'y suis rendu.

GLOCESTER.

Gloire à toi, Buckingham ! tu me combles de joie ;
Cousin, pour réussir, il suffit qu'on t'emploie.
On t'a bien accueilli ?

BUCKINGHAM.
Mieux que je ne pensais.
Tout ce qui n'est pas nous me dégoûte à l'excès.
Mon horreur pour le peuple est chose assez notoire ;
Et vous voyez d'ici mon illustre auditoire :
Le lord-maire d'abord, enflé d'un tel orgueil
Qu'à peine s'il tenait dans son large fauteuil ;
Des graves aldermans la majesté robuste,
Et ce que la Cité contient de plus auguste
En figure de banque, avec leur front plissé,
Où l'on voit que la veille un total a passé ;
Leur bouche, où vient errer, dans sa béatitude,
Ce sourire engageant dont ils ont l'habitude.
Aussi, j'ai laissé là l'urbanité des cours.
Une odeur de comptoir parfumait mon discours.
Le sentiment banal qui boursouflait mes phrases
Jetait ces braves gens dans de telles extases,
Qu'en douleur de boutique on n'a jamais vu mieux
Que les gros pleurs bourgeois qui tombaient de leurs yeux.
Enfin je me suis fait plus marchand, plus vulgaire
Que tous les aldermans, la Cité, le lord-maire,
Et j'ai tant descendu dans le cours des débats,
Qu'il fallait bien, milord, nous rencontrer en bas ;
Tout le monde était peuple. Ils ont signé ce titre
Qui vous rend de l'État le souverain arbitre ;
Vous êtes protecteur du royaume et du roi.
Ils ont crié pour vous ; ils ont crié pour moi ;
Je ne sais plus pour qui leur poitrine s'exerce ;
Mais je suis confondu des poumons du commerce.

GLOCESTER.
Ce pas peut mener loin.

BUCKINGHAM.
De ce que j'entrepris
Le comté d'Hereford devait être le prix.
Milord s'en souvient-il?

GLOCESTER.
D'accord : si ma puissance
Est quelque jour égale à ma reconnaissance,
Je ferai plus pour toi. Que dit-on de Rivers?

BUCKINGHAM.
Cet acte est le sujet de mille bruits divers :
Mais vous ne craignez pas du moins qu'on le délivre.

GLOCESTER, lui montrant l'appartement de la reine.
Sois prudent. Cette nuit il a cessé de vivre?

BUCKINGHAM.
Ainsi le commandaient vos ordres absolus.

GLOCESTER.
Dors en paix, bon Rivers; nous ne t'en voulons plus :
N'est-ce pas, Buckingham?

BUCKINGHAM.
Pour lui j'étais sans haine.
Gentillâtre adoré sur son petit domaine,
Que ne se livrait-il au bonheur campagnard
D'essouffler ses limiers, de traquer un renard,
De trancher du seigneur dans sa fauconnerie,
Sans faire avec son nom tache sur la pairie?
Je respecte sa sœur; elle est mère du roi,
Et ce titre toujours sera sacré pour moi;
Mais ces Gray, ces Rivers, son éternel cortége
De parents, de cousins, petits-cousins... que sais-je?
Je ne suis pas forcé d'honorer tout cela;
La cour est une auberge où passent ces gens-là :

ACTE I, SCÈNE VI.

Fussent-ils de l'hermine affublés au passage,
Ils viennent, on s'en moque; ils partent, bon voyage!
L'infortune d'Hastings doit seule m'affliger;
C'était, quoi qu'il eût fait, du sang à ménager,
Du sang comme le nôtre.

GLOCESTER.

Il avait des scrupules
Dont sa fin guérira quelques esprits crédules.
Le jour où, quand je marche, on me laisse en chemin,
Ce jour pour mon ami n'a pas de lendemain.
Quant à l'autre, en tout temps il fut mon adversaire;
L'ordre de l'arrêter devenant nécessaire,
Je l'ai rendu public, on l'a crié partout :
Le peuple doit savoir, cousin, que j'ose tout.
Mais sa mort, cachons-la; lady Gray, que j'emmène,
Ferait en l'apprenant de la vertu romaine,
Voudrait garder ses fils, et, pour répondre d'eux,
Il est bon qu'à la Tour je les tienne tous deux.
Alors...

BUCKINGHAM.

Que ferez-vous?

GLOCESTER.

Ami, l'homme propose...
Tu sais le vieil adage?

BUCKINGHAM.

Enfin?

GLOCESTER.

Et Dieu dispose.
Mais dans ce long discours, où tu t'es surpassé,
Du bruit qui se répand tu n'as donc rien glissé?

BUCKINGHAM.

Quel bruit?

GLOCESTER.

Sur les enfants, sur leurs droits, leur naissance.

BUCKINGHAM.

A quoi bon démentir un bruit sans consistance?

GLOCESTER.

On le répète au moins, puisqu'elle a tout appris.

BUCKINGHAM.

La reine?

GLOCESTER.

Lady Gray; d'abord c'étaient des cris;
Et puis, par un retour qui m'étonna moi-même,
Ce fut, pour s'excuser, un embarras extrême,
Oui, là, comme un remords, enfin je ne sais quoi
De quelqu'un qui se trouble et n'est pas sûr de soi.

BUCKINGHAM.

De sa confusion n'abusez pas contre elle :
La reine est des vertus le plus parfait modèle.

GLOCESTER.

Je puis avoir mal vu; mais toi qui vois si bien,
Tu crois que le conseil ne t'a déguisé rien?

BUCKINGHAM.

Ils portent, ces bourgeois, leur cœur sur leur visage.

GLOCESTER.

Ils m'ont fait protecteur, s'ils voulaient davantage?...

BUCKINGHAM.

Quoi donc?

GLOCESTER.

M'avoir...

BUCKINGHAM.

Parlez.

ACTE I, SCÈNE VI.

GLOCESTER.

Tu dois m'entendre.

BUCKINGHAM.

Non.

GLOCESTER.

Toujours pour protecteur, mais sous un autre nom.

BUCKINGHAM.

Celui de roi?

GLOCESTER.

Je crains qu'ils n'en aient la pensée.

BUCKINGHAM.

Ils ne l'ont pas.

GLOCESTER.

Alors j'aurais la main forcée.

BUCKINGHAM.

Erreur!

GLOCESTER.

Si le conseil abuse de ses droits,
Que faire, Buckingham?

BUCKINGHAM.

Refuser.

GLOCESTER.

Ah! tu crois?

BUCKINGHAM.

Oui, refuser, milord.

GLOCESTER.

Parle plus bas.

BUCKINGHAM.

De grâce!

Quand vous accepteriez, comment vous faire place?
Sur les fils d'Édouard un faux bruit débité

Ne saurait prévaloir contre la vérité.
Il faudra donc s'armer d'un bien triste courage,
Et frapper des deux mains pour s'ouvrir un passage.
J'accepte : ce seul mot renferme leur trépas ;
Et ce mot plein de sang, vous ne le direz pas.

GLOCESTER.

Tu fus moins scrupuleux dans plus d'une entreprise.

BUCKINGHAM.

J'en conviens ; que m'importe à moi qui les méprise,
Si tous ces noms chétifs, si ces races d'un jour,
Qu'un rayon du pouvoir fait éclore à la cour,
Rentrent dans le néant, quand le soleil se couche,
Sous le bras qui les fauche ou le pied qui les touche.
Se baisse qui voudra pour en prendre souci ;
Mais quant au sang royal, il n'en est pas ainsi :
Ses droits sont les garants des droits de la noblesse ;
Les deux princes, c'est nous : qui les touche nous blesse.
Le peuple, sans raison, deviendra leur soutien.
Je sais que tout ceci ne le regarde en rien,
Pour avoir un avis il n'est baron ni comte ;
Mais c'est un spectateur dont il faut tenir compte ;
Acteur, il est terrible ; et que d'orgueils jaloux
Irriteront sa rage en le lâchant sur vous !
Il vous faudra braver, appuyé d'un vain titre,
Et l'Église et l'armée, et le casque et la mitre ;
Et pour vous harceler sans être jamais las,
On peut s'en rapporter à l'esprit des prélats.
Vos plus proches cousins, si vous n'y prenez garde,
Pourront à l'échafaud vous servir d'avant-garde :
Quand les glaives bénits sont sortis du fourreau,
De droit, tous les vaincus reviennent au bourreau.

Étouffez les conseils du démon qui vous pousse;
Édouard sera faible; eh bien! roi sans secousse,
Prenez-lui son pouvoir et laissez-lui ses jours.
En régnant sous son nom, vous régnerez toujours.
Mais le trône tient mal et tremble par la base,
Quand il y faut monter sur deux corps qu'on écrase :
Le pied vous manquerait; ces degrés palpitants,
Pour qu'on n'y glisse pas, saigneront trop long-temps.

GLOCESTER.

La morale, cousin, n'est guère à ton usage;
Mais je dois convenir que ton conseil est sage.
Je t'en sais bien bon gré.

BUCKINGHAM.

Je pourrai donc, milord,
Prendre possession du comté d'Hereford?

GLOCESTER.

L'heure avance, je crois?

BUCKINGHAM.

Mais...

GLOCESTER.

Le devoir m'appelle;
Je vais chercher la reine et son fils avec elle.

BUCKINGHAM.

Mais vous m'avez promis?...

GLOCESTER.

Ah! c'est m'importuner :
Je ne suis pas, mon cher, en humeur de donner.
Tout en réfléchissant sur ta rare sagesse,
Je prétends réfléchir aussi sur ma promesse.

SCENE VII.

BUCKINGHAM.

« Le jour où, quand je marche, on me laisse en chemin,
» Ce jour pour mon ami n'a pas de lendemain. »
Il l'a dit. Me punir d'avoir été sincère?
Jamais! moi, son parent!... Clarence était son frère.
Il me tuera. Pourquoi? s'il est fort, je le suis.
Dans le parti du roi sait-on ce que je puis?
Courons à sa rencontre... Un éclat! c'est ma perte;
C'est avec le régent me mettre en guerre ouverte;
Et les coups que je porte, il faut les lui cacher :
Car un bon repentir pourrait nous rapprocher.
Sans m'engager trop loin, avertissons la reine;
Mais il est avec elle!... Écrivons... Lettre vaine!
Elle viendra trop tard. Mais s'il les tient tous deux,
Ils tombent l'un sur l'autre et je tombe après eux...
Dieu! sauvez d'Édouard la race encor vivante!
Oui, Dieu : quand nos cheveux se dressent d'épouvante,
Ce mot nous vient toujours. O bonheur! il m'entend :
Le duc d'York!

SCENE VIII.

BUCKINGHAM, LE DUC D'YORK.

BUCKINGHAM, au duc d'York, qui traverse la scène.
Milord!...
   LE DUC D'YORK.
     Je n'ai pas un instant.

ACTE I, SCÈNE VIII.

BUCKINGHAM.

De grâce! écoutez-moi.

LE DUC D'YORK.

La reine me demande;
Et vous ne voulez pas, cher cousin, qu'elle attende.

BUCKINGHAM.

Prince, deux mots!

LE DUC D'YORK.

Pas un.

BUCKINGHAM.

Vous n'irez pas.

LE DUC D'YORK.

J'y cours.

BUCKINGHAM, se jetant au-devant de lui.

Arrêtez!

LE DUC D'YORK.

Avec moi vous qui jouez toujours,
Qu'avez-vous donc?

BUCKINGHAM.

Silence, au nom de votre vie!

LE DUC D'YORK.

Vous riez.

BUCKINGHAM.

Par le ciel! je n'en ai pas envie.

LE DUC D'YORK.

Moi, j'ai ri, j'ai chanté, j'ai sauté tout le jour :
Il arrive, Édouard; l'embrasser à la Tour,
Quel plaisir!

BUCKINGHAM.

Gardez-vous d'y suivre votre mère!

LE DUC D'YORK.

Je n'irais pas, milord, au-devant de mon frère!

BUCKINGHAM.

Non.

LE DUC D'YORK.

Je veux dans ses bras m'élancer le premier.

BUCKINGHAM.

C'est vous perdre.

LE DUC D'YORK.

Comment?

BUCKINGHAM.

Il faut vous défier. .

LE DUC D'YORK.

De qui?

BUCKINGHAM, à part.

Que dire?

LE DUC D'YORK.

Eh bien?

BUCKINGHAM.

Je voudrais voir la reine.

LE DUC D'YORK.

Venez donc.

BUCKINGHAM.

Sans témoin.

LE DUC D'YORK.

Vous aurez quelque peine :
Le régent est près d'elle.

BUCKINGHAM.

Il le faut.

LE DUC D'YORK.

Mais on part.

BUCKINGHAM.

Si je ne la vois pas, il meurt, votre Édouard.

ACTE I, SCÈNE VIII.

LE DUC D'YORK.

Édouard!

BUCKINGHAM.

Pensez-y.

LE DUC D'YORK.

Mon frère!

BUCKINGHAM.

Le temps presse.

LE DUC D'YORK.

J'y rêve.

BUCKINGHAM.

Si du roi le sort vous intéresse,
N'allez pas à la Tour.

LE DUC D'YORK.

Non : je vous le promets.

BUCKINGHAM.

C'est sûr?

LE DUC D'YORK.

Quand j'ai dit non, je ne cède jamais.

BUCKINGHAM.

Foi d'Anglais?

LE DUC D'YORK.

Foi de prince!

BUCKINGHAM.

On vient.

LE DUC D'YORK.

Laissez-moi faire.

BUCKINGHAM.

Mais comment aux regards pourrai-je me soustraire?

LE DUC D'YORK.

Suivez-moi vite.

BUCKINGHAM.

Où donc?

LE DUC D'YORK, soulevant une portière qui fait face à l'appartement de la reine.

Ici, milord, ici :
Hier, en m'y cachant, j'ai fait peur à Luci.

BUCKINGHAM.

Cher enfant, soyez ferme.

LE DUC D'YORK.

A peine je respire;
Mais je pense à mon frère, et son danger m'inspire.

(Il revient rapidement sur le devant de la scène, et reste dans l'attitude de la réflexion.)

SCENE IX.

LE DUC D'YORK, ÉLISABETH, GLOCESTER.

GLOCESTER, à un officier qui sort.

Je vous suis au conseil.

ÉLISABETH, montrant le duc d'York.

Le front dans ses deux mains,
Il semble méditer sur le sort des humains.
On le cherche; il est là, rêveur et solitaire.
Richard?...

LE DUC D'YORK, avec gravité.

Je réfléchis.

ÉLISABETH.

Vraiment?

GLOCESTER.

Pauvre Angleterre!
Pour elle un tel travail sera sans résultat :

On a troublé sa grâce.
ÉLISABETH.
Allons, homme d'État,
D'un rendez-vous qu'on prend pensez qu'on est esclave ;
Au lieu de réfléchir sur quelque rien...
LE DUC D'YORK.
Très-grave ;
Sur cette question que je roule à part moi :
Est-il jamais permis de manquer à sa foi ?
ÉLISABETH.
Est-ce une question ? Suivez-nous, tête folle.
GLOCESTER.
L'honneur fait un devoir de tenir sa parole :
J'ai la vôtre ; partons.
LE DUC D'YORK.
Mais j'ai la vôtre aussi ;
Vous la tiendrez, milord ; ou bien je reste ici.
GLOCESTER.
Comment ?
LE DUC D'YORK.
Sur mon coursier je veux traverser Londre ;
Vous niez mon adresse, et je vais vous confondre.
Est-il en bas ?
GLOCESTER.
Plus tard vous aurez ce bonheur.
LE DUC D'YORK.
De vos bontés trop tôt peut-on se faire honneur ?
GLOCESTER.
Demain.
LE DUC D'YORK.
Dès à présent.

GLOCESTER.

Ce soir, je vous l'atteste.

LE DUC D'YORK.

S'il arrive, je pars; s'il ne vient pas, je reste.

ÉLISABETH.

Il s'assied!... Allons donc! je vous le dis tout bas :
Mais je rougis pour vous; mais vous n'y pensez pas;
Vous viendrez, Richard.

LE DUC D'YORK.

Non.

GLOCESTER.

Résister à sa mère,

Ah! mon neveu, c'est mal.

LE DUC D'YORK.

La vôtre vous est chère,

Et je la vis deux fois vous quitter en pleurant :
C'était donc bien plus mal; car vous êtes plus grand.

ÉLISABETH, d'une voix altérée.

Vous m'affligez, mon fils.

LE DUC D'YORK, avec émotion en se levant.

Moi?

ÉLISABETH.

Beaucoup, je vous jure;

Mais beaucoup.

LE DUC D'YORK, s'élançant vers elle.

Ah! ma mère!

ÉLISABETH, à Glocester.

Il vient, j'en étais sûre.

LE DUC D'YORK, avec résolution.

Non!

ACTE I, SCÈNE IX.

GLOCESTER, *impatienté*.

Par force à la Tour il le faut emmener.

LE DUC D'YORK.

Par force ! osez-le donc : qui voudra m'y traîner ?
Qui donnera cet ordre ? est-ce vous ou la reine ?
Moi, frère et fils de roi, commandez qu'on m'y traîne.

GLOCESTER, *qui s'avance vers lui*.

Apprenez qu'à votre âge on ne fait pas la loi ;
Je vais vous le prouver.

LE DUC D'YORK.

Porter la main sur moi !

(Tirant à demi son poignard)

Prenez garde, milord !

ÉLISABETH.

Ah ! c'est impardonnable !
Votre oncle !... Où vous cacher après un trait semblable ?
Évitez les regards ; n'allez pas avec nous ;
Restez ; nous recevrons votre frère sans vous.
Et je veux à la Tour l'embrasser la première,
Et vous n'y viendrez pas de la journée entière,
Ni demain, ni plus tard, ni pendant tout un mois :
J'en prends l'engagement. Vous verrez cette fois
Si l'on tient avec vous sa parole royale.

(A Glocester.)

Partons, milord.

GLOCESTER.

Non pas : quel éclat ! quel scandale !
Il sent trop son erreur pour y persévérer.
Au reste, j'ai moi-même un tort à réparer.
Je me rends à la Tour où le conseil m'appelle ;
Toutefois, ce présent qui fait notre querelle,
Je vais vous l'envoyer, oui, j'y cours de ce pas ;

Mais, j'en suis sûr, milord, vous ne l'attendrez pas.

ÉLISABETH.

De cette fantaisie à la fin je me lasse;
J'entends, je veux qu'il reste.

GLOCESTER.

Ah! j'ai le droit de grâce,
J'en userai pour lui; laissez-moi pardonner :
Sans ce droit-là, ma sœur, qui voudrait gouverner?
(A Richard qui se détourne sans répondre.)
Nous quittons-nous amis?

(Bas à la reine en souriant.)

Il est bien volontaire;
Mais cet excès vaut mieux que le défaut contraire.
Vous me l'amènerez.

ÉLISABETH.

Je sens que j'aurai tort.

GLOCESTER.

Bientôt?

ÉLISABETH.

Vous le voulez.

GLOCESTER, lui baisant la main.

A revoir donc!

LE DUC D'YORK, qui le suit des yeux.

Il sort.

SCENE X.

ÉLISABETH, DE DUC D'YORK, BUCKINGHAM.

ÉLISABETH, au duc d'York.

N'êtes-vous pas honteux...

LE DUC D'YORK, après s'être assuré que Glocester est parti.

Victoire! il se retire.

ACTE I, SCÈNE X.

Le champ d'honneur me reste.

ÉLISABETH.

Êtes-vous en délire?

LE DUC D'YORK, s'élançant dans ses bras.

Victoire!... Embrassez-moi : votre Édouard vivra.

ÉLISABETH.

Menaçait-on ses jours?

LE DUC D'YORK, courant chercher Buckingham.

Milord vous l'apprendra.
Accourez, cher cousin. Ai-je du caractère?
Répondez.

BUCKINGHAM.

Noble enfant!

ÉLISABETH.

Quel est donc ce mystère?
Le duc de Buckingham!

LE DUC D'YORK.

Qui vient vous découvrir
Qu'à la Tour... il l'a dit, mon frère allait périr...
Nous périssions tous deux ; mais comment, je l'ignore.
Et moi... Pauvre Édouard!... M'en voulez-vous encore?...
Pardon!... pour le sauver, je n'avais qu'un moyen :
Il vit... Mais je me trouble et ne vous apprends rien :
Parlez, parlez, milord!

ÉLISABETH.

De grâce! car je tremble.

BUCKINGHAM.

Si vos fils à la Tour passent une heure ensemble,
Ils sont perdus!

ÉLISABETH.

Pourquoi?

BUCKINGHAM.
             Ne m'interrogez pas :
Fuyez.
ÉLISABETH.
   Moi !
BUCKINGHAM.
       Loin d'ici précipitez vos pas,
Vous et le duc d'York.
ÉLISABETH.
             Chez moi que peut-il craindre?
BUCKINGHAM.
A le livrer vous-même on pourrait vous contraindre.
ÉLISABETH.
A le livrer, milord? qui le viendra chercher?
Lui! mon fils! de mes bras qui pourra l'arracher?
Qui donc? Mais, par pitié, qui donc?
BUCKINGHAM.
                    La force ouverte,
Les complots, un parti qui conspire leur perte.
ÉLISABETH.
Glocester le connaît, ce parti dangereux ;
Ce qu'il fit pour Rivers, il le fera pour eux.
BUCKINGHAM.
Pour Rivers!
ÉLISABETH.
    Ah! milord, vous pâlissez!
BUCKINGHAM.
                   Non, reine ;
Non..., ou plutôt je cède au zèle qui m'entraîne :
Je pâlis, mais pour vous; je pâlis du danger,
Que le régent...

ACTE I, SCÈNE X.

ÉLISABETH.

Eh bien! il va les protéger.

LE DUC D'YORK.

Ma mère, il vous trahit.

ÉLISABETH.

Lui!

BUCKINGHAM, vivement.

Ce doute l'offense :
Croyez qu'il s'armera pour prendre leur défense;
Il le doit.

ÉLISABETH.

Le veut-il?

BUCKINGHAM.

Reine... c'est son devoir.
Mais fuyez, hâtez-vous, et je cours le revoir.
Gagnez de Westminster l'asile inviolable :
Jamais aucun parti, dans sa haine implacable,
Jamais, dans son orgueil, aucun pouvoir humain
Jusqu'au fond de ses murs n'osa porter la main.

ÉLISABETH.

Ils sont accoutumés à voir couler mes larmes :
(Au duc d'York.)
Loin de mon noble époux qu'avaient trahi ses armes,
Ton frère, à la lueur de leurs pâles flambeaux,
Poussa ses premiers cris au milieu des tombeaux.
Que les mânes des rois, témoins de sa naissance,
Après l'avoir sauvé, recueillent ton enfance!
Courons : pour te frapper sur mon sein maternel,
On n'insultera pas nos prêtres, l'Éternel,
Les ombres des héros que pleure l'Angleterre,

La majesté des cieux et celle de la terre.
Viens...
(Se retournant tout à coup vers Buckingham, et fondant en larmes.)
Mais mon Édouard, je l'abandonne, lui!
Qui le protégera?
BUCKINGHAM.
Comptez sur mon appui.
Que tout reste secret; gardez qu'une imprudence
N'informe Glocester de cette confidence.
Si contre vos enfants il n'a rien médité
(Et de son dévouement vous seule avez douté),
En courant vous chercher, je reviens vous l'apprendre;
Mais s'il vous a trahi, reine, il faut nous défendre,
Unir nos partisans, et de sa trahison,
Les armes à la main, lui demander raison.
LE DUC D'YORK.
Appelez-moi, milord; faut-il marcher? je l'ose :
Mon sang pour Édouard, et Dieu pour notre cause!
ÉLISABETH.
Toi combattre! qui? toi, que dans mes bras je tiens!
Si jeune, toi, mourir! non, viens; cher enfant, viens...
(Elle fait un pas pour sortir, s'arrête, et s'adressant à Buckingham avec désespoir.)
Plaignez-moi : j'ai deux fils, deux fils que j'idolâtre;
Je suis mère pour l'un et pour l'autre marâtre.
Je sauve et livre un d'eux; ils ont les mêmes droits.
Rester! partir! le puis-je? et comment faire un choix?
(S'élançant vers Richard, qu'elle entoure de ses bras.)
Ah! que dis-je? il est là : je le vois; il l'emporte.
Je vous réponds de lui; s'il meurt, je serai morte,
Pour le fouler aux pieds, ils marcheront sur moi;
Mais le roi! devant Dieu, répondez-vous du roi?

BUCKINGHAM.

Sur l'honneur.

ÉLISABETH.

Devant Dieu !

BUCKINGHAM.

Je le jure à sa mère.

ÉLISABETH.

Vous défendrez mon fils !

LE DUC D'YORK, se jetant au cou de Buckingham.

Vous me rendrez mon frère.

FIN DU PREMIER ACTE.

ACTE DEUXIÈME.

Une salle de la Tour. Sur le devant une table couverte de papiers ; deux portes latérales, une porte au fond ; une fenêtre qui donne sur la place.

SCENE I.

GLOCESTER, le coude appuyé sur la table.

Quoi! de nos courtisans je fais ce que je veux ;
Nos vieux lords, dont l'intrigue a blanchi les cheveux,
Nos légistes profonds, à mon gré je les joue,
Et c'est contre un enfant que ma prudence échoue!
Ils sont à Westminster!... mon pouvoir souverain
S'arrête intimidé devant ce mur d'airain.
Ont-ils par Buckingham pris de moi quelque ombrage?
Le traître!... Cependant il raisonnait en sage :
Pourvu qu'il reste enfant, ce roi faible et borné,
Je suis plus roi que lui, sans l'avoir détrôné.
Je lirai dans son cœur s'il doit mourir ou vivre ;
Mais, réduit à frapper, d'un seul je me délivre ;
Ils sont deux, et, lui mort, vive Richard!... lequel?
              (Se levant.)
Je suis Richard aussi. Sans respect pour l'autel,
Courons chercher ma proie au fond du sanctuaire ;
Osons l'en arracher! Dieu me laissera faire.
              (Retombant assis.)
Mais ses prêtres!... Cédons à la nécessité :

Flattons en l'implorant leur sainte humilité.
Pour monter jusqu'au faîte il faut savoir descendre,
Et mendier bien bas ce qu'on n'ose pas prendre.
(Il se lève de nouveau.)
Quant à vous, Buckingham, mon bon, mon noble ami,
Vous avez reculé! c'est trahir à demi.
Vous êtes grand railleur, milord; mais je parie
Que vous ne rirez pas de ma plaisanterie.
(Appelant.) (A un officier de la Tour.)
Quelqu'un! Ce prisonnier délivré par mes soins,
(L'officier sort.)
Qu'il vienne. Sur son bras puis-je compter au moins?
Je l'espère, et malheur au scrupuleux complice,
Qui me donne un conseil quand je veux un service!
C'est sa faute, après tout. Plus infirme d'esprit,
Plus bourgeois par le cœur que les sots dont il rit,
A frapper terre à terre aisément on l'amène;
Mais il en reste là : pauvre nature humaine!
Pas un homme complet, pas un seul!... c'est pitié :
En vertu comme en vice ils font tout à moitié.
(Voyant entrer Tyrrel.)
Jugeons de celui-ci.

SCENE II.

GLOCESTER, TYRREL, UN OFFICIER DE LA TOUR.

GLOCESTER, examinant Tyrrel, qui reste au fond.

Son ancienne opulence
A laissé sur son front un reste d'insolence,
Un air de cour... bon signe! on sera son appui,

S'il est à la hauteur du mal qu'on dit de lui.

(A Tyrrel.) (A l'officier.) (Il s'assied.)
Approchez. Laissez-nous.

SCENE III.

GLOCESTER, TYRREL.

GLOCESTER.
C'est Tyrrel qu'on vous nomme?
TYRREL.
James Tyrrel, milord.
GLOCESTER.
Vous êtes gentilhomme?
TYRREL.
D'assez bonne maison; c'est là mon beau côté :
Car des biens paternels mon nom seul m'est resté.
GLOCESTER.
Vous avez dévoré plus d'un riche héritage?
TYRREL.
Quatre.
GLOCESTER.
Vous en auriez dissipé davantage.
TYRREL.
Je le présume aussi; mais, pour m'en assurer,
Je n'ai plus par malheur de parents à pleurer.
GLOCESTER.
Vous auriez mis, dit-on, seigneur de haut lignage,
Pour cent livres sterling tous vos aïeux en gage.
TYRREL.
C'est une calomnie, et milord le sent bien;

Vu que sur des aïeux un juif ne prête rien.
GLOCESTER.
Voilà votre raison ?
TYRREL.
Elle est bonne.
GLOCESTER.
Vous êtes
Décrié pour vos mœurs, écrasé sous vos dettes,
Sans principes, sans frein...
TYRREL.
Ajoutez sans crédit,
Et, cela fait, milord, vous n'aurez pas tout dit.
GLOCESTER.
Joueur !
TYRREL.
Qui ne l'est pas !
GLOCESTER.
Joueur déraisonnable !
TYRREL.
Si j'avais ma raison, je serais plus coupable.
GLOCESTER.
Le vin, en vous l'ôtant, vous rendit querelleur...
TYRREL.
Il eut donc tous les torts ; je n'eus que du malheur.
GLOCESTER.
Furieux.
TYRREL.
C'est sa faute.
GLOCESTER.
Et meurtrier par suite.
TYRREL, froidement.
C'est pourtant là, milord, que mène l'inconduite.

ACTE II, SCÈNE III.

GLOCESTER.

A Tyburn.

TYRREL.

Où j'attends qu'un bond précipité
Me lance dans l'espace et dans l'éternité.

GLOCESTER.

Le terme du voyage est fort triste.

TYRREL.

Sans doute;
Mais je me suis du moins amusé sur la route.

GLOCESTER.

Je vois que les cachots ne vous ont point changé.

TYRREL.

Tant que je n'aurai rien je serai corrigé.

GLOCESTER.

Mais si l'on vous pardonne?

TYRREL.

On perdra sa clémence.

GLOCESTER.

Et si l'on vous rend tout, Tyrrel?

TYRREL.

Je recommence.
A l'âge respectable où je suis parvenu,
Hors la vertu, milord, rien ne m'est inconnu.
Mais à mourir demain je me soumets d'avance,
S'il faut pour me sauver faire sa connaissance.
Moi, comme un apostat, renier mes beaux jours!
Jamais. Grands airs, grand train, duels, folles amours,
J'avais tous les défauts qu'un gentilhomme affiche,
Et des amis!... jugez : je fus quatre fois riche.

Nous étions beaux à voir autour d'un bol en feu,
Buvant sa flamme, en proie aux bourrasques du jeu,
Quand il faisait rouler sous nos mains forcenées
Le flux et le reflux des piles de guinées.
Quelles nuits! beau joueur, et plus heureux amant,
J'eus un fils, bien à moi : je ne sais pas comment ;
Mais je l'idolâtrais. Il était adorable,
Lorsqu'au milieu des dés, qui parcouraient la table,
Il trépignait sur l'or par ses pieds dispersé ;
Je le prêchais d'exemple ; il m'aurait surpassé,
Et déjà son enfance, en malices féconde,
Promettait le démon le plus charmant du monde...
Ce n'est qu'un ange, hélas! Dieu me l'a retiré.
Je l'ai pleuré, ce fils ; ah! je l'ai bien pleuré.
J'étais mort à la joie, et j'ai voulu renaître ;
Jetant trésors, contrats, regrets, par la fenêtre,
J'y jetai ma raison : il fallait oublier.
Du désordre opulent qui m'était familier,
Je descendis plus bas ; je bus jusqu'à la lie,
De la taverne enfin la grossière folie,
Et d'excès en excès je tombai, je roulai
Jusqu'au fond de l'abîme, où, de plaisirs brûlé,
Mais trop pauvre d'argent pour mourir dans l'ivresse,
En m'éveillant à jeun, je connus ma détresse.
Vous parlez de Tyburn ; me voilà : je suis prêt.
N'ayant plus un schelling, je n'ai pas un regret.
Que le néant, le ciel, ou l'enfer me réclame,
Mon corps est arrivé : bon voyage à mon âme!

GLOCESTER.

Convenez-en, Tyrrel, vous seriez homme encor
A la vendre au démon, s'il vous offrait de l'or.

ACTE II, SCÈNE III.

TYRREL.

Je ne marchande pas, quelque prix qu'il y mette;
Mais il l'aura pour rien, je doute qu'il l'achète.

GLOCESTER.

Et s'il fait le marché?

TYRREL.

C'est une dupe.

GLOCESTER.

Eh bien!
Veux-tu la vendre?

TYRREL.

A qui?

GLOCESTER.

Je l'achète.

TYRREL.

Combien?

GLOCESTER.

Je te rends tout.

TYRREL.

Voyons!

GLOCESTER.

D'abord ton innocence.

TYRREL.

Après?

GLOCESTER.

Ta liberté.

TYRREL.

C'est mieux.

GLOCESTER.

Ton opulence.

TYRREL, vivement.

C'est assez.

GLOCESTER.

Pour Tyrrel; mais stipulons pour moi.

TYRREL.

Que vous faut-il, milord?

GLOCESTER.

Un plein pouvoir sur toi.

TYRREL.

Vous l'aurez.

GLOCESTER.

Aujourd'hui?

TYRREL.

Sur l'heure.

GLOCESTER.

Au premier signe, Comprends-moi.

TYRREL.

J'ai des yeux.

GLOCESTER.

Frappe qui je désigne.

TYRREL.

Mon bras n'est que trop sûr.

GLOCESTER.

Sans consulter le rang.

TYRREL.

Hors le prix convenu, tout m'est indifférent.

GLOCESTER.

Mon ami, si je veux.

TYRREL.

Et le mien, s'il vous gêne.

GLOCESTER.

A l'œuvre!

ACTE II, SCÈNE III.

TYRREL.

Commandez, milord, je suis en veine.

GLOCESTER.

Du comte d'Hereford délivre-moi ce soir.

TYRREL.

Je ne le connais pas.

GLOCESTER.

Bientôt tu vas le voir.

TYRREL.

Où l'attendre?

GLOCESTER.

A Whit-Hall.

TYRREL.

Il est mort s'il y passe.

GLOCESTER.

Je l'y ferai passer.

TYRREL.

Bien.

GLOCESTER.

Un point m'embarrasse.

TYRREL.

Lequel?

GLOCESTER.

Peut-on encor te connaître à la cour?

TYRREL.

J'y parus à vingt ans et n'y restai qu'un jour.

GLOCESTER.

Pourquoi?

TYRREL.

Je m'ennuyai, milord, de l'étiquette.

GLOCESTER.
Que sir James Tyrrel aujourd'hui s'y soumette.

TYRREL, avec importance.
Il le fera pour vous.

GLOCESTER.
C'est bien : levez les yeux.
Sur votre front hautain portez tous vos aïeux.
Allons, mon gentilhomme, une superbe audace!
Un train de roi! cet air qui dit : Faites-moi place!
Des vices de bon goût! de splendides repas!
Vos salons, dès demain, ne désempliront pas;
Et nul n'ira chercher, s'il s'amuse à vos fêtes,
Qui vous étiez, sir Jame, en voyant qui vous êtes.
Tout vous convient-il?

TYRREL.
Tout.

GLOCESTER.
C'est donc fait.

TYRREL.
Je conclus.

GLOCESTER.
Moi, je paie; à présent tu ne t'appartiens plus.

TYRREL.
Jamais on n'eut sur moi de droit si légitime :
Vous m'avez acheté plus que je ne m'estime.

GLOCESTER.
On vient; sors.
(Tyrrel s'éloigne.)
Par saint George! on ne l'a pas flatté :
Il me réconcilie avec l'humanité.

SCENE IV.

GLOCESTER, BUCKINGHAM.

GLOCESTER, à Buckingham, qui entre.

De grâce, arrivez donc, cousin; on vous désire.

BUCKINGHAM.

Très-noble protecteur, souffrez que je respire.
Je voulais des premiers saluer à la Tour
Le roi, qu'auprès de vous je croyais de retour;
Mais je suis peu surpris qu'il traverse avec peine
L'océan plébéien dont chaque rue est pleine.

(Allant à la fenêtre qu'il ouvre.)

Avant de m'accuser, milord, regardez-les :
Quelle foule! on s'écrase; et de Douvre à Calais
La mer, par un gros temps, a plus de courtoisie
Que ce peuple agité jusqu'à la frénésie.
Il ne veut que son roi; froissé dans ses ébats,
Meurtri de ses transports, je me disais tout bas
Qu'on serait mal venu par force ou par adresse
A lui ravir l'objet d'une si folle ivresse.
Quand je vous parle ainsi je ne suis pas suspect :
Ils ont, parbleu! pour moi montré peu de respect;
Et mon cheval pourtant est de plus noble race
Que ce troupeau d'Anglais entassé sur la place.

GLOCESTER.

Parlait-on de la reine?

BUCKINGHAM.

Avec un dévouement!...

GLOCESTER.

Elle est à Westminster.

BUCKINGHAM.
Elle!
GLOCESTER.
Et son fils.
BUCKINGHAM.
Vraiment?
GLOCESTER.
C'est très-vrai.
BUCKINGHAM.
Dans quel but?
GLOCESTER.
Si tu peux le comprendre,
Tu me feras plaisir, cousin, de me l'apprendre.
BUCKINGHAM.
Peut-être un mot de vous a causé son effroi.
GLOCESTER.
Oui, j'aurai trop parlé : tout le mal vient de moi.
Il m'a fallu souvent descendre à l'imposture;
Mais j'y suis maladroit : c'est contre ma nature.
BUCKINGHAM.
Quelle faute!
GLOCESTER.
J'ai peine à me la pardonner.
J'aurais dû par toi seul me laisser deviner;
J'étais sûr de ta foi.
BUCKINGHAM.
Certes!
GLOCESTER, en souriant.
La reine est belle;
Et je vous crois, cher duc, assez bien avec elle.
BUCKINGHAM.
Moi!... sa grave beauté serait fort de mon goût;

Ma gaîté, par malheur, ne lui va pas du tout.

GLOCESTER.

J'avais compté sur vous pour certaine entreprise !...

BUCKINGHAM.

Contre l'autel, milord ! qui s'y heurte, s'y brise.
Je vous l'ai toujours dit, respectez le saint lieu :
La haine tient long-temps dans les hommes de Dieu.
Orgueil épiscopal, rancune monastique,
Remuer tout cela n'est jamais politique.

GLOCESTER.

Ta raison, Buckingham, quelquefois me confond.

BUCKINGHAM, en riant.

Pas plus que moi, milord.

GLOCESTER.

    Ton esprit est profond.

BUCKINGHAM.

Les fous sont étonnants dans leurs moments lucides.

GLOCESTER.

De tous mes intérêts il faut que tu décides.

BUCKINGHAM, à part.

Me revient-il ?

GLOCESTER, avec bonhomie.

    Pourtant tes conseils m'ont déplu,
Mon pauvre Buckingham ; oui, je t'en ai voulu.
J'en conviens : j'étais fou, j'avais une pensée,
Une pensée horrible, et je l'ai repoussée :
Elle m'aurait perdu ; l'abîme était voisin,
J'y tombais.

BUCKINGHAM.

  Je le crois.

GLOCESTER.
Embrasse-moi, cousin :
Tu m'as sauvé...
BUCKINGHAM.
Milord !
GLOCESTER.
D'une chute certaine.
BUCKINGHAM, à part.
Me suis-je trop pressé de parler à la reine ?
GLOCESTER.
J'avais vu le lord-maire, il voulait tout oser.
Tu passeras chez lui.
BUCKINGHAM.
Qui, moi ?
GLOCESTER.
Pour refuser.
BUCKINGHAM.
Quoi ! positivement ?
GLOCESTER.
Même avec cet air digne,
Ce dédain vertueux de l'honneur qui s'indigne.
BUCKINGHAM.
Je ne remettrai pas l'ambassade à demain.
GLOCESTER, à part.
Non ; mais l'ambassadeur peut rester en chemin.
(On entend au dehors les cris de Vive le roi ! Vive Édouard !)
Quels cris !
BUCKINGHAM.
Le roi s'approche.
GLOCESTER.
Exploitons sa faiblesse :
Gouvernons, à nous deux, sa précoce vieillesse.

Le flatteur qui nous perd est mieux venu souvent
Que l'ami qui nous sauve en nous désapprouvant ;
Mais, détrompé plus tard, c'est à l'ami qu'on pense,
Et tu sauras bientôt comment je récompense.
Ta main ? oublions tout.

BUCKINGHAM.

Et de grand cœur, milord.

GLOCESTER.

Cousin, c'est entre nous à la vie, à la mort.

BUCKINGHAM, à part.

J'en crois son intérêt qui dicte sa conduite.

GLOCESTER, à part.

Qu'il répare sa faute et qu'il la paie ensuite.
(A Buckingham.)
Viens au-devant du roi ; courons. Mais le voici.

SCÈNE V.

GLOCESTER, BUCKINGHAM, ÉDOUARD, LE CARDINAL BOURCHIER, L'ARCHEVÊQUE D'YORK, LA COUR.

GLOCESTER, à Édouard.

Ah ! pardon ! moi, milord, vous recevoir ici !
C'est au seuil de la Tour, c'est aux portes de Londre
Que parmi vos sujets je devais me confondre,
Et, le front découvert, vous offrir à genoux
Les vœux du plus zélé, du plus humble de tous.

ÉDOUARD, le relevant.

Mon oncle, dans mes bras !... Que leur foule attendrie
Doit mêler de regrets à son idolâtrie !
Ah ! ce n'est pas à moi de connaître l'orgueil :

Je n'ai rien fait pour eux. Digne objet de leur deuil,
Que mon père au tombeau soit fier de son ouvrage,
C'est lui qui m'a laissé leurs cœurs en héritage.
Mais un autre oncle encor devait m'ouvrir ses bras.

GLOCESTER.

Lord Rivers ?

ÉDOUARD.

Je le cherche, et je ne le vois pas.
Depuis que par vos soins tant d'éclat m'environne,
Qu'une garde d'honneur entoure ma personne,
Sans m'en donner avis, il a quitté la cour,
Et près de vous, dit-on, m'a devancé d'un jour.

GLOCESTER.

J'ai moi-même à la reine expliqué son absence.

ÉDOUARD.

Ma mère !... Ah ! pardonnez à mon impatience ;
Et Richard ! Où sont-ils ?

GLOCESTER.

. Que mon noble neveu
D'un tort dont je gémis reçoive ici l'aveu :
Un parti s'agitait ; j'en informe la reine ;
Elle en prend quelque ombrage, et je la quitte à peine
Qu'aux murs de l'abbaye elle va s'enfermer.
C'est ma faute : pour vous trop prompt à m'alarmer,
Je n'ai pas ménagé sa terreur maternelle,
Et je suis, par tendresse, aussi coupable qu'elle.
Excusez-nous tous deux.

ÉDOUARD.

Ah ! courons la chercher.

GLOCESTER.

C'est donner de l'éclat à ce qu'il faut cacher.

De votre main royale un avis doit suffire.
Un mot qui la rassure, un seul !

ÉDOUARD, courant s'asseoir près de la table.

Je vais l'écrire.

GLOCESTER, s'approchant des prélats.

Mes vénérables lords, à vos soins j'ai recours :
Appuyez cet écrit de vos pieux discours ;
L'éloquence du cœur coule de votre bouche.
Je me joindrais à vous ; mais, sur ce qui vous touche,
Dût mon respect profond paraître timoré,
Le seuil de Westminster pour mes pas est sacré.

ÉDOUARD.

Ah ! bonjour, Buckingham !

BUCKINGHAM.

La santé de sa grâce
A souffert du voyage ?

ÉDOUARD, qui se remet à écrire.

Un peu.

BUCKINGHAM.

Ce bruit vous lasse ;
Mais cet excellent peuple est toujours furieux,
Et tuerait ses amis pour les accueillir mieux.

ÉDOUARD.

Je l'aime : ses transports passent mon espérance,
Et j'en parle à la reine avec reconnaissance.

GLOCESTER, remerciant les évêques.

En toute occasion disposez du pouvoir ;

(A Tyrrel qui entre et s'incline devant lui.)

Je le mets à vos pieds. Enchanté de vous voir,
Bon sir Jame.

ÉDOUARD, à Glocester.

Voici la lettre pour ma mère.

GLOCESTER, après l'avoir prise.

Permettez que j'honore un dévouement sincère,
Celui dont Buckingham a fait preuve pour vous.
Le comté d'Hereford lui fut promis par nous ;
Confirmez-en le don : cette faveur légère,
S'il la tient de vos mains, lui deviendra plus chère.

ÉDOUARD.

Vous me rendez heureux. C'était me réserver
Le plaisir le plus doux qu'un roi puisse éprouver.

BUCKINGHAM, à Édouard.
(Serrant la main de Glocester.)

Votre grâce me comble. Ah! milord!...

GLOCESTER, à Buckingham.

Je suis juste.

(Remettant la lettre aux évêques.)

En vous voyant chargés de ce message auguste,
Quel doute peut encor retenir notre sœur?
Promettez, accordez, satisfaites son cœur :
Je vous laisse de tout les suprêmes arbitres.

(A Buckingham.)

Ah! cher duc! ou cher comte, on se perd dans vos titres,
De vous joindre aux prélats n'êtes-vous point jaloux?

BUCKINGHAM.

Je m'en ferais honneur.

GLOCESTER.

La reine croit en vous.
Parlez-lui ; dissipez sa crainte imaginaire.

BUCKINGHAM.

J'y cours.

GLOCESTER.

Veuillez après passer chez le lord-maire,

(En échangeant un regard avec Tyrrel.)
Je le crois à With-Hall.

BUCKINGHAM.

Il m'y verra, milord.

GLOCESTER, en jetant un coup d'œil à Tyrrel.

Succès et bon retour au comte d'Hereford!
(Buckingham sort avec les évêques, Tyrrel les suit, la cour se retire.)

SCENE VI.

ÉDOUARD, GLOCESTER.

GLOCESTER, à part, en revenant sur le devant de la scène.

Sera-t-il, cet enfant, mon esclave ou mon maître?
Pour le laisser régner, c'est ce qu'il faut connaître.
(Il s'appuie sur le fauteuil d'Édouard.)
Des hommages de cour milord est délivré;
J'ai pris sur moi ce soin.

ÉDOUARD.

Et je vous en sais gré :
De ces émotions l'ivresse est accablante;
J'ai peine à soulever ma paupière brûlante;
Ma force est épuisée.

GLOCESTER.

Hélas! que de dégoûts
Attachés à ce rang qui fait tant de jaloux!
Beau neveu, je vous plains.

ÉDOUARD.

Un regard de ma mère
Emportera bientôt ma douleur passagère.
Parlez-moi de Richard : m'a-t-il bien regretté?
Du voyageur, milord, s'est-il inquiété?

GLOCESTER.

Mais...

ÉDOUARD.

Oui, j'en crois mon cœur, le sien, sa douce image
Dont les traits m'ont souri pendant tout le voyage.
Il s'occupait de moi, qui, palpitant d'espoir,
Le cherchais, l'appelais, croyais déjà le voir
Se jeter à mon cou, dans sa joie enfantine,
Les bras unis aux miens, pleurer sur ma poitrine,
Qui l'entendais, milord, comme s'il était là,
Me dire en sanglotant : Édouard, te voilà !

GLOCESTER.

Je veux l'entretenir, cette amitié si sainte :
Je prendrai du pouvoir les travaux, la contrainte.
Pour moi, tous ses chagrins; pour vous, la liberté,
L'amour, les jeux d'un frère et leur folle gaieté !

ÉDOUARD.

Son enjouement naïf au plaisir vous invite ;
Il rit de si bon cœur, que bientôt on l'imite.

GLOCESTER.

Heureux auprès de lui, vous n'aurez qu'à choisir
Entre les passe-temps qui charment son loisir.

ÉDOUARD.

Je les verrai peut-être avec un œil d'envie ;
Mais d'autres soins, milord, doivent remplir ma vie.

GLOCESTER.

Et quels soins ?

ÉDOUARD.

Je suis roi.

GLOCESTER.

Mon Dieu, vous le serez;

ACTE II, SCÈNE VI.

Mais ne vous troublez point d'ennuis prématurés.
N'accablez point vos jours d'un poids qu'on vous allége ;
Vous n'aurez que trop tôt ce triste privilége.

ÉDOUARD.

Dussé-je avant le temps rejoindre mes aïeux,
Lord Rivers me l'a dit, il faut voir par mes yeux.
Si mon père abusé, si ce roi qu'on révère
N'eût pas fermé les siens dans un jour de colère,
Clarence, qu'il aimait et qu'il a tant pleuré !...

GLOCESTER.

Clarence !

ÉDOUARD.

Dans la Tour n'aurait pas expiré.

GLOCESTER, à part.

Il a trop de mémoire.

ÉDOUARD.

Ah ! quelle différence !
Où j'arrive avec joie, il vint sans espérance.
C'est ici, dans ces murs... leur aspect m'a fait mal :
Ils ont vu si souvent couler le sang royal !

GLOCESTER.

Mais l'arrêt cette fois punissait un coupable.

ÉDOUARD.

L'arrêt qui tue un frère est toujours révocable.

GLOCESTER, à part.

Me soupçonnerait-il ?

ÉDOUARD.

Un frère !... ah ! ce doux nom
Sur les lèvres des rois fait venir le pardon ;
Édouard l'accorda.

GLOCESTER.

Trop tard.

ÉDOUARD.

Non ; mais un crime
Jusque sous son pardon vint frapper la victime.

GLOCESTER.

Chassez de votre esprit ce triste souvenir.

ÉDOUARD.

Ah! quand je le voudrais, pourrais-je l'en bannir?
J'entends sortir du cœur de mon malheureux père
Ce cri : « Mon frère est mort! j'ai fait mourir mon frère! »
Je jouais, j'étais là, riant sur ses genoux,
Quand d'horreur, à ce cri, vous avez pâli tous.
Puis avec des sanglots il reprit à voix basse :
« Eh quoi! pas un de vous n'a demandé sa grâce!
» Qui l'a fait? qui de vous, à mes pieds se jetant,
» M'a rappelé ces jours où nous nous aimions tant,
» Nos durs travaux, ces nuits où, brisés par la guerre,
» Dans le même manteau nous couchions sur la terre,
» Où, l'écartant de lui pour en couvrir son roi,
» Sous la froide rosée il tremblait près de moi?
» Et je l'ai condamné sans qu'une bouche amie
» S'ouvrît pour me crier : Il vous sauva la vie!
» Pauvre infortuné frère!... Ah! que jamais ton sang
» Ne retombe sur lui! dit-il en m'embrassant,
» Sur mes fils!... » Et sa voix s'éteignit dans les larmes.
Mais la bonté du ciel a trompé ses alarmes :
Aimés, bénis de tous, ses deux fils sont heureux ;
Il peut dormir en paix, car vous veillez sur eux.

GLOCESTER.

(A part.)   (A Édouard.)
Je respire. Écartez ces images funèbres.

ACTE II, SCÈNE VI.

ÉDOUARD.

Oui, quand j'aurai puni.

GLOCESTER.

Qui donc?

ÉDOUARD.

Dans les ténèbres
L'assassin de Clarence en vain croit se cacher.

GLOCESTER.

Eh! que prétendez-vous?

ÉDOUARD.

Mon bras l'ira chercher.

GLOCESTER.

Craignez, en l'essayant, d'éveiller bien des haines.

ÉDOUARD.

La justice des rois n'a point ces craintes vaines.

GLOCESTER.

Un enfant fera-t-il, à son avénement,
Ce qu'Édouard lui-même évita prudemment?

ÉDOUARD, se levant.

Le jour où, jeune encore, on revêt la puissance,
On grandit sous son poids; pour secouer l'enfance,
Sur les degrés du trône il suffit d'un instant,
Et l'enfant couronné devient homme en montant.
Je suis plein d'avenir : Dieu dans ce corps débile
Avec un cœur de feu mit une âme virile.
Vous serez fier de moi, j'en ai le ferme espoir;
Mais punir l'assassin est mon premier devoir.
Je vous le jure ici par les pleurs de mon père,
Plus il sera puissant, plus je serai sévère.
Rien ne peut, moi régnant, le soustraire au trépas;
Rien, je le jure encor.

GLOCESTER, à part.

Tu ne régneras pas.

ÉDOUARD, qui est retombé sur son fauteuil.

Mais vous avez raison ; ce souvenir me tue.
Je cède à la fatigue, et ma tête abattue,
Malgré moi, je le sens, retombe sur ma main.

GLOCESTER, avec intérêt.

Qu'avais-je dit ?

ÉDOUARD.

Croyez que plus tard, que demain,
Quand le sommeil... Une heure ! oh ! seulement une heure !

GLOCESTER.

Pour goûter ce repos, venez.

ÉDOUARD.

Non ; je demeure.
La reine maintenant ne peut tarder, je crois ;
Je l'attends. Oh ! parlez : j'écoute... je vous vois...
Mais comme dans un rêve... et cependant je veille.
Richard !... toujours joyeux... O mon frère !...

GLOCESTER.

Il sommeille.

SCENE VII.

GLOCESTER, ÉDOUARD, endormi.

GLOCESTER.

C'est lui ! c'est cet enfant qui parle de punir,
Quand ce moment, peut-être, est tout son avenir !...
Non : sans cette autre vie attachée à la sienne,
Je ne puis rien.

ÉDOUARD, rêvant.
Richard!

GLOCESTER.
Il l'appelle : ah! qu'il vienne;
Qu'il dorme à ses côtés, et je suis Richard trois;
Je suis roi d'Angleterre en étouffant deux rois.
Nos lords, nos fiers prélats, pâlissant d'épouvante,
Voudront, le crime fait, baiser ma main sanglante,
Et, si je leur partage un lambeau du pouvoir,
Pour ne rien refuser, n'oseront rien savoir.
(Marchant avec agitation.)
Qu'il vienne!... et s'il dit : Non... Mot fatal! c'est la guerre :
Drapeau contre drapeau, nous jouerons l'Angleterre.
(Il s'élance à la fenêtre et se penche en dehors.)
A qui la chance alors?... Mais qu'entends-je? Aucun bruit!
Mon œil au pied des murs plonge en vain dans la nuit.
Quelle angoisse! Attendons.
(Il revient sur le devant de la scène, et regarde Édouard.)
La frêle créature!
Belle pourtant, bien belle... O marâtre nature!
En comblant tous les miens, tu fis de leur beauté
Un sarcasme vivant pour ma difformité.
Eh bien! marâtre, eh bien! j'ai détruit ton ouvrage :
Demande-les aux vers qui rongent leur visage;
La mort, la pâle mort décomposa ces traits
Où d'un œil complaisant jadis tu t'admirais.
Qui doit survivre à tous? Moi, l'œuvre de ta haine,
Moi, modèle achevé de la laideur humaine;
Encor deux fronts charmants à couvrir d'un linceul,
Et tu ne pourras plus t'admirer qu'en moi seul.
(Prêtant l'oreille.) (Il court de nouveau à la fenêtre.)
Écoutons : ce sont eux! Cette rumeur lointaine,

Ce concours, ces flambeaux, tout le dit : c'est la reine.
C'est elle : je la vois. Qu'ils marchent lentement !
D'où vient qu'elle s'arrête? est-ce un pressentiment?
Non, non : elle reçoit les suppliques d'usage.
Encore une ! et toujours ! Faites-lui donc passage.
Avec mes yeux vers moi je voudrais l'attirer.
Ah ! l'excellente mère ! elle vient les livrer.
Elle avance, elle approche à ma voix qui l'appelle ;
La voilà sur le pont !... Son fils n'est pas près d'elle !
(Avec fureur.)
Elle vient sans son fils ! Tu mentais, tu mentais !
Faux espoir, sois maudit; et vous, que je sentais
Vous dresser pour le meurtre en frissonnant de joie,
A bas ! ongles du tigre : on m'a ravi ma proie.

LE DUC DYORK, en dehors.

Édouard !

GLOCESTER.

Est-ce un rêve ?

LE DUC D'YORK, de même.

Édouard !

GLOCESTER.

Je l'entends.

Il la devançait donc ? Voilà de ces instants
Où l'émotion tue, où la joie assassine.
(Riant malgré lui.)
Folle, tu me trahis; rentre dans ma poitrine :
Rentre, obéis, meurs là ! Je règne : ils sont à moi.

SCENE VIII.

GLOCESTER, ÉDOUARD, LE DUC D'YORK.

LE DUC D'YORK.
(S'élançant vers le roi.)

Mon frère! où le trouver?... Mon Édouard!

ÉDOUARD, en l'embrassant.

C'est toi,
Toi, Richard!

LE DUC D'YORK.

Le premier. Vois, je suis hors d'haleine;
J'ai couru!... pour m'atteindre on eût perdu sa peine :
(A Glocester.)
Je venais t'embrasser. Mon oncle, c'est bien lui;
C'est lui; je le revois. De retour aujourd'hui,
Tu ne t'en iras plus? non, jamais?

ÉDOUARD.

Je l'espère.

RICHARD, lui tendant les bras.

Jamais. Ah! que je t'aime! Encor, encor!

ÉDOUARD.

Mon frère!
(Ils s'embrassent de nouveau.)

SCENE IX.

GLOCESTER, ÉDOUARD, LE DUC D'YORK, ÉLISABETH, LE CARDINAL BOURCHIER, L'ARCHEVÊQUE D'YORK, LA COUR, puis TYRREL.

GLOCESTER, à la reine en lui montrant les princes.

Regardez, milady : quels transports que les leurs!

Ce spectacle touchant m'attendrit jusqu'aux pleurs.

ÉDOUARD.

Ma mère, enfin, c'est vous!

ÉLISABETH.

Oui, mon fils, oui, ta mère;
Celle qui te chérit, dont la douleur amère
De son pauvre exilé rêvait, parlait toujours,
Qui souffrait de tes maux, qui consumait ses jours
A trembler pour les tiens, à pleurer, à se plaindre,
Qui pleure, mais de joie, et n'a plus rien à craindre.

LE DUC D'YORK.

C'est votre favori.

ÉLISABETH, souriant.

Jaloux!

LE DUC D'YORK.

Non, pas jaloux;
Bien heureux!

ÉLISABETH.

Ah! tenez, tenez; partagez-vous
Tous ces gages d'amour passant de l'un à l'autre,
Mes transports, mon bonheur qui s'accroît par le vôtre.
Je veux de mes baisers vous couvrir à la fois.

(A Glocester.)

Tenez!... Pardon, milord; il fut absent deux mois.

GLOCESTER.

On vous pardonne tout, hors la crainte insensée
Qui de fuir votre fils vous donna la pensée.

ÉLISABETH, à Édouard.

Te fuir!... Quoi! je l'ai fait. Ah! j'en ai bien souffert.
Aussi, quand Buckingham à nos yeux s'est offert,
Quand j'ai lu cette lettre et si bonne et si tendre...

ACTE II, SCÈNE IX.

ÉDOUARD.

Ma lettre?

ÉLISABETH.

Elle est charmante... alors, sans rien entendre,
Je voulais devancer nos pontifes sacrés.
Que leur zèle pieux les a bien inspirés !
(A Glocester.)
Que de remercîments je vous dois à vous-même,
(Aux seigneurs de la cour.)
A vous, milords, au peuple! Édouard, comme il t'aime!
Tous bénissaient ton nom; leur supplique à la main,
Tous de leurs vœux pour toi m'assiégeaient en chemin.
(Montrant les placets qu'un des lords a placés sur la tab'e.)
Vois ce que je t'apporte.

GLOCESTER.

Encor du bien à faire,
Du mal à réparer !

ÉDOUARD.

Voyons !

LE DUC D'YORK.

C'est mon affaire.

ÉLISABETH.

C'est celle du régent.

GLOCESTER.

Richard a plein pouvoir.

LE DUC D'YORK.

Bon ! le trésor public y passera ce soir.

GLOCESTER.

Faites beaucoup d'heureux, pourtant pas d'imprudences.

LE DUC D'YORK, *distribuant les pétitions.*

Pour vous, milord ; pour vous, et pour leurs éminences !
Tout ce qui reste à moi !

ÉLISABETH, à Édouard.

Mes ennuis, mon chagrin,
Les as-tu partagés?

LE DUC D'YORK, à Glocester.

Ah! mon oncle, un marin,
Pauvre, manquant de tout...

GLOCESTER.

J'accorde cent guinées.

LE DUC D'YORK.

Deux cents.

GLOCESTER.

Mais prenez garde!

LE DUC D'YORK.

Oh! je les ai données :
Il s'appelle Édouard.

GLOCESTER.

C'est un titre pour moi.

LE DUC D'YORK.

Vous m'approuvez aussi, vous, monseigneur et roi?

ÉDOUARD.

De grand cœur, milord duc.

ÉLISABETH, à Édouard, qui lui baise les mains.

Mais laissez : qu'on vous voie;
Que de vous regarder on ait au moins la joie.
Cher enfant, sur ce front que je trouve embelli,
De la santé pourtant les couleurs ont pâli.

ÉDOUARD.

Ce n'est rien.

GLOCESTER.

De ses traits la grâce est plus touchante.

ÉLISABETH.

Trop pour sa mère.

ACTE II, SCÈNE IX.

LE DUC D'YORK, se levant, un papier à la main.

O ciel !

ÉLISABETH.

D'où vient votre épouvante ?

LE DUC D'YORK.

Au milieu des placets dans vos mains déposés,
Cet écrit...

ÉDOUARD.

Comme il tremble !

LE DUC D'YORK.

Ah ! ma mère, lisez.

GLOCESTER.

Donnez, donnez-le-moi, cet écrit si terrible.

LE DUC D'YORK.

(A Glocester.) (A la reine.)
Non, vous ne l'aurez pas. Lisez.

ÉLISABETH, après avoir parcouru le papier.

Est-il possible ?

Rivers !...

ÉDOUARD, à la reine.

Vous frémissez !

ÉLISABETH, à Glocester.

Rivers ! quel est son sort ?

GLOCESTER.

Reine, je vous l'ai dit.

ÉLISABETH.

Il est mort ! il est mort !

ÉDOUARD.

Lui ! grand Dieu !

ÉLISABETH.

Cette nuit.

6.

GLOCESTER.
　　　　　　　　Mensonge invraisemblable!
De cet acte inhumain qui donc serait coupable?
ÉLISABETH.
Vous me le demandez?
GLOCESTER.
　　　　　　Sans doute.
ÉLISABETH.
　　　　　　　　　　　C'est celui
Qui ne veut pas, milord, me laisser un appui.
Hastings qu'il a frappé, Rivers qu'il assassine,
N'ont point lassé son bras, armé pour ma ruine :
Un noble ami, comme eux, s'est déclaré pour nous ;
J'apprends que, par miracle échappant à ses coups,
Cet ami, Buckingham...
GLOCESTER.
　　　　　　Eh bien?
ÉLISABETH.
　　　　　　　　　　D'un nouveau crime
Faillit, en me quittant, devenir la victime.
ÉDOUARD.
Quel est son assassin?
GLOCESTER.
　　　　　　　Quel est-il? répondez :
Encore un coup, son nom?
ÉLISABETH.
　　　　　　　　　Vous me le demandez!
GLOCESTER.
Je ne demande plus ce que je dois prescrire.
Parlez, je le veux.

ÉLISABETH.

C'est... Je n'ose pas le dire :
Non, je ne l'ose pas.

GLOCESTER.

Qui vous retient? Pourquoi
Ne pas couronner l'œuvre en disant que c'est moi?
J'aurai sacrifié Rivers à ma vengeance,
Moi, dont il tient son rang, son titre, sa puissance;
Rivers, qui, sans penser qu'on l'immole en chemin,
Arrive, et dans ses bras va me presser demain.
Plus coupable, j'ai pris Buckingham pour victime,
Moi qui l'admis quinze ans dans mon commerce intime;
Moi, qui, ce soir encor, par mon cœur entraîné,
Ici, dans le lieu même où je suis soupçonné,
A sa grâce, à vous tous, l'offrais comme un modèle,
Et par les mains du roi récompensais son zèle.
De qui vient cet écrit où je suis désigné?

ÉLISABETH.

Ah! d'un ami sans doute.

GLOCESTER, se couvrant.

Il n'est donc pas signé!
Mensonge et trahison! Le régent du royaume,
Bravé, calomnié, n'est-il plus qu'un fantôme?
Qu'une ombre? mon pouvoir, immense, illimité,
Pour borne cependant n'a que ma volonté.

ÉLISABETH, avec terreur.

Il est trop vrai.

GLOCESTER, promenant ses regards sur l'assemblée.

Celui qui, dans le fond de l'âme,
Tiendrait pour vérité cette imposture infâme,
Sentirait mon courroux l'écraser de son poids,

Si des yeux seulement il me disait : J'y crois.

ÉLISABETH, à part.

Ils se taisent.

GLOCESTER.

Veut-on ramener la noblesse
Aux jours où, de l'État souveraine maîtresse,
Une femme régnait, qui nous opprimait tous,
Qui semait à plaisir la discorde entre nous,
Et faisant condamner le frère par le frère,
Sur Clarence...

ÉLISABETH, indignée.

Ah! milord!

ÉDOUARD, s'élançant vers Glocester.

Vous insultez ma mère!

GLOCESTER.

La veuve de lord Gray ne nous gouverne pas.

ÉDOUARD, à Glocester.

La veuve d'Édouard! la reine! Chapeau bas,
(Joignant le geste à la parole.)
Chapeau bas devant elle!

ÉLISABETH.

Ah! qu'as-tu fait?

LE DUC D'YORK.

Courage!
Bien, mon frère, c'est bien!

ÉLISABETH.

(Au roi.)   (A Glocester.)
Édouard!... A son âge,
(Revenant au roi.)
On s'emporte aisément. O mon fils, contiens-toi.
(A Glocester.)
Pardon! j'ai tous les torts ; dans un moment d'effroi...
Une mère... Ah! pardon!

ACTE II, SCÈNE IX.

GLOCESTER.

Voilà comme on me traite;
Et l'on vient s'excuser lorsque l'insulte est faite.
Jugez de l'avenir qui s'annonce pour vous :
On prétend gouverner le fils comme l'époux.
Si je n'ai pu dompter ma trop juste colère,
De mon royal neveu la leçon fut sévère,
Et vous apprend, milords, que, muets sous l'affront,
Vous devez le subir sans relever le front.
Je saurai toutefois combattre une influence
Qui peut des nobles pairs alarmer la prudence;
Je le veux, et la Tour est l'asile assuré
Où nous veillerons tous sur un dépôt sacré.

ÉLISABETH.

Nous séparez-vous?

GLOCESTER.

Non : vous le verrez sans cesse;
Et, par raison, j'espère, autant que par tendresse,
Vous lui répéterez que je tiens d'Édouard
Un pouvoir dont son rang l'affranchira plus tard;
Mais qu'aujourd'hui le roi, soumis à ma puissance,
Si je lui dois respect, me doit obéissance.

ÉDOUARD.

Je suis loin d'attenter à ces droits souverains
Que mon père en mourant déposa dans vos mains;
Mais respectez sa veuve à l'égard de lui-même,
Ou je n'attendrai pas, portant son diadème,
Que son ombre me dise une seconde fois :
Mon fils, venger sa mère est le plus saint des droits.
Sortons : de ces débats prolonger le scandale,
C'est abaisser par trop la majesté royale.

Venez, reine.

GLOCESTER, aux seigneurs de la cour.

Milords, je ne vous retiens pas.

(A Édouard, en prenant un flambeau.)

Votre premier sujet va précéder vos pas.

ÉDOUARD.

Épargnez-vous ce soin.

GLOCESTER, marchant devant lui.

Un tel devoir m'honore.

LE DUC D'YORK, à Édouard.

Tu viens d'agir en roi : je t'aime plus encore.

ÉLISABETH, arrêtant Glocester.

Ah! par pitié, mon frère, un mot!

GLOCESTER, donnant le flambeau à Tyrrel.

Remplacez-nous,
Gouverneur de la Tour.

(Toute la cour s'éloigne.)

SCENE X.

GLOCESTER, ÉLISABETH.

GLOCESTER.

Parlez, que voulez-vous?
J'écoute, milady.

ÉLISABETH.

Sans colère?

GLOCESTER.

J'écoute.

ÉLISABETH.

Sur ce qui m'alarmait je n'ai plus aucun doute,
Aucun, soyez-en sûr.

ACTE II, SCÈNE X.

GLOCESTER.

Doutez, ne doutez point,
Que m'importe?

ÉLISABETH.

Avant peu si Rivers vous rejoint,
Comme vous l'affirmez...

GLOCESTER.

La reine, en sa présence,
Voudra bien par bonté croire à mon innocence.
Confiance admirable!

ÉLISABETH.

Ah! j'y crois maintenant;
Je connais mon erreur : j'y crois.

GLOCESTER.

En frissonnant.

ÉLISABETH.

Lui, condamné par vous! il ne pouvait pas l'être;
L'effroi me rendait folle; il respire.

GLOCESTER.

Peut-être.

ÉLISABETH.

Aux jours de Buckingham on n'a pas attenté!

GLOCESTER.

Pourquoi pas?

ÉLISABETH.

J'étais folle, oui, folle, en vérité.
Me voilà de sang-froid; voyez, je suis tranquille.
Mes enfants, grâce à vous, ont la Tour pour asile.

GLOCESTER.

Je leur veux tant de mal!

ÉLISABETH.

Ils seraient bien ingrats,

S'ils pouvaient le penser.
GLOCESTER.
Pas du tout.
ÉLISABETH.
Dans vos bras,
Sous vos yeux, il n'est rien que pour eux je redoute...
Pourtant dans cet écrit...
GLOCESTER.
Encor...
ÉLISABETH.
C'est qu'on ajoute...
Pardon!
GLOCESTER.
Quoi?
ÉLISABETH.
Qu'à la Tour... Mais c'est faux; je le sais.
GLOCESTER.
Achevez : qu'à la Tour?...
ÉLISABETH.
Leurs jours sont menacés.
Mais je ne le crois pas; non, je vous le proteste.
GLOCESTER.
Pourquoi donc, milady? c'est vrai comme le reste.
ÉLISABETH.
D'un soupçon outrageant, pardon! cent fois pardon!
Ah! je vous le demande avec tout l'abandon,
L'amour, le désespoir d'une mère éperdue :
Que leur vie en danger soit par vous défendue.
GLOCESTER, avec douceur.
Calmez-vous donc; quel bras peut les atteindre ici?
ÉLISABETH.
O mon Dieu! de Rivers vous me parliez ainsi.

ACTE II, SCÈNE X.

GLOCESTER, en souriant.

Sans doute.

ÉLISABETH.

C'est ainsi que je vous vis sourire.

GLOCESTER.

Eh bien?

ÉLISABETH, avec explosion.

Rivers est mort!

GLOCESTER.

Vous osez le redire?

ÉLISABETH.

Oui, contre l'évidence en vain je me défends :
Oui, mort; et vous voulez tuer mes deux enfants!

GLOCESTER.

Moi!

ÉLISABETH.

Vous, leur protecteur, leur père!... C'est horrible!
Et c'est vrai, cependant, c'est vrai, mais impossible.
Vous ne le pourrez pas : je serai là, debout,
Sur le seuil de leur porte, à leur chevet, partout,
Et le jour, et la nuit, sans sommeil, sans relâche,
L'œil ouvert, la main prête à repousser un lâche,
Un monstre...

GLOCESTER.

Milady!

ÉLISABETH, qui le regarde en face.

Je n'ai pas peur de vous.
Buckingham vit; il s'arme, il soulève pour nous
Ses partisans, les miens, le peuple, Londre entière;
Il viendra, nous viendrons, lui, tous, moi la première,
Les sauver, vous punir.

GLOCESTER.

Mère imprudente, assez !
Savez-vous qui je suis et qui vous menacez ?

ÉLISABETH.

Je ne menace pas, j'implore, je conjure,
Par mes pleurs, par leur sang, au nom de la nature,
Au nom de leur danger... Il m'inspire ; écoutez :
Vous le disiez tantôt, leurs droits sont contestés.
Pourquoi donc les tuer, ces deux tendres victimes ?
S'ils sont de mes amours les fruits illégitimes,
Leurs droits n'existent plus ; ils vivent ; vous régnez.

GLOCESTER.

Qu'entends-je !

ÉLISABETH.

C'est en vain que vous vous indignez.
Crime ou non, j'y consens : leurs droits, je vous les donne ;
En les déshéritant ma honte vous couronne.
S'il faut, pour le sauver, que le fils d'Édouard
Soit... ah ! l'horrible mot ! un bâtard, un bâtard !
Eh bien ! il le sera : je signe tout.

GLOCESTER.

Vous, reine !
Vous me feriez penser qu'on a dit vrai.

ÉLISABETH.

La haine
Le croira, le dira ; que m'importe ? Ils vivront.
Pour prix du déshonneur imprimé sur mon front,
Pour prix du crime enfin dont je me rends coupable,
Car c'en est un, milord, affreux, abominable,
Rendez, rendez-les-moi, ces enfants adorés !
Rendez-moi mes deux fils ! Ah ! vous me les rendrez.

Pitié! c'est à genoux, mains jointes, que leur mère
Vous demande pitié...

GLOCESTER.

C'en est trop.

ÉLISABETH.

Ah! mon frère!
Mon roi!

GLOCESTER.

De vos affronts ce titre est le plus grand.
M'immoler vos deux fils en les déshonorant!

ÉLISABETH, s'attachant à ses vêtements.

Pitié!

GLOCESTER, qui la repousse.

Pour m'épargner l'horreur de vous entendre,
Je sors.

SCENE XI.

ÉLISABETH, se relevant.

C'est donc à toi, mon Dieu, de me les rendre!
Cherche-leur des vengeurs; tu leur en trouveras.
Où courir?... je l'ignore : où tu me conduiras.
Mais le soin de leurs jours dans ces murs te regarde :
Que ton œil soit sur eux; que ton bras me les garde;
Tu m'en réponds, grand Dieu! moi, prête à tout braver,
Je veux bien mourir, moi; mais je veux les sauver.

FIN DU DEUXIÈME ACTE.

ACTE TROISIÈME.

Une chambre à la Tour; une fenêtre dont les rideaux sont fermés; une porte latérale, et une autre dans le fond, au-dessus de laquelle est une ouverture garnie de barreaux; un lit où couchent les deux princes.

SCENE I.

ÉDOUARD, assis sur le lit; LE DUC D'YORK, sur un siège, près de lui, tenant un livre.

LE DUC D'YORK.
De m'écouter, milord, vous me ferez la grâce,
Ou je ne lirai plus.

ÉDOUARD.
La lecture me lasse.

LE DUC D'YORK.
Voyez sur ce fond d'or la Madeleine en pleurs;
(Tournant la page.)
Du dragon de saint George admirez les couleurs.

ÉDOUARD.
Je l'ai tant vu, Richard!

LE DUC D'YORK.
Eh bien, mon cher malade
Veut-il que je lui chante une vieille ballade?

ÉDOUARD.
Non.

LE DUC D'YORK.
Irai-je danser pour l'égayer un peu?
ÉDOUARD.
Reste.
LE DUC D'YORK.
Veut-il jouer?
ÉDOUARD.
Je n'ai pas cœur au jeu.
LE DUC D'YORK, se levant.
Je me dépite enfin.
ÉDOUARD.
Tu me laisses?
LE DUC D'YORK.
Que faire?
On vous propose tout, rien ne peut vous distraire.
ÉDOUARD.
C'est que je souffre.
LE DUC D'YORK, revenant.
Ami, conte-moi tes tourments.
Aussi, pourquoi nourrir ces noirs pressentiments?
Quand, sans bruit, ce matin j'ai quitté notre couche,
Tu dormais, des sanglots s'échappaient de ta bouche.
ÉDOUARD.
Verrai-je donc toujours ces roses de Windsor?
LE DUC D'YORK.
Un rêve t'agitait: il te poursuit encor;
Dis-le-moi.
ÉDOUARD.
Tu rirais.
LE DUC D'YORK.
Pourquoi? s'il est terrible,

Je promets d'avoir peur; parle.
ÉDOUARD.
C'est impossible;
Il était si confus, si vague!
LE DUC D'YORK.
Je le veux.
ÉDOUARD.
Pour le couronnement on nous cherchait tous deux.
Je t'ai dit : « Viens, Richard, ma mère nous appelle. »
Et, te prenant la main, je voulais fuir près d'elle
Un tigre dont les yeux semblaient nous menacer.
Mes pieds marchaient, couraient sans pouvoir avancer,
Et toujours, mais en vain.
LE DUC D'YORK.
Oh! c'est vrai : dans un rêve
On s'élance, on veut fuir; on ne peut pas. Achève.
ÉDOUARD.
Tout à coup, à Windsor je me crus transporté.
Le feuillage tremblait par les vents agité,
Leur souffle tiède et lourd annonçait un orage
Pour deux pâles boutons, qui, presque du même âge,
Sur un même rameau confondant leur parfum,
L'un à l'autre enlacés, semblaient n'en former qu'un.
Unis comme eux, Richard, nous admirions leurs charmes.
En voyant l'eau du ciel qui les couvrait de larmes,
Je les pris en pitié sans deviner pourquoi,
Et tu me dis alors : « Mon frère, un d'eux, c'est toi :
L'autre, c'est moi. » Soudain le fer brille. O prodige!
Le sang par jets vermeils s'échappe de leur tige.
Comme si c'était moi qui le perdais, ce sang,
Mon cœur vint à faillir; ma main en se baissant,

Pour chercher dans la nuit leurs feuilles dispersées,
Toucha de deux enfants les dépouilles glacées.
Puis je ne sentis plus ; mais j'entendis des voix
Qui disaient : Portez-les au tombeau de nos rois.

LE DUC D'YORK.

J'en suis encore ému... Cette fois je me fâche ;
C'est ta faute, Édouard : tu sembles prendre à tâche
D'offrir à ton esprit mille objets attristants ;
Et puis tu dis après : Je souffre... il est bien temps !
Au lieu de te livrer à la mélancolie,
Lève-toi, viens, courons, faisons quelque folie.
Aussi gai qu'un beau jour, j'étends à mon réveil,
Comme les papillons, mes ailes au soleil,
Et me voilà parti, sautant, volant...

ÉDOUARD.

                                L'espace,
Il te manque, Richard.

LE DUC D'YORK.

                     D'accord, mais je m'en passe,
Ou, pour donner le change à ma captivité,
Je maudis mon cher oncle en toute liberté.
Suis mon exemple ; allons ! la colère soulage.

ÉDOUARD.

Devais-je m'emporter jusqu'à lui faire outrage ?
On le calomniait, il s'en est indigné ;
A souffrir cet affront qui se fût résigné ?
Quand un roi sent ses torts, il faut qu'il les répare.

LE DUC D'YORK.

Ne t'en avise pas, ou, je te le déclare,
Je te fuis.

ÉDOUARD, en souriant.

Si tu peux.

LE DUC D'YORK.

Alors j'ai donc raison,
Puisque tu reconnais qu'il nous tient en prison.

ÉDOUARD.

Lui?

LE DUC D'YORK.

Depuis trois grands jours.

ÉDOUARD.

Non, ta haine exagère.

LE DUC D'YORK.

Si nous n'étions captifs, nous aurions vu ma mère.

ÉDOUARD.

C'est trop vrai.

LE DUC D'YORK.

De la Tour le nouveau gouverneur...

ÉDOUARD.

Sir Tyrrel?

LE DUC D'YORK.

J'en conviens, c'est un homme d'honneur,
Qui, se prenant pour moi d'une folle tendresse,
Se plaît à me conter les tours de sa jeunesse.
Eh bien! tout bon qu'il est, au fond c'est un geôlier.

ÉDOUARD.

Je te trouve avec lui beaucoup trop familier.

LE DUC D'YORK.

Sois digne; tu le dois. Mais moi, je le ménage;
J'ai découvert son faible, et j'en prends avantage.
S'il nous vient du dehors quelques jeux ou des fruits,
Quelque livre attachant qui trompe nos ennuis,

C'est lui qui le veut bien.

ÉDOUARD.

Il fait plus : il nous laisse
Sur le balcon voisin sortir quand le jour baisse.

LE DUC D'YORK.

Là, je rêve à mon tour, mais plus gaiement que toi :
Je fends l'azur du ciel qui s'ouvre devant moi;
Libre, je rends visite à la terre, aux étoiles;
Sur la Tamise en feu je suis ces blanches voiles,
Ces barques dont la lune enflamme les sillons,
Et je me laisse à bord glisser dans ses rayons.

ÉDOUARD.

Que ne pouvais-je hier voler avec la brise
Vers cette femme en deuil sur une pierre assise!
C'était ma mère.

LE DUC D'YORK.

Hélas!

ÉDOUARD.

Je la vis le premier.

LE DUC D'YORK.

Non, c'est moi.

ÉDOUARD.

C'est bien moi. Je n'osais pas crier;
Les bras tendus, l'œil fixe et l'oreille attentive,
J'écoutais les sanglots de cette ombre plaintive.
Que de fois dans les airs mon mouchoir a flotté!

LE DUC D'YORK.

Quel bonheur quand le sien vers nous s'est agité!
Mais tous nos signes vains et nos baisers sans nombre
Se sont perdus bientôt dans les vents et dans l'ombre.

ACTE III, SCÈNE II.

ÉDOUARD.

Nous ne la verrons plus

LE DUC D'YORK.

Conserve donc l'espoir.
Nous la verrons, te dis-je, aujourd'hui, dès ce soir.
Ami, c'est sans raison qu'aux terreurs tu te livres.
Chut! j'entends sir Tyrrel.

SCENE II.

ÉDOUARD, LE DUC D'YORK, TYRREL.

TYRREL.

Milords, voici des livres.
(Il les dépose sur la table.)
L'archevêque d'York, en vous les adressant,
Vous offre ses respects.

ÉDOUARD.

Je suis reconnaissant.

LE DUC D'YORK.

Bon archevêque! il pense à nos longues soirées;
Aussi les deux captifs baisent ses mains sacrées.

TYRREL.

Vous captifs!

ÉDOUARD.

Je le crois.

TYRREL.

Peut-être pour un jour
Un vieil usage encor vous confine à la Tour;
Triste noviciat d'une grandeur prochaine :
De l'ennui l'étiquette est cousine germaine;
Mais vous croire captifs!

LE DUC D'YORK.
                    De notre liberté
Sir Tyrrel à vingt ans se fût-il contenté?
            TYRREL.
Moi, qui n'ai pas, milords, votre aimable innocence,
En fait de liberté j'aime un peu la licence;
Mais j'ai tort : ainsi donc ne me consultez pas.
            LE DUC D'YORK.
Moins on goûte ce bien, et plus il a d'appas.
Celui qui me rendrait ma liberté ravie
Serait récompensé par-delà son envie.
            TYRREL.
Le régent ne veut pas prolonger vos regrets;
Et du couronnement il presse les apprêts.
            ÉDOUARD.
C'est sûr?
            TYRREL.
        Vous ne pouvez manquer à cette fête.
            LE DUC D'YORK.
Ni vous non plus, sir Jame, et je vous tiendrai tête :
Nous porterons tous deux sa royale santé.
            TYRREL.
Tant que milord voudra.
            LE DUC D'YORK.
                    Quelle docilité !
Et, comme on vous connaît certaine fantaisie,
On vous fera raison avec du malvoisie.
            TYRREL.
C'est un ancien ami fêté dans mes beaux jours;
Il m'a trahi, l'ingrat; mais je l'aime toujours.

ACTE III, SCÈNE II.

ÉDOUARD.

Comment?

TYRREL.

Je ris, milord.

LE DUC D'YORK, en montrant Tyrrel.

Oh! j'en sais sur son compte;
Bien qu'il m'en cache encor plus qu'il ne m'en raconte.

TYRREL.

(A Richard.) (A part, avec attendrissement.)
C'est vrai. Comme il ressemble à mon pauvre Tomi!
Je crois le voir.

ÉDOUARD.

Sir Jame, êtes-vous notre ami?

TYRREL.

N'en doutez point.

ÉDOUARD.

D'un fils accueillez la demande.

LE DUC D'YORK, prenant la main de Tyrrel et le caressant.

Il m'aime tant! pour moi sa complaisance est grande,
Il ferait tout pour moi, n'est-ce pas?

ÉDOUARD, lui prenant la main de l'autre côté.

Voulez-vous
Que ma mère à la Tour passe une heure avec nous?

TYRREL, embarrassé.

Jusqu'ici sans obstacle elle fût parvenue,
Si...

LE DUC D'YORK.

Pourquoi nous tromper? je sais qu'elle est venue.

TYRREL.

Vous, milord!

LE DUC D'YORK.

C'est mon cœur qui me le révéla :

Ses battements tantôt m'ont dit qu'elle était là.
ÉDOUARD, à Tyrrel.

Promettez!

TYRREL.

Je ne puis.

LE DUC D'YORK, montrant à Tyrrel sa main pleine de guinées.

Eh bien, j'en cours la chance :
Toutes ces pièces d'or contre un mot d'espérance!
Promettez, si je gagne.

TYRREL.

Ah! milord!...

LE DUC D'YORK.

Pair ou non?

ÉDOUARD.

Richard!

LE DUC D'YORK.

Allons! Tyrrel.

TYRREL, enchanté.

Charmant petit démon!

Pair.

LE DUC D'YORK.
(Avec tristesse.)

Comptons. J'ai perdu.

TYRREL.

Sa douleur me fait peine.
(Ramassant les guinées qui sont sur la table.)
C'est mon bien, je le prends... mais vous verrez la reine,
Vous la verrez.

ÉDOUARD.

Vraiment?

TYRREL.

Oui, j'en donne ma foi.

LE DUC D'YORK, l'embrassant.

Je t'ai dupé, Tyrrel; je gagne plus que toi.

TYRREL.

(A part.)   (Haut.)

Son baiser m'a fait mal. La soirée est si belle!
Sur le balcon, milords, sa fraîcheur vous appelle :
Voulez-vous en jouir?

LE DUC D'YORK.

De grand cœur.

ÉDOUARD, à Tyrrel, qui est allé ouvrir la porte.

A revoir!

(Revenant.)

Sir Jame est trop loyal pour tromper notre espoir!

TYRREL.

Milord, comptez sur moi.

LE DUC D'YORK.

J'y compte et je te quitte

(Revenant.)

D'une dette d'honneur dans le jour on s'acquitte.

TYRREL.

A qui le dites-vous!

LE DUC D'YORK.

Adieu!

(Il sort en sautant.)

SCÈNE III.

TYRREL, seul.

L'aimable enfant!
Sans regretter son or, il s'en va triomphant.

(Après une pause.)

Il sera beau joueur... Même beauté! même âge!

J'ai cru sentir encor passer sur mon visage
Ces lèvres qui jadis... non, froides pour jamais!
Plus jamais de baisers des lèvres que j'aimais!
Mortes, mortes!... Pourquoi cette retraite austère?
Le sacre dans deux jours va les rendre à leur mère;
Qu'ils l'embrassent plus tôt, le mal n'est pas si grand.
La reine est là, chez moi, priant tout bas, pleurant,
Toujours là, comme un marbre, immobile à sa place.
Nous autres vieux pécheurs, dont le cœur est de glace
Contre des pleurs de femme, un enfant nous émeut :
Ce petit vaurien-là fait de moi ce qu'il veut.
Ah! c'est qu'il lui ressemble!... On s'approche; silence!
La lueur des flambeaux m'annonce sa présence :
C'est le régent. Sans doute il vient leur déclarer
Qu'on a fixé le jour qui doit les délivrer.

SCENE IV.

GLOCESTER, TYRREL.

(Un officier de la Tour, qui précède le régent, pose un flambeau sur la table, et se retire.)

GLOCESTER.

Où sont-ils?

TYRREL, montrant la porte latérale.

Là, milord.

GLOCESTER.

Va fermer cette porte.

TYRREL.

Si c'est la liberté que votre grâce apporte,
Je vais les appeler.

ACTE III, SCÈNE IV.

GLOCESTER.
N'as-tu pas entendu?
(A Tyrrel, qui revient après avoir obéi.)
Buckingham vit, Tyrrel.

TYRREL.
Il s'est bien défendu.

GLOCESTER.
Tu l'as mal attaqué.

TYRREL.
J'affirme le contraire;
Mais après tout, milord, coup nul : c'est à refaire.

GLOCESTER.
J'attendais mieux de toi.

TYRREL.
Si le temps m'eût permis
De prendre pour seconds deux de mes bons amis...

GLOCESTER.
Qui se nomment?

TYRREL.
Dighton et Forrest; je vous jure
Qu'en dépit du hasard la partie était sûre.

GLOCESTER.
Jusqu'à moi ces noms-là ne sont point parvenus.

TYRREL.
Leur grand défaut pourtant n'est pas d'être inconnus.

GLOCESTER.
Ces gens sont sous ta main?

TYRREL.
Et dès lors sous la vôtre.

GLOCESTER.
Ils pourront avant peu me servir l'un et l'autre.

TYRREL.

Parlez, ils frapperont.

GLOCESTER.

Toi présent.

TYRREL.

Me voici.

GLOCESTER.

Sous mes yeux.

TYRREL.

Quand, milord?

GLOCESTER.

Ce soir.

TYRREL.

Où donc?

GLOCESTER, *indiquant le lit du doigt.*

Ici.

TYRREL, *avec horreur.*

Quoi! le régent voudrait...

GLOCESTER.

C'est le roi d'Angleterre,
Qui te parle et qui veut.

TYRREL.

Le roi!

GLOCESTER.

Pourquoi le taire?
Nos prélats et nos lords m'ont proclamé.

TYRREL.

Vous!

GLOCESTER.

Moi.

TYRREL.

Mais le peuple...

ACTE III, SCÈNE IV.

GLOCESTER.

Le peuple a dit : Vive le roi !
Que voulais-tu qu'il dît?... Qu'importe la personne?
Vive le roi, pour lui c'est vive la couronne.
Le sacre dès demain la mettra sur mon front.
Buckingham et les siens contre moi s'armeront ;
Ils veulent m'arracher mes captifs par la force,
Et, pour jeter au peuple une trompeuse amorce,
Répandent qu'Édouard m'apparaîtra demain,
Libre dans Westminster et le sceptre à la main.
Comme il suffit, Tyrrel, d'un roi dans un royaume,
Je veux, s'il m'apparaît, qu'il ne soit qu'un fantôme.

TYRREL.

Ah! celui-là, milord, troublera mon sommeil.
Si vous les aviez vus, hier, à leur réveil,
Les yeux encor fermés, le plus jeune des frères
Tenant encore entre eux ce livre de prières !
Leurs bras nus se cherchaient l'un vers l'autre étendus ;
Sur ce lit leurs cheveux retombaient confondus ;
Leurs bouches qui s'ouvraient, comme pour se sourire,
Semblaient avoir en songe un mot tendre à se dire.
Si vous les aviez vus, vous-même, épouvanté
Devant tant d'abandon, de grâce et de beauté,
Vous auriez dit, milord : Il faut trop de courage
Pour détruire du ciel le plus charmant ouvrage !

GLOCESTER.

Pourtant tu m'appartiens.

TYRREL.

Oui, je me suis donné ;
Oui, vendu pour de l'or, vendu comme un damné,
Je l'ai reçu, cet or, et, s'il fallait le rendre,

Il est déjà trop loin pour savoir où le prendre.
Désignez donc un homme, et son sang vous est dû,
Un homme, et j'obéis, car je me suis vendu;
Mais deux enfants si beaux, deux faibles créatures,
M'appelant, murmurant mon nom dans leurs tortures,
Les étouffer!

GLOCESTER.

(Le contenant.)
Tyrrel!

TYRREL.

Pourquoi? sous les verrous
Qu'ils vivent pour moi seul, et qu'ils soient morts pour tous.
Mort comme eux, je veux bien garder leur sépulture;
Je m'y plonge; ou plutôt qu'Édouard sous la bure,
Par les ciseaux d'un moine à l'autel couronné,
Ait pour royaume un cloître où je l'aurai traîné:
Je l'y traîne, et le laisse au fond de sa retraite;
Car je suis, j'en conviens, mauvais anachorète.
Mais l'autre, je l'emmène en France, à l'étranger,
Loin, si loin, que sa vie est pour vous sans danger;
Je lui donne les mœurs, les goûts que j'ai moi-même,
Mes vices, s'il le faut... Que voulez-vous? Je l'aime.
J'aime en lui le seul bien qui m'ait coûté des pleurs:
Mon Tomy, mon trésor de joie et de douleurs,
L'astre qui rayonnait sur mes nuits enivrantes,
L'enfant qui m'a baisé de ses lèvres mourantes.
Traitez-moi de rêveur, de fou, si vous voulez;
Mais quand je vois ses yeux, ses longs cheveux bouclés,
Je me sens tressaillir jusqu'au fond des entrailles;
Lorsque leurs cris aigus frapperaient ces murailles,
C'est de mon fils, milord, que j'entendrais les cris:

ACTE III, SCÈNE IV.

Je ne peux pas pour vous assassiner mon fils.

GLOCESTER.

(A part.)   (A Tyrrel.)

Je l'avais dit, pas un! Allons, calme ta tête.
A ton projet, Tyrrel, il se peut qu'on s'arrête :
C'est accorder leur vie avec ma sûreté.
Nous y réfléchirons ; mais reprends ta gaîté.
Quelques joyeux amis, que le plaisir amène,
Viennent fêter ici ma royauté prochaine.

TYRREL.

Cette nuit?

GLOCESTER.

A demain les travaux importants!
Pour cette nuit encor revenons à vingt ans;
Sois l'homme d'autrefois. Je veux que cette orgie
Surpasse en beau désordre, en brûlante énergie,
En joie, en mets exquis, comme en vins généreux,
Tous tes vieux souvenirs retrempés dans ses feux.

TYRREL.

Non, milord.

GLOCESTER.

Refuser, qui? toi! c'est impossible.

Pourquoi?

TYRREL.

Non, par pitié; mon ivresse est terrible.

GLOCESTER.

Aussi je compte bien que sir Jame aujourd'hui
Saura devant son roi rester maître de lui.
Craint-il de n'avoir pas une tête assez forte
Pour calculer les points que le dé nous apporte?

TYRREL, vivement.

On jouera?

GLOCESTER.

    Des trésors : tes yeux vont s'enflammer,
Lorsque sur le tapis tu verras s'abîmer,
S'engloutir en un coup plus d'or, plus de richesse,
Que n'en ont dévoré vingt nuits de ta jeunesse.

TYRREL, à part.

Oh ! le démon me tente.

GLOCESTER.

      Oui, trésor sur trésor,
Risqués par nous, perdus, gagnés, perdus encor,
Tandis que dans sa course un bol intarissable,
Dont les flots à plein bord circulent sur la table,
Dont la vapeur s'exhale en parfumant les airs,
Aux reflets des enjeux vient mêler ses éclairs.
Ils sont aux mains : l'or brille et le punch étincelle ;
Veux-tu laisser languir la veine qui t'appelle ?
Veux-tu laisser mourir ta fortune en espoir ?
Le veux-tu ?... libre à toi !

TYRREL.

  J'irai.

GLOCESTER, avec indifférence.

      Si le devoir,
Le scrupule est plus fort...

TYRREL.

  J'irai.

GLOCESTER, de même.

      Suis ton envie.

TYRREL.

Je ne puis reculer sans mentir à ma vie.

GLOCESTER.

Sans te perdre d'honneur.

TYRREL.

Longs jours à Richard trois,
Et bonheur à Tyrrel!

ÉDOUARD, en dehors.

Sir James!

TYRREL.

C'est sa voix;
C'est Édouard.

GLOCESTER, froidement.

Eh bien! qu'as-tu donc?

TYRREL.

Rien.

GLOCESTER.

Qu'il vienne.

(A part, tandis que Tyrrel va ouvrir la porte.)

Quand j'achète ton bras, c'est pour qu'il m'appartienne,
Pitoyable rêveur!

SCENE V.

GLOCESTER, TYRREL, ÉDOUARD.

ÉDOUARD, à Tyrrel.

Entendez-vous ces cris?
A ces joyeux transports nous sommes-nous mépris?
Annoncent-ils le jour de notre délivrance?...
(Apercevant Glocester.)
Ah! milord, confirmez cette douce espérance:
Venez-vous nous chercher?

GLOCESTER, qui fait un pas pour se retirer.

Pas encor.

ÉDOUARD.

                            Vous sortez?

GLOCESTER.

Réclamés par l'État, mes instants sont comptés;
Je les dois au travail.

ÉDOUARD.

                 Est-ce pour hâter l'heure
Où nous devons quitter cette triste demeure?
Que j'en serais touché!

GLOCESTER.

                  D'ailleurs je dois penser
Que ma vue importune ici pourrait lasser.

ÉDOUARD.

Ah! vous me jugez mal, et j'ai l'âme assez haute
Pour savoir, au besoin, reconnaître une faute.
Je n'ai pu maîtriser mon premier mouvement;
Mais je le crois injuste, et mon cœur le dément.
Séparons-nous tous deux sans haine et sans colère.
    (Avec tendresse.)
Un fils trouve toujours grâce devant son père :
Pardonnez-moi, milord.

GLOCESTER.

             Ah! croyez...

ÉDOUARD.

                      Votre main!

    (En souriant, après l'avoir baisée.)
Quand le sacre?

          GLOCESTER, le baisant sur le front.

    Le roi sera sacré demain.

  (A Tyrrel.)
Nous l'attendons.

SCENE VI.

ÉDOUARD, TYRREL.

ÉDOUARD.
Demain! comprenez-vous ma joie?
Demain!

TYRREL, à part.
Quoi qu'il arrive, il faut qu'il la revoie.
(A Édouard.)
Appelez votre frère.

ÉDOUARD.
Eh pourquoi?

TYRREL.
J'ai promis :
Je tiendrai mon serment.

ÉDOUARD.
Je n'ai que des amis,
Que du bonheur ce soir.

TYRREL.
Elle est chez moi...

ÉDOUARD.
La reine?

TYRREL.
Cachée à tous les yeux; je cours et je l'amène.

ÉDOUARD, appelant son frère.
Richard!... Pour mieux jouir de son étonnement,
Ne disons rien d'abord.

SCENE VII.

ÉDOUARD, LE DUC D'YORK.

LE DUC D'YORK.
     Je cherchais vainement :
Sur la pierre déserte elle n'est pas venue.

ÉDOUARD.

C'est triste.

LE DUC D'YORK.
    Sans effort je l'aurais reconnue ;
L'astre que j'admirais jette un éclat si pur,
Si vif, qu'en la voyant j'aurais pu, j'en suis sûr,
Distinguer aujourd'hui ses pleurs ou son sourire...

ÉDOUARD.

Tu crois ?

LE DUC D'YORK.
   Que dans ses yeux les miens auraient pu lire.

ÉDOUARD.

Tu vas la voir bien mieux.

LE DUC D'YORK.
    Ici ?

ÉDOUARD.
      Dans un moment ;
Et c'est demain le jour de mon couronnement.
Le régent me l'a dit.

LE DUC D'YORK.
    Salut, roi d'Angleterre !
A milord protecteur nous ferons bonne guerre.

ÉDOUARD.

Plus de vengeance, ami! soyons tout à l'espoir.

LE DUC D'YORK.

La liberté demain!

ÉDOUARD.

Et ma mère ce soir!

LE DUC D'YORK.

Ma mère entre nous deux! Édouard, quelle ivresse!
La voici!...

SCÈNE VIII.

ÉDOUARD, LE DUC D'YORK, ÉLISABETH, TYRREL.

TYRREL.

Milady m'en a fait la promesse?

ÉLISABETH.

Dès que vous paraîtrez, je sortirai d'ici.

TYRREL, à part.

Ils sont tous trois heureux, tâchons de l'être aussi.

SCÈNE IX.

ÉDOUARD, LE DUC D'YORK, ÉLISABETH.

(La reine tombe sur un siége, et se met à fondre en larmes sans parler.)

LE DUC D'YORK, à son frère.

Elle pleure, Édouard.

ÉDOUARD.

Sa douleur me déchire.

LE DUC D'YORK.

Ma mère, à vos enfants n'avez-vous rien à dire?

ÉLISABETH.

Malheureuse!

ÉDOUARD.

Ah! parlez.

LE DUC D'YORK.

L'un d'eux n'est-il pas roi?

ÉLISABETH, lui mettant la main sur la bouche.

Ce titre, c'est la mort : tais-toi! Richard, tais-toi!

ÉDOUARD.

Qu'entends-je?

LE DUC D'YORK.

L'Angleterre a-t-elle un nouveau maître?

ÉLISABETH.

Qu'on proclame aujourd'hui, qu'on vient de reconnaître;
(A Édouard.)
Et c'est sous le bandeau pour ton front préparé
Qu'à la face du ciel il doit être sacré.

ÉDOUARD.

Quel est-il donc?

ÉLISABETH.

Celui qu'à son heure suprême
Votre père choisit comme un autre lui-même,
Qu'il pressa dans ses bras, qu'il entoura des miens,
En disant : Glocester, que mes fils soient les tiens!

ÉDOUARD.

Glocester!

LE DUC D'YORK.

Lui, régner!

ÉDOUARD.

Et du fond de sa tombe
Édouard ne peut rien pour sa race qui tombe;
Rien pour ses deux enfants!

ACTE III, SCÈNE IX.

LE DUC D'YORK.

N'avons-nous plus d'amis?

ÉLISABETH.

Parlons bas; un espoir nous est encor permis.
(Avec un peu d'égarement.)
L'archevêque d'York... ce protecteur nous reste;
Mais que peut un vieillard qui pour vos droits proteste?
Il est vrai qu'à sa voix nos pontifes divins...
Sans doute ils l'oseront... mais leurs projets sont vains,
Si Buckingham... mais lui... Quel chaos dans ma tête!
Pour chercher ma pensée, il faut que je m'arrête.

LE DUC D'YORK, après une pause.

Achevez.

ÉLISABETH.

Je disais... quoi?... Qu'ai-je dit, Richard?
(Vivement.)
Qu'ils forceront la Tour.

LE DUC D'YORK.

Vous l'espérez?

ÉLISABETH.

Trop tard;
Me comprends-tu? trop tard. Attendre, encore attendre!
Tout un jour, chez Tyrrel, languir sans rien apprendre!
Vous-mêmes, n'avez-vous aucun avis secret?

ÉDOUARD.

Aucun.

ÉLISABETH.

Que font-ils donc? quoi, rien! pas un billet!
Visitez avec soin tout ce qu'on vous adresse.
Grand Dieu! si jusqu'à vous, par force ou par adresse,
Au moment où je parle, ils s'ouvraient des chemins;
Si... que dis-je? à toute heure, à chaque instant, ses mains,

Ses deux mains pour frapper sur vous peuvent s'étendre!
(Les saisissant avec transport dans ses bras.)
Écoutez!

LE DUC D'YORK.

Qu'avez-vous?

ÉLISABETH.

Hélas! j'ai cru l'entendre;
J'ai cru vous embrasser pour la dernière fois;
Et j'en bénissais Dieu : nous serions morts tous trois.

ÉDOUARD.

Non pas vous!

ÉLISABETH.

Il faudra que je vous abandonne;
Mon devoir m'y contraint. Votre danger m'ordonne
De revoir vos amis, d'attendrir, de pousser,
D'enflammer ces cœurs froids que la peur vient glacer.
Oui, je le dois. D'ailleurs, pour peu que je balance,
Tyrrel aura recours même à la violence.
Et que deviendrez-vous si j'ose l'irriter?
(Prenant le duc d'York à part.)
Richard, que je te parle avant de te quitter!
(A voix basse.)
Tu ne veux pas, mon fils, que ton frère périsse;
Dis-lui donc, toi qu'il aime, oh! dis-lui qu'il fléchisse...

LE DUC D'YORK.

Quoi! devant Glocester?

ÉDOUARD, qui a prêté l'oreille.

Moi, fléchir! moi, céder!

ÉLISABETH.

Mais, malheureux enfant, s'il veut te poignarder,
Il le peut.

ÉDOUARD.

Je l'attends.

ACTE III, SCÈNE IX.

LE DUC D'YORK.

Qu'il ose l'entreprendre :
J'ai du cœur, de la force, et j'irai te défendre,
Te couvrir de mon corps...

ÉDOUARD.

Richard!

LE DUC D'YORK.

Mourir pour toi.

ÉLISABETH.

Mais vous mourrez tous deux!

LE DUC D'YORK.

Eh bien! tous deux.

ÉLISABETH, avec désespoir en tombant assise.

Et moi?

(Les deux princes s'élancent vers elle, Édouard à ses genoux, et Richard sur son sein.)

Moi, je resterai donc seule dans la nature,
Ignorant jusqu'au lieu de votre sépulture;
Sans que même à voix basse on ose le nommer;
Sans avoir, après vous, rien que je puisse aimer;
Non, rien; pas un tombeau, pas une froide pierre,
Où portant, chaque soir, mon deuil et ma prière,
Fidèle au rendez-vous, je dise : Les voilà!
Quand Dieu voudra de moi, je les rejoindrai là.

ÉDOUARD.

Mourir et vous quitter!... hélas! j'aimais la vie.
Avec quel dévouement je vous aurais servie!
Sans rougir, dans l'exil, j'aurais de mes sueurs
Gagné pour vous nourrir un pain mouillé de pleurs;
Mais fléchir Glocester par une ignominie,
Faire avec lui marché des droits que je renie,

Devenir son sujet, et le plus vil de tous,
(En se relevant.)
Veuve et mère de rois, me le conseillez-vous?

ÉLISABETH.

Jamais le sang d'York n'a pu demander grâce!
Restez, nobles enfants, dignes de votre race;
Gardez cette vertu que je dois admirer;
(En entendant la porte s'ouvrir.)
Je pleure et j'en suis fière!... On vient nous séparer;
C'est Tyrrel!

SCENE X.

ÉDOUARD, LE DUC D'YORK, ÉLISABETH, TYRREL.

(Il sort d'une orgie; le désordre se laisse apercevoir sur ses traits et dans sa démarche; mais il sait se contraindre et conserver de la dignité.)

TYRREL, à part en entrant.

Envers moi la rigueur est étrange,
Sort maudit! Sur quelqu'un il faut que je me venge.
Reine, vous ne pouvez demeurer plus long-temps;
Retirez-vous.

ÉLISABETH.

Sitôt!

ÉDOUARD.

Encor quelques instants!

TYRREL, de même.

Pas un.

ÉLISABETH.

Quel changement! ce langage m'étonne.
(Le montrant aux princes avec terreur.)
Ses traits sont égarés! ses yeux... ah! je frissonne.

ACTE III, SCÈNE X.

TYRREL.

Vous restez devant moi muette de stupeur ;
Qu'avez-vous ?

ÉLISABETH.

Vos regards...

TYRREL.

Eh bien ?

ÉLISABETH.

Ils me font peur.

TYRREL.

Pour qui ?

ÉLISABETH.

Pour eux, Tyrrel. Sans doute c'est faiblesse ;
Mais pensez au trésor qu'en partant je vous laisse.

TYRREL, s'animant par degrés.

Quoi ! me soupçonnez-vous de quelque trahison ?

ÉLISABETH.

Vous !

TYRREL.

Pour veiller sur eux j'ai toute ma raison...

ÉLISABETH.

Ne vous offensez pas.

TYRREL.

Tout mon sang-froid, j'espère.

LE DUC D'YORK, bas à la reine.

Parlez-lui de son fils.

ÉLISABETH.

Tyrrel, vous êtes père...

TYRREL.

Pourquoi renouveler ce souvenir affreux ?
Je n'en ai plus de fils, et vous en avez deux.

ÉLISABETH.
(Les poussant dans les bras de Tyrrel.)
Que j'aime, que j'adore... et que je vous confie.

TYRREL.
A moi!... Cette terreur, rien ne la justifie.
J'ai reçu votre foi, vous devez la tenir;
Mais, s'il faut vous contraindre à vous en souvenir,
Qu'un autre à vos enfants prête son assistance;
(Avec violence.)
Pour moi, j'en fais serment...

ÉLISABETH, effrayée.
Je pars sans résistance.

TYRREL.
N'hésitez plus.

ÉLISABETH.
J'ignore où je dois les revoir :
Laissez-moi les bénir; c'est mon dernier devoir.
(Étendant la main sur la tête de ses fils, qui sont tombés à genoux devant elle.)
Les voilà prosternés sous mes mains, sous mes larmes!
Ils peuvent devant toi paraître sans alarmes,
Dieu; quel mal ont-ils fait? Ils iront, si tu veux,
Ces deux êtres si purs, si bons, si malheureux,
Du respect filial ces deux parfaits modèles,
Réunir dans ton sein leurs âmes fraternelles;
Mais, pour qu'on les chérît, toi qui les as formés,
Ne me les ôte pas, ces anges bien-aimés.
(Jetant un regard sur Tyrrel.)
Qu'un ami généreux protége leur enfance,
Qu'ils restent sur la terre; et que je les devance,
Quand ils prendront leur vol vers l'asile de paix,
Où la mère et le fils ne se quittent jamais.
(En les embrassant.)
Adieu!

ACTE III, SCÈNE XI.

ÉDOUARD.

C'en est donc fait!

ÉLISABETH.

(Bas à Édouard.)

Veille bien sur ton frère,

(Bas au duc d'York.) (A Tyrrel.)

Veille sur Édouard! Ah! redevenez père,
Tyrrel!

TYRREL.

Assez, assez.

ÉLISABETH, à ses enfants.

Je vous laisse avec Dieu.

(Serrant son fils aîné dans ses bras.)

Édouard!...

LE DUC D'YORK.

Et moi donc!

TYRREL.

Triste spectacle!

ÉLISABETH, après les avoir embrassés tous deux à plusieurs reprises.

Adieu!

SCÈNE XI.

ÉDOUARD, LE DUC D'YORK, TYRREL.

ÉDOUARD, tombant sur le lit.

Peut-être pour toujours.

TYRREL, à Édouard, tandis que Richard, comme frappé d'une idée, s'approche de la table où sont les livres.

Milord, la nuit s'avance;
Demandez au sommeil l'oubli de la souffrance.
A votre âge il vient vite, et vous le combattez;
Par des nuits sans repos vos maux sont irrités.

ÉDOUARD.

Je succombe, il est vrai, sous leur poids qui m'accable ;
Mais ils viennent du cœur.

TYRREL.

Je me croirais coupable,
Si je ne vous forçais à suivre mon conseil.

ÉDOUARD.

Que j'aurai de plaisir à revoir le soleil !

LE DUC D'YORK, qui, en levant le fermoir d'une Bible, en a fait tomber une lettre, et met le pied dessus.

Grand Dieu !

TYRREL, se tournant vers lui.

Vous m'entendez ; il est trop tard pour lire,
Prince.

LE DUC D'YORK, le livre à la main.

Quel ton sévère ! on regarde, on admire,
On ne lit pas, Tyrrel.

TYRREL.

J'y veillerai de près ;
Car le régent le veut, et j'en ai l'ordre exprès.

ÉDOUARD.

Devez-vous à la Tour entretenir la reine ?

TYRREL, à Édouard.

Je le crois.

ÉDOUARD.

Son amour unit dans cette chaîne
Nos cheveux et les siens.

LE DUC D'YORK, à part.

Pourquoi le retenir ?

ÉDOUARD.

Portez-lui de ses fils ce tendre souvenir.

TYRREL.

Je le promets.

ÉDOUARD, s'apercevant des signes que lui fait son frère, à Tyrrel.

Allez.

TYRREL, à part.

C'est un supplice horrible !

LE DUC D'YORK.

Bonsoir, Tyrrel !

TYRREL, à Richard.

Milord, n'ouvrez pas cette Bible,
Ou les livres par moi vous seront refusés ;
Je reviendrai bientôt voir si vous reposez.

SCENE XII.

LE DUC D'YORK, ÉDOUARD.

LE DUC D'YORK.

Une lettre ! une lettre !

ÉDOUARD.

O bonheur !

LE DUC D'YORK.

Viens l'entendre.

ÉDOUARD.

De qui ?

LE DUC D'YORK, regardant la signature.

De Buckingham.

ÉDOUARD.

Que peut-il nous apprendre ?

LE DUC D'YORK.

Tu vas le savoir.

ÉDOUARD.

Lis.

LE DUC D'YORK.

« Chers princes,

» Vous avez encore dans votre ville de Londres des cœurs
» dévoués à votre cause : l'archevêque d'York, qui doit
» vous faire passer ce billet, quelques anciens serviteurs
» de votre père, et moi, le plus zélé de tous. Le peuple est
» pour vous; j'ai des intelligences à la Tour, et j'espère
» vous délivrer à force ouverte. Ne quittez point vos vête-
» ments, pour être toujours prêts au premier signal. Pro-
» fitez de l'avis que je vais vous donner; car de votre fidé-
» lité à le suivre dépendent peut-être votre vie et le succès
» de l'entreprise : au moment... »

ÉDOUARD.

On vient.

(Richard cache la lettre dans son sein.)

SCENE XIII.

LE DUC D'YORK, ÉDOUARD, TYRREL.

TYRREL, à part.

Si je les vois,

(Aux princes.)

Je ne pourrai jamais. Quoi! debout?... Cette fois
Je me lasse, milords.

ÉDOUARD.

Que voulez-vous donc faire?

TYRREL.

User d'une rigueur qui devient nécessaire.

ÉDOUARD.

Laissez-nous ce flambeau.

TYRREL.

Non.

ÉDOUARD.

Un seul moment!

TYRREL.

Non :
Qu'en avez-vous besoin pour dormir?

LE DUC D'YORK, passant ses bras autour du cou de Tyrrel.

Ah! sois bon,
Pense que c'est Tomy qui t'implore.

TYRREL, près de s'attendrir.

Il m'en coûte;
Mais...

ÉDOUARD, impatienté.

Tyrrel, je le veux...

TYRREL.

Vous le voulez!

ÉDOUARD.

Sans doute.

TYRREL.

Le régent donne seul des ordres absolus.
(Emportant la lumière.)
Je ne fus que trop faible, et je ne le suis plus.

LE DUC D'YORK.

Méchant!

TYRREL, à part.

Sa volonté m'a rendu mon audace.

LE DUC D'YORK.

Ne me demande pas qu'au réveil je t'embrasse.

TYRREL.

Au réveil!... Ah! sortons. Dormez, milords, dormez.

SCENE XIV.

ÉDOUARD, LE DUC D'YORK, dans les ténèbres.

ÉDOUARD.
Cœur sans pitié! par lui nous n'étions pas aimés.
LE DUC D'YORK.
Je le déteste aussi.
ÉDOUARD.
D'une joie imprévue
Passer au désespoir!
LE DUC D'YORK.
Billet cruel! Ma vue
S'y reporte dans l'ombre, et l'interroge en vain.
ÉDOUARD.
Quoi! tenir son salut, le sentir dans sa main...
LE DUC D'YORK.
Et mourir!
ÉDOUARD.
Et penser qu'elle viendra peut-être,
En murmurant deux noms, s'asseoir sous la fenêtre!
Ils n'y répondront plus, ceux qui les ont portés;
Ils ne la verront plus, même aux pâles clartés
De l'astre qui ce soir...
LE DUC D'YORK.
Attends! le ciel m'inspire :
J'y songe!...
(Il court vers une des croisées, en tire les rideaux qui laissent tout à coup pénétrer les rayons de la lune dans l'appartement.)
ÉDOUARD.
Que fais-tu ?

ACTE III, SCÈNE XIV.

LE DUC D'YORK.

Dieu, si je pouvais lire!

ÉDOUARD.

Eh bien?

LE DUC D'YORK.

Tout est confus.

ÉDOUARD.

Donne, donne.

LE DUC D'YORK.

Un instant!

ÉDOUARD, *prenant la lettre.*

Mais je le pourrai, moi; je le désire tant!
Richard, écoute:

» dépendent peut-être et votre vie et le succès de l'en-
» treprise.

LE DUC D'YORK.

Après?

ÉDOUARD.

» Au moment de l'attaque, montrez-vous aux fenêtres de
» la Tour; tendez les bras vers le peuple pour exciter son
» enthousiasme...

LE DUC D'YORK.

Bien!

ÉDOUARD.

» et pour qu'on n'ose rien tenter contre vous sous ses yeux
» pendant la lutte qui doit s'engager...

LE DUC D'YORK.

Mais le jour? mais l'heure?

ÉDOUARD.

Laisse-moi donc finir.

» Nos mesures sont prises pour demain ou pour le jour
» suivant; c'est encore incertain. Au reste, la veille, dans
» la soirée, vous entendrez sous vos fenêtres le vieil air
» national des Anglais, qui sera le signal de votre déli-
» vrance prochaine. Espérez, chers princes, et Dieu sauve
» le roi!
» BUCKINGHAM. »

LE DUC D'YORK, se jetant dans les bras d'Édouard.

Dieu ne veut pas qu'il meure :
Il te protégera.

ÉDOUARD.

Le signal convenu,
Qu'il tarde!

LE DUC D'YORK.

Jusqu'à nous aucun bruit n'est venu.

ÉDOUARD.

Hélas, non! l'entreprise est peut-être ajournée.

LE DUC D'YORK, gaiement.

A la Tour, s'il le faut, encore une journée!
Nous la supporterons. Mais, plus calme à présent,
Goûte enfin les douceurs d'un sommeil bienfaisant.

ÉDOUARD.
(Après s'être étendu sur le lit.)

J'en ai besoin. Et toi?

LE DUC D'YORK.

Tu veux donc que je vienne?

ÉDOUARD.

Si je ne sens ta main reposer dans la mienne,
Je craindrai pour ta vie.

LE DUC D'YORK.

En vain j'attends.

ACTE III, SCÈNE XIV.

ÉDOUARD, qui s'assoupit.

      Eh bien?

   LE DUC D'YORK.

C'est retardé d'un jour ; non, rien... je n'entends rien ;
Mais, quand je devrais prendre une peine inutile,
    (S'approchant du lit.)
Veillons jusqu'au matin. Me voici : sois tranquille.
Point de réponse ! Il a tant souffert aujourd'hui !
Doucement, doucement plaçons-nous près de lui ;
Un baiser sur son front, mais sans qu'il se réveille.
Dors : je suis sûr de moi ; je prêterai l'oreille ;
J'aurai les yeux ouverts... Réunis tous les trois,
Chaque jour nouveaux jeux ! nous n'aurons que le choix.
(On aperçoit la lueur d'une torche à travers l'ouverture grillée de la porte du fond.)
Windsor nous reverra courant sur sa prairie :
Ma première caresse à toi, mère chérie !
 (Dans ce moment l'air du *God save the King!* se fait entendre sous la fenêtre [1].)

LE DUC D'YORK, qui s'est élancé de sa place pour écouter, revient en criant avec un transport de joie.

C'est le signal, mon frère, et nous sommes sauvés !
Sauvés, mon Édouard !

   ÉDOUARD, se levant.
   Ah ! ma mère !
(La porte s'ouvre tout à coup pendant qu'ils se tiennent embrassés.)

---

[1] L'air du *God save the King!* est de beaucoup postérieur à cette époque, mais il est tellement de situation qu'on nous pardonnera sans doute cet anachronisme musical.
       (*Note de l'auteur.*)

SCÈNE XV.

ÉDOUARD, LE DUC D'YORK, GLOCESTER, TYRREL, DIGHTON, FORREST.

GLOCESTER, malgré les gestes suppliants de Tyrrel, faisant signe à Dighton et à Forrest.

Achevez.

(Les deux assassins courent vers les enfants, qui se renversent sur le lit en poussant un cri horrible.)

FIN DU TROISIÈME ET DERNIER ACTE.

EXAMEN CRITIQUE
DES ENFANTS D'ÉDOUARD,

PAR M. DUVIQUET.

Cette tragédie n'est que le développement d'un des innombrables épisodes dont se compose le *Richard III* de Shakspeare. Dans aucun autre de ses ouvrages, le poète anglais n'a usé plus largement de tous les priviléges de la liberté dramatique. Sa pièce est un résumé historique de quatorze ans. On y voit figurer quatre rois, Édouard IV, Édouard V, Richard III et Henri VII, sans compter Henri VI, dont les funérailles ouvrent la scène ; plus quatre reines, mères, filles ou veuves de rois ; plus les trois oncles du jeune Édouard et ses deux frères utérins ; plus des lords en assez grand nombre pour former une chambre des pairs au petit pied, un archevêque, un évêque, deux prêtres, des assassins, des bourgeois, des spectres en chair et en os, parlant tout aussi fort que des personnes vivantes, et, pour compléter cet ensemble, deux armées en présence, deux armées dont les chefs ont leurs tentes à quinze pieds l'une de l'autre. Ainsi s'explique la facilité avec laquelle, au milieu d'une mêlée épouvantable, Richard III se rencontre tête à tête avec Henri, et expie enfin par une mort trop tardive et trop honorable cette longue série d'assassinats qui lui ont ouvert jusqu'au trône un chemin sanglant. Le spectateur, comme l'on voit, a eu le temps de les suivre pas à pas. C'est une route qui ressemble à ces voies romaines dont les deux côtés ne sont décorés que de tombeaux et d'urnes cinéraires. Il y a des voyageurs que ce spectacle amuse ; ne leur envions pas leurs jouissances.

Le goût de M. Casimir Delavigne est sûr, et le poète français connaît son public. Il s'est bien gardé de le promener pendant quatorze ans, ou, ce qui est encore pis, pendant trois heures, dans ce labyrinthe de crimes et d'horreurs. Il s'est rappelé que

Souvent trop d'abondance appauvrit la matière,

et que si l'esprit peut s'attacher, sans répugnance, à l'image d'un événement pathétique et terrible, il repousse avec dégoût le spectacle trop multiplié de scènes d'une froide et uniforme atrocité. Dans l'interminable galerie de Shakspeare, il n'a choisi qu'un seul fait. Il l'a *ménagé avec art*. En le reproduisant, sans le copier, il lui a donné de justes et régulières proportions ; il l'a orné de riches accessoires ; il a prouvé enfin, que par le naturel et les grâces du style, par ce secret aujourd'hui si méconnu de prolonger une situation sans l'affaiblir, de la suspendre sans la ralentir, de la conduire à son dénouement sans la tordre et sans lui faire violence, il était possible d'obtenir du spectateur une attention plus vive, et, littérairement parlant, plus honorable que cet intérêt de simple curiosité qui n'exige rien de l'art, et qui se contente d'une longue accumulation de faits ou de souvenirs historiques.

Dans *Richard III,* Henri VI et son fils Édouard ont été poignardés dans leur prison par l'usurpateur ; le duc de Clarence, frère de Richard, a été noyé par ses ordres dans un tonneau de malvoisie : Rivers, lord Gray, frère et fils de la reine, sir Vaughan, l'un de ses plus ardents défenseurs, ont reçu la mort dans les cachots de Ponfrect ; lord Hastings, lord Buckingham, ont eu la tête tranchée sur un échafaud. On connaît la destinée des deux fils d'Édouard IV ; la femme de Richard, lady Anne, est empoisonnée par son mari. Voilà le résumé de toutes les gentillesses que les enthousiastes de Shakspeare s'efforcent de proposer pour modèles à l'imitation de nos poètes, et, nous devons en convenir, ils ont été quelquefois crus sur parole. Il semblait que plusieurs de nos écrivains avaient pris au sérieux la grotesque exclamation d'Harpagon : « Allons, vite des » commissaires, des archers, des prévôts, des juges, des geôles, des » potences, des bourreaux ! je veux faire pendre tout le monde. » Tout cela a réussi pendant trois mois, mais sans faire retrouver, ou, pour mieux dire, sans remplir leur cassette. Vous verrez que, pour n'être pas obligés de se pendre eux-mêmes, ils en reviendront tôt ou tard au goût français. C'est là qu'est la mine inépuisable, c'est là seulement que la fortune et la gloire les attendent.

Ce n'est pas en vain que la mythologie a armé Melpomène d'un poignard à deux tranchants, et l'on convient que la tragédie se nourrit de crimes; mais est-ce une raison pour qu'elle s'en assouvisse jusqu'au dégoût? Certes, il y en avait pour elle une riche et abondante matière dans le massacre de deux jeunes princes, vertueux, innocents, unis par les liens d'une douce et touchante fraternité, élevés ensemble sous les ailes d'une mère adorée, et arrachés aux douces illusions de la gloire et de la puissance par une ambitieuse barbarie. C'est là, ce nous semble, un horizon assez vaste pour que l'imagination du poète s'y joue en pleine liberté. Y a-t-il lieu à la terreur? qui oserait la nier? Ne voit-on pas d'avance les tristes et aimables victimes, placées immobiles sous le regard magnétique du tigre qui n'épie que le moment favorable de les mettre en pièces avec plus de sécurité? N'entendez-vous pas les rugissements du monstre qui rôde autour de sa double proie? Ne suivez-vous pas ses mouvements tortueux et convulsifs, et n'êtes-vous pas épouvanté de cette soif de sang qui étincelle dans ses yeux, qui fait froncer ses épais sourcils, qui se trahit par le craquement de ses dents? Y a-t-il terreur? Oh! oui, sans doute. Quoi de plus terrible en effet que cette lutte du crime tout-puissant, tout hérissé de fer, contre deux enfants uniquement protégés par les grâces de leur figure, par l'innocence de leur âge, par la sainteté de leurs droits? Dans un pareil combat, dont l'issue ne peut malheureusement être douteuse, il n'y a d'égale à la terreur que la pitié : pitié pour les fils, pitié pour la mère, pitié pour l'Angleterre, que l'exécrable Richard doit encore écraser pendant quatre ans du poids de son usurpation.

Mais, pour que la catastrophe réponde par sa durée aux dimensions ordinaires de la tragédie, qu'aura à faire le poète? Fiez-vous en à M. Casimir Delavigne; il saura bien trouver dans le caractère des individus dont il entoure ses deux principaux personnages le moyen de remplir le cadre de son drame, et d'amener, sans secousse et sans fatigue, l'action toujours variée, toujours une, toujours attachante, jusqu'aux termes de son déplorable dénouement. Après la représentation ou la lecture, on connaîtra Richard III tout aussi bien qu'on a pu le connaître dans Shakspeare. On le verra faux, dissimulé, cruel, habile toutefois jusqu'à tromper la vigilance ombrageuse d'une mère, et la religion des prélats, et la complicité intéressée de ses propres courtisans, et jusqu'à la scélératesse du principal ministre de ses fureurs. Vous le trouverez tout entier dans sa difformité physique et morale, et tel que l'a représenté la véridique histoire, et non tel qu'il a plu à son apologiste Horace Walpole de le falsifier, apparemment pour le plus grand intérêt de l'humanité et de la vertu. Oh! si les sophistes pouvaient savoir quel mal ils font aux hommes en essayant de réhabiliter la mémoire des tyrans! Bel encouragement aux vertus politiques des maîtres du monde, que de revenir ainsi sur la condamnation des brigands couronnés qui ont ensanglanté le pouvoir et déshonoré la pourpre royale! Comme il est utile, comme il est exemplaire de leur apprendre que, condamnés par leur conscience, par la voix ou par le silence des contemporains, ils trouveront un jour, dans la postérité, des vengeurs complaisants qui érigeront leurs crimes en problème, et qui calomnieront vingt, trente, cent générations, pour se donner le plaisir d'absoudre, de leur autorité privée, l'homme dont le nom est devenu

Aux plus cruels tyrans une cruelle injure!

Revenons à la tragédie, dont cette digression ne nous a pas beaucoup éloignés. Il était question de la fidélité avec laquelle le poète avait conservé le caractère historique de Richard. En effet, le plan de l'usurpateur est arrêté : les deux fils d'Édouard seront d'abord, par ruse ou par violence, amenés à la Tour. Là, séquestrés de leurs partisans, il en disposera à son gré. Il entre; il interrompt les jeux enfantins du plus jeune des fils d'Élisabeth; et voyez la duplicité de Richard, qui s'étend avec un plaisir hypocrite sur les hommages et les honneurs dont les fidèles Anglais accueillent le retour du roi à Londres;

Moi, son humble sujet,
Heureux de ces transports dont je chéris l'objet,
J'arrive, et des douleurs je trouve ici l'image!
Tant d'attraits sont voilés des ombres du veuvage.

> Que ce front, pour un jour affranchi de son deuil,
> Rayonne, heureuse mère, et d'ivresse et d'orgueil.

L'infâme! et c'est à une mère qu'il s'adresse; à une mère autour de laquelle il va épaissir les ombres de ce deuil conjugal qu'il a l'air de lui reprocher; à une mère que, s'il est permis de créer une double expression qui manque à notre langue, il va rendre, dans quelques heures, *veuve et orpheline* de ses deux enfants!

Dans cette scène digne, non pas d'être lue, mais d'être étudiée, il y a deux traits empruntés à Shakspeare, dont l'un paraîtra sans doute plus heureux que l'autre. A la suite d'un sarcasme très-piquant lancé par le petit duc d'York à son oncle, Richard le quitte brusquement.

> A revoir, bon neveu!
> (A part.)
> Quand ils ont tant d'esprit, les enfants vivent peu.

Cela est bien; l'âme, les desseins sinistres de Richard s'y dévoilent; et le dernier vers fait frissonner. Quant à l'autre proverbe :

> Mauvaise herbe est précoce et croît avant le temps,

on le jugera peut-être peu en harmonie avec la dissimulation dont use Richard dans tout le reste de la scène, et avec les convenances, puisqu'il parle au frère du roi, en présence de la mère du roi. Il eût mieux valu laisser à Shakspeare le mérite de l'invention, ou de l'application.

La scène suivante où Richard, au nom de prétendus conjurés qui n'existent pas, veut amener la reine à confesser publiquement la honte, l'opprobre du royal époux qui l'a couronnée, n'est pas moins remarquable d'adresse et de perfidie, et elle provoque une réponse admirable d'Élisabeth, admirable de sentiment, d'éloquence, de pathétique et de poésie. Il n'est personne qui, après l'avoir lue, ne s'écrie avec plus de sincérité que Richard :

> Vertu! que c'est bien là ton sublime langage!

Richard, il est vrai, ajoute :

> Mais croyez qu'avant vous, si la lutte s'engage,
> J'irai leur faire affront de leurs propres noirceurs,
> Reine, et vous m'oubliez parmi vos défenseurs.

Abominable hypocrisie! protestations décevantes de service et de dévouement! Et cependant la tendresse maternelle elle-même y est trompée. Ah! c'est qu'il est un degré de fausseté et d'imposture qu'une âme pure ne peut soupçonner. Britannicus refuse de croire à la trahison de Narcisse. Placée en dehors de la trame, Junie éclairée par l'amour, comme ici le duc d'York par la tendresse fraternelle, en reconnaît et en démêle seule la noirceur.

Quoi donc! l'amour maternel est-il moins craintif, se tiendrait-il moins sur ses gardes que les passions et les sentiments de l'adolescence? Non, sans doute; mais Élisabeth mêle à ses plus vives affections les raisonnements de la politique et les calculs de l'intérêt personnel de Richard. Elle compte ses amis, elle s'appuie sur des droits dont elle s'exagère facilement l'étendue et l'efficacité. La jeunesse agit d'instinct, elle cède à ses premières impressions : elle n'a qu'un guide, c'est son cœur; voilà pourquoi ses prévisions sont souvent plus sûres que celles de l'expérience et de la maturité. Dans le chef-d'œuvre que je viens de citer, Agrippine se laisse facilement duper par les promesses de Néron :

<blockquote>Avec Britannicus je me réconcilie,</blockquote>

dit le monstre, et dans l'acte suivant Britannicus est empoisonné. Junie seule a persévéré dans ses tristes pressentiments. Voilà la nature, voilà Racine; voilà aussi M. Casimir Delavigne.

Les autres personnages des *Enfants d'Édouard* ne sont ni moins exacts, ni moins conformes aux mœurs de l'époque, telles qu'elles ont été si fidèlement retracées par Shakspeare Le fond du caractère de Buckingham est tiré du poète anglais, ainsi que celui de Tyrrel. Mais M. Casimir Delavigne s'est trouvé dans l'heureuse nécessité de leur donner à l'un et à l'autre un plus grand développement. C'est au lecteur à juger lequel est le plus facile d'atteindre aux proportions d'une tragédie par l'accumulation des incidents, ou par la peinture savante des passions du cœur humain.

Buckingham est le type de cette aristocratie féodale, qui, du haut de ses tours crénelées, écrasait de ses mépris et de ses violences la classe utile et laborieuse de la société. Dévouée à la tyrannie sous la condition de partager exclusivement avec elle le fruit de ses vengeances et de ses rapines, le sang plébéien est trop vil à ses yeux pour qu'elle éprouve le plus léger remords à le répandre. S'il s'agit de verser celui des siens ailleurs que sur le champ de bataille, elle hésite, elle résiste, elle conspire même. Elle comprend qu'il y a solidarité entre tous les membres de son orgueilleuse agrégation. Montesquieu observe que la noblesse d'Angleterre se fit ensevelir sous les débris du trône de Charles Ier. Un siècle et demi plus tard, on a vu un roi populaire abandonné par une autre noblesse, mal défendu là où il n'était point attaqué, expier par une catastrophe non moins tragique le tort irréparable d'avoir embrassé avec prédilection les intérêts du plus grand nombre, d'avoir montré des intentions bienveillantes pour la partie plébéienne de sa nation, c'est-à-dire pour sa nation elle-même.

Buckingham a du moins sur cet article le mérite de la franchise.

> Mon horreur pour le peuple est chose assez notoire.
> Tout ce qui n'est pas nous, me dégoûte à l'excès!

Aussi avec quelle légèreté ironique il traite le maire et les aldermen, et les commerçants de la Cité! Un critique aussi éclairé que bienveillant a blâmé ce morceau, tout en rendant justice au mérite du style et à l'esprit satirique dont il étincelle. Cette observation serait juste, si la tirade censurée était un hors-d'œuvre, s'il n'en ressortait pas un trait de caractère et une observation morale qui trouve tous les jours son application. M. Casimir Delavigne a voulu rappeler que les grands ne flattent les petits que pour les faire servir à leurs projets, et s'en moquer ensuite. N'oublions pas d'ailleurs que Buckingham est en tête-à-tête avec Richard, l'homme de son siècle qui, si l'on s'en rapporte à Shakspeare, affichait le plus profond mépris pour le peuple.

Ce Buckingham a donc versé sans scrupule le sang de Rivers, et toutefois il recule à la proposition de consommer son ouvrage par le meurtre des deux fils d'Édouard. Est-ce humanité? est-ce sympathie pour leur âge, pour leur innocence, pour la dignité royale? Nullement. C'est que les droits de la royauté *sont les garants des droits de la noblesse :*

> Les deux princes, c'est nous, qui les touche nous blesse.

Il est royaliste par égoïsme, par communauté d'intérêts; le sentiment n'entre pour rien dans sa résistance. Il abandonne donc Richard, et Richard lui fait pressentir assez clairement la récompense qui lui est destinée.

> Le jour où, quand je marche, on me laisse en chemin,
> Ce jour, pour mon ami, n'a pas de lendemain.

Et il est homme de parole, cet excellent Richard. Tyrrel reçoit l'ordre quelques instants après d'assassiner Buckingham; et s'il l'exécute assez maladroitement, le noble duc ne perdra rien pour attendre. Shakspeare nous le fait voir marchant à l'échafaud dans la compagnie d'Hastings, autre lord retardataire. M. Casimir Delavigne a épargné à notre délicatesse le spectacle du bourreau, et il a fait d'autant plus sagement qu'en cela il a suivi également les règles du goût et celles de la vérité historique. Buckingham fut en effet décapité par l'ordre de Richard, mais deux années s'étaient écoulées depuis le meurtre des enfants d'Édouard.

On a reproché à Tyrrel de ne pas être d'accord avec lui-même. Ce serait une faute très-grave, et M. Casimir Delavigne n'est pas homme à s'en permettre de cette nature. Il connaît bien son Horace, et ce serait pour la première fois qu'il aurait oublié le précepte:

> Servetur ad imum
> Qualis ab incœpto processerit, et sibi constet.

Malgré le dévergondage de sa conduite passée; en dépit de sa cupidité insatiable, de ses habitudes de jeu, d'ivrognerie, de meurtre, cet homme vendu corps et âme à Richard, ce misérable qui déjà, sur un signe du tyran, a tenté d'assassiner Buckingham, éprouve un retour de sensibilité au moment de frapper deux enfants dont l'âge et les grâces lui rappellent un fils unique enlevé à sa tendresse. M. Casimir Delavigne a parfaitement saisi la nuance qui sépare d'un monstre, d'un franc et froid scélérat tel que Richard, un détestable sujet, sans doute, un être que le malheur et l'inconduite ont porté à désespérer de lui-même, qui repousse la société parce qu'il en est universellement repoussé, mais qui jette encore un regard douloureux vers cette *île escarpée et sans bords* qu'une première faute peut-être lui a fait quitter, et dans laquelle il lui est désormais impossible de rentrer. Dans une pareille position, l'amour paternel a pu survivre et a survécu, en effet, à toutes les vertus; cet amour s'est réfléchi, en quelque sorte, sur ces malheureux enfants dont il voudrait être le père, dont il est condamné à être l'assassin. C'est comme cela, du moins, que M. Casimir Delavigne m'a paru avoir conçu le rôle de Tyrrel; et, pris de ce point de vue, on peut dire que ce personnage a quelque chose de grand et d'original; c'est un ange déchu, dans l'âme et sur le front duquel n'est pas encore totalement effacée l'empreinte de sa splendeur primitive.

Shakspeare, qui n'a fait qu'effleurer comme en passant le caractère de Tyrrel, si profondément creusé par M. Casimir Delavigne; Shakspeare, dis-je, n'a pas craint de mettre dans sa bouche un récit touchant de la mort des jeunes princes. On peut lire ce récit à la première page de la tragédie française. L'homme qui, parlant de Forrest, s'écrie : « Le scélérat! » n'était pas né pour devenir lui-même un modèle de scélératesse.

Après avoir répondu à quelques reproches, que reste-t-il à faire à la critique? Louer le style, faire remarquer la suite non interrompue de l'action, sa marche rapide, l'observation sévère des règles, et établir, par cet exemple, la compatibilité tant contestée de ces règles avec les plus beaux effets de la scène tragique, ce serait se répéter en pure perte, et reproduire avec quelques variantes les jugements déjà publiés sur les ouvrages antérieurs de M. Casimir Delavigne. C'est à peine si certains chicaneurs s'aperçoivent qu'il s'est écoulé trois jours entre l'arrivée des princes à la Tour et leur mort. Faisons-en néanmoins l'observation pour l'acquit de notre conscience, et pour qu'on ne nous accuse pas d'avoir volontairement passé sous silence cette grave infraction au précepte d'Aristote, d'Horace et de *monsieur* Despréaux.

La pièce est dédiée à M. Paul Delaroche. Cette dédicace est l'acquit d'une dette de justice, autant qu'un tribut d'amitié. Un beau tableau a dû inspirer un beau poème :

Ut pictura, poesis.

DON JUAN D'AUTRICHE,

ou

LA VOCATION,

COMÉDIE EN CINQ ACTES, EN PROSE,

REPRÉSENTÉE POUR LA PREMIÈRE FOIS, A PARIS, SUR LE THÉATRE-FRANÇAIS, LE 17 OCTOBRE 1835.

> Ce que Montesquieu a dit des histoires peut servir de préface à toutes les comédies historiques.
> « Les histoires sont des faits faux composés sur des » faits vrais, ou bien à l'occasion des vrais. »

PERSONNAGES.

PHILIPPE II, roi d'Espagne.
DON JUAN.
DON QUEXADA, ancien conseiller intime de l'empereur Charles-Quint.
DON RUY GOMÈS.
DON FERDINAND DE VALDÈS, archevêque de Séville, inquisiteur général.
FRÈRE ARSÈNE, moine du couvent des hiéronymites de Saint-Just.
LE PRIEUR du couvent de Saint-Just.
FRÈRE PACOME, } moines.
FRÈRE TIMOTHÉE, }
PEBLO, novice de quinze ans.
RAPHAEL, }
DOMINGO, } domestiques de don Quexada.
GINÈS, }
DONA FLORINDE DE SANDOVAL.
DOROTHÉE, duègne.
UN OFFICIER DU PALAIS.
COURTISANS.
INQUISITEURS.
OFFICIERS.
ALGUAZILS.
MOINES.
GARDES.

DON JUAN D'AUTRICHE,

COMÉDIE.

ACTE PREMIER.

Une bibliothèque chez don Quexada, dans les environs de Tolède.

SCENE I.

DON QUEXADA, GINÈS, portant un flambeau, DOMINGO.

DON QUEXADA.

Éclaire-moi, Ginès; que je les revoie à mon aise, après trois jours d'absence, ces chers livres, mes vieux camarades d'étude! (Écartant le flambeau de Ginès.) Eh! pas si près, mon honnête Asturien! prends donc garde : tu ferais volontiers un auto-da-fé de ma bibliothèque. Par saint Dominique! ces livres-là sont meilleurs chrétiens que moi et toi. (A voix basse.) N'est-ce pas grâce à leur pieuse intervention que j'ai fait un homme de Dieu du plus fougueux hidalgo des deux Castilles? (A part.) Pauvre don Juan!... ensevelir sous un froc de moine tant de qualités qui promettaient un jeune seigneur accompli! L'empereur mon maître l'a voulu, et notre nouveau roi Philippe II a juré de ne le reconnaître qu'à cette condition. (Haut.) Mais il me semble que j'entends du bruit chez lui. (S'approchant d'une porte latérale.) Don Juan, mon fils, vous ne dormez pas?

UNE VOIX DE L'INTÉRIEUR.

Mon père, je suis en oraison.

DON QUEXADA.

Douces paroles qui m'épanouissent le cœur! (A don Juan.) Ne vous dérangez pas, mon enfant; la joie que vous cause mon retour ne doit pas vous distraire de vos devoirs envers le père commun de tous les hommes. (A Ginès.) Viens de ce côté, et parlons bas; toi, que je charge de le surveiller dès qu'il met le pied hors d'ici, dis-moi, Ginès, que s'est-il passé pendant mon voyage? Il est allé régulièrement faire ses dévotions dans l'église à l'heure ordinaire?

GINÈS.

A l'heure ordinaire.

DON QUEXADA.

Il y est resté long-temps?

GINÈS.

Long-temps.

DON QUEXADA.

En allant et en revenant tu n'as rien vu de suspect?

GINÈS.

Rien de suspect.

DON QUEXADA.

Tu n'as reçu pour lui aucune lettre?

GINÈS.

Aucune lettre.

DOMINGO, à part.

Excepté celle-ci. (En la glissant sous la porte de la chambre de don Juan.) La voilà à son adresse.

ACTE I, SCÈNE I.

DON QUEXADA, à Ginès.

Je suis content de toi; sers-moi toujours de même.

GINÈS.

Toujours de même.

DON QUEXADA.

C'est comme un écho. J'ai rencontré entre Oviedo et Pennaflor une mule de son pays qui avait plus de conversation que lui; mais il est fidèle. A ton tour, Domingo, rends-moi compte de ta surveillance intérieure. Mon fils, qu'a-t-il fait le jour de mon départ?

DOMINGO.

Il s'est levé assez triste. Son premier devoir a été d'accomplir, conjointement avec moi, ses exercices de piété; ensuite on lui a servi son chocolat que nous avons trouvé excellent.

DON QUEXADA.

Je vois que si tu prends ta part de ses dévotions, tu te mets de moitié dans son déjeuner.

DOMINGO.

Il dit qu'il prie avec plus de ferveur quand je suis là, et qu'il mange de meilleur appétit.

DON QUEXADA, à part.

Celui-ci est plus délié que l'autre : il a servi trois ans chez un chanoine. (A Domingo.) Après?

DOMINGO.

Je lui ai lu pour l'édifier le sermon du révérend père Sonnius; mais malheureusement...

DON QUEXADA.

Il s'est endormi.

DOMINGO.

Au beau milieu du premier point.

DON QUEXADA.

Eh! que ne lui rappelais-tu plutôt les grandes choses du dernier règne?

DOMINGO.

J'ai craint que le nom de François Ier ne vînt à le rejeter dans toutes ses fantaisies militaires.

DON QUEXADA.

François Ier est donc toujours son héros?... (A part.) C'est une singulière idée dans un fils de Charles-Quint. (A Domingo.) Ensuite?

DOMINGO.

Il s'est couché, comme de coutume, à la nuit tombante; il a reposé d'un sommeil aussi calme que sa conscience; et j'ai su le lendemain qu'il n'avait eu que des rêves qui auraient fait honneur à un solitaire de la Thébaïde.

DON QUEXADA.

Tu me combles de joie. J'espère que le vieux Raphaël, qui dort déjà, me fera aussi demain un rapport favorable. Il y a six mois, Domingo, quand don Juan menaçait de se porter avec tant d'ardeur vers tout autre chose que son salut, qui nous eût dit que nous arriverions à cette conversion miraculeuse? C'est un chef-d'œuvre d'éducation. Donne-moi les clefs.

DOMINGO.

Les voici toutes; (A part.) mais je garde la bonne.

DON QUEXADA.

Maintenant il ne peut plus sortir sans ma permission.

DOMINGO, à part.

Mais il rentrera avec la nôtre.

DON QUEXADA, lui donnant de l'argent.

Domingo, voici pour tes pauvres et toi.

DOMINGO.

Pour moi et mes pauvres, si vous le permettez.

DON QUEXADA.

C'est de droit. Prends aussi, Ginès, et va te coucher.

GINÈS.

Je vas me coucher.

DON QUEXADA.

Si jamais celui-là parle d'abondance!...

SCÈNE II.

DON QUEXADA.

Asseyons-nous, car je suis las. Il est bon de m'assurer que je n'ai perdu aucun de mes papiers en route. (Il ouvre un portefeuille et en tire quelques lettres qu'il parcourt.) Ah! le billet de Sa Majesté don Philippe, qui refuse de me recevoir à Madrid et m'enjoint de repartir sur-le-champ pour Villa-Garcia de Campos où, grâce au ciel, me voici de retour. (Il remet le papier et en prend un autre.) « Derniers conseils d'Ignace de Loyola à son ami don Quexada, ancien conseiller intime de l'empereur Charles-Quint... »

C'est la lettre que ce saint homme m'écrivit quelques jours avant sa mort. Aurait-on jamais pensé, quand il commandait cette compagnie de miquelets au siége de Pampelune, qu'il serait un jour à la tête d'une compagnie... toute différente, et qui promet de devenir une armée, si elle continue à se recruter du même train qu'aujourd'hui? Oui, c'est bien cela : excellente lettre! je ne puis me lasser de la relire :

« Il nous est venu un scrupule, mon très-cher frère,

» touchant un' fils naturel de Charles-Quint, le jeune don
» Juan, né à Ratisbonne, le 24 février 1545, qui vous a
» été confié dès l'âge le plus tendre, et qui passe pour
» vous appartenir. Dans le cas trop probable, me dites-
» vous, où mon élève ne serait pas reconnu par le roi
» Philippe II, son frère, malgré la promesse que celui-ci
» en a faite devant moi à l'empereur Charles-Quint, au-
» jourd'hui moine au couvent de Saint-Just, dois-je ou
» non publier la vérité? Distinguons, je vous prie, dis-
» tinguons... »

Lorsqu'il faisait sa sixième, à trente-cinq ans, au collége de Montaigu, c'était déjà un écolier remarquable pour les cas de conscience : il distinguait toujours.

« Si don Juan ne tenait à rien dans le monde, ou tenait
» à peu de choses, je vous dirais : Parlez, c'est sans in-
» convénient; mais il s'agit du secret de deux têtes cou-
» ronnées, et l'on ne peut pas révéler les fautes des grands
» sans qu'il y ait scandale pour les petits. Considérez, en
» outre, que vous courez vous-même un danger très-
» grave. J'aurais donc un biais à vous proposer, afin d'ac-
» commoder vos devoirs avec votre intérêt : ce serait de
» constater la naissance de votre élève par un acte, qu'il
» pourrait faire valoir un jour à ses risques et périls, me-
» sure qui vous offrirait le double avantage d'être tranquille
» de votre vivant, et courageux après votre mort. »

Je l'ai fait, cet acte; il est ici.

« Autre scrupule relativement à la mère du jeune homme!
» Je vois que vous ne savez pas trop à qui faire honneur
» de cette naissance, et que vous flottez entre une royale
» princesse de Hongrie, une très-noble marquise de Na-
» ples, et une boulangère toute charmante de Ratisbonne.

ACTE I, SCÈNE III.

» Bien qu'il fût naturel, mon très-cher frère, de désigner
» la bourgeoise, par charité pour les deux nobles dames,
» j'approuve votre scrupule; mais alors il vous resterait à
» prendre un biais non moins accommodant que le pre-
» mier : ce serait de laisser en blanc le nom de la mère. »

Il est étonnant pour ces biais qui arrangent tout. J'ai suivi son conseil, vu l'extrême difficulté de deviner juste entre tant de faiblesses impériales. Au fait, du côté maternel il y a confusion, il y a foule; c'est ordinairement tout le contraire.

Post-scriptum :

« Je vous disais dans ma dernière lettre que je travail-
» lais d'un grand courage à la conversion de toutes les
» femmes égarées des États romains; vous apprendrez
» avec plaisir qu'elles me donnent infiniment de satisfac-
» tion. »

Homme charitable! J'en suis bien aise. (Remettant la lettre dans le portefeuille qu'il referme.) Je crois que tout est tranquille dans la chambre de mon élève : il dort, et je vais en faire autant.

SCENE III.

DOMINGO, GINÈS, DON JUAN, puis RAPHAEL.

DOMINGO, à voix basse.

Venez, venez, seigneur don Juan, il est passé chez lui.

DON JUAN.

Par tous les démons de l'enfer! puisqu'il est de retour, j'arrive trop tard.

GINÈS.

Trop tard.

DOMINGO.

Il jure comme un mécréant.

DON JUAN.

Comme un dévot, mon pieux ami; vous ne vous gênez guère, vous autres, sur les sept péchés capitaux.

DOMINGO.

Mais nous nous repentons; si les dévots ne péchaient pas, il y aurait une vertu de moins sur la terre.

DON JUAN.

Tais-toi, serpent. (Courant à la porte de sa chambre.) Raphaël, Raphaël, c'est moi.

RAPHAEL, ouvrant la porte.

Arrivez donc, excellence! sans une ruse de guerre la place était prise. Nous avons parlementé à travers la porte, et je ne me suis tiré d'affaire qu'en me donnant pour vous, et en disant que je priais. Mais, jour de Dieu! la supercherie répugne à un vieux soldat.

DON JUAN.

Que ne ressembles-tu à Domingo! c'est un métier qui ne lui coûte pas, et qui lui rapporte. (Tirant sa bourse.) Tiens, Ginès, prends pour ta discrétion; et toi, Domingo, pour tes mensonges. Honnêtes fripons, vous vous faites payer de deux côtés vos bons et loyaux services.

DOMINGO.

Que voulez-vous, excellence? Dieu nous a donné deux mains, et nous nous en servons pour votre bien.

GINÈS.

Pour notre bien.

DON JUAN.

C'est la première fois qu'il ait changé quelque chose en répétant. Allons, sortez. (Secouant sa bourse vide.) Voilà cependant où s'en va tout l'argent que la charité de mon père me donne pour le rachat des captifs.

SCENE IV.

RAPHAEL, DON JUAN.

RAPHAEL.

Don Quexàda peut se vanter d'être bien servi, et votre salut est en bonnes mains; mais, mon cher enfant, car je ne puis m'empêcher de vous nommer ainsi, moi qui vous ai vu si jeune, vous m'aviez promis de rentrer plus tôt.

DON JUAN.

Eh! comment trouver la force de me séparer d'elle? Ce qui m'étonne, moi, ce n'est pas de l'avoir quittée si tard, mais c'est d'avoir pu la quitter; et si tu ne me comprends pas, vieux Raphaël, tant pis pour toi, c'est que tu n'as jamais aimé.

RAPHAEL.

Pardon, seigneur don Juan, j'ai aimé.

DON JUAN.

A ta façon.

RAPHAEL.

S'il y en a deux, c'était la bonne : mais je ne me souviens pas que l'amour m'ait fait manquer un tour de garde, pas même après la bataille de Pavie, quand nous faisions rafle sur les Milanaises; et cependant, je vous jure qu'à notre départ, les innocentes filles de ce pays-là ne pouvaient pas dire comme notre royal prisonnier : Tout est perdu, fors l'honneur!

DON JUAN.

Ah! tu cites le mot d'un homme dont je raffole, moins encore pour ses qualités que pour ses défauts. Il aimait, celui-là!

RAPHAEL.

Et il se battait comme un lion, capo di Dio!

DON JUAN.

Tu te souviens de ton italien.

RAPHAEL.

Je sais jurer dans toutes les langues; c'est une grande ressource à l'étranger.

DON JUAN.

Et tu ne t'en acquittes pas avec moins d'énergie dans ta langue maternelle : témoin le jour où le voile de dona Florinde vint à s'écarter pour la première fois à la promenade, et nous découvrit le plus adorable visage dont puisse s'enorgueillir une beauté d'Andalousie.

RAPHAEL.

Mort de ma vie! je vous avais bien dit qu'elle en était. Ces Andalouses ont des yeux qui vous percent de part en part.

DON JUAN.

Les siens, Raphaël, ils vous pénètrent jusqu'au fond de l'âme; ils vous enivrent; ils vous rendraient fou d'amour et de volupté.

RAPHAEL.

Allez, allez! j'en disais autant à votre âge; mais où vous mènera cette belle intrigue?

DON JUAN.

Une intrigue! tu oses nommer une intrigue l'amour le plus ardent, mais aussi le plus pur qui ait fait battre le cœur d'un Espagnol! Quelle autre preuve veux-tu de cette passion que le rôle même où sa violence m'a fait descendre? Crois-tu que l'hypocrisie répugne moins à la fierté d'un fils de bonne maison qu'à la franchise d'un vieux soldat? Cependant, pour tromper la vigilance de mon père, j'ai cédé aux mauvais conseils de ce Domingo.

RAPHAEL.

Parlez-moi d'un saint pour vous mener à mal!

DON JUAN.

J'ai acheté les scrupules de sa conscience et le dévouement imbécile de Ginès ; je me suis affublé des dehors d'une vocation que je n'ai pas; j'ai caché sous tout cet attirail mystique dont j'ai horreur...

RAPHAEL.

Vos courses nocturnes, la guitare à la main.

DON JUAN.

Mes promenades solitaires sous sa jalousie.

RAPHAEL.

Vos éternelles stations au pied du grand pilier de l'église...

DON JUAN.

Où je lui présentais l'eau bénite. Mais conviens que jamais plus jolis doigts de femme n'ont ôté leurs gants pour toucher ceux...

RAPHAEL.

D'un cavalier plus parfait.

DON JUAN.

Plus amoureux, mon vieil ami, plus amoureux! Aussi tant de constance l'a touchée; à son retour de Madrid, où dans mon désespoir j'ai failli la suivre, elle n'a pu refuser de m'admettre chez elle. Plus je l'ai vue et plus j'ai senti que je ne pouvais me passer de la voir. Ah! Raphaël, c'est qu'elle est unique dans le monde : soit qu'elle parle ou qu'elle se taise, elle a une manière de porter sa tête, de marcher, de s'asseoir, qui n'appartient qu'à elle seule.

RAPHAEL.

La femme qu'on aime fait-elle rien comme une autre?

DON JUAN.

Non, la passion ne m'aveugle pas. Je te dis qu'il y a en elle quelque chose d'étrange, je ne sais quoi d'oriental qui s'empare de mon imagination, qui me maîtrise et m'enchaîne à ses pieds pour la vie. Raphaël, il faut qu'elle soit à moi.

RAPHAEL.

Qui s'y oppose? A la bonne heure; finissez une fois comme je commençais toujours.

DON JUAN, avec dignité.

Elle sera ma femme : vous nous faites injure à tous deux.

RAPHAEL, à part.

Il a souvent un regard qui m'impose.

DON JUAN.

Et, puisqu'elle y consent, demain je suis heureux.

RAPHAEL.

Demain! mais considérez les obstacles...

DON JUAN.

J'aime les obstacles.

RAPHAEL.

Charmant, charmant! comme moi à son âge!

DON JUAN.

D'ailleurs un mariage secret n'en offre aucun. Au pis-aller, si mon père le découvre et me déshérite, j'ai mon épée dont tu m'as appris à me servir : c'est assez pour soutenir un nom qu'on ne peut pas m'ôter, et pour me créer une fortune que je n'aurai plus. Mon bras a déjà fait son devoir, cette nuit, sur je ne sais quelles gens que j'ai rencontrés autour de la maison de dona Florinde, et qui ressemblaient fort à d'honnêtes espions du saint office. Je les ai chargés victorieusement à coups de plat d'épée, et le champ d'honneur m'est resté.

RAPHAEL.

Malédiction! prenez-y garde; n'allez pas nous mettre le grand inquisiteur sur les bras.

DON JUAN.

Toi qui ne crains rien, as-tu peur de lui?

RAPHAEL.

J'aimerais mieux avoir affaire au diable.

DON JUAN.

Parce que tu n'y crois pas.

RAPHAEL.

Si fait, j'y crois; mais le diable ne brûle que les morts, et le grand inquisiteur brûle les vivants.

DON JUAN.

C'est une raison. Hé! que t'a fait cette lettre dont il ne restera que les lambeaux si tu continues à la froisser de la sorte?

RAPHAEL.

Je n'y songeais plus; pauvre innocente, elle payait pour vos folies! C'est Domingo qui l'a glissée sous la porte. (La lui présentant.) En voilà une du moins qui arrivera à son adresse sans passer à la visite de don Raymond de Taxis, le grand maître des postes, et l'homme le plus curieux du royaume.

DON JUAN.

Il s'en vengera sur bien d'autres.

RAPHAEL, pendant que don Juan lit.

C'est une manière de confesseur nommé par le roi pour toute la monarchie. On peut dire de notre gracieux souverain que son peuple n'a pas de secrets pour lui.

DON JUAN, après avoir lu.

Une partie de chasse que don Ribéra me propose dans les plaisirs de Sa Majesté. J'ai bien autre chose en tête!

RAPHAEL.

D'ailleurs votre dernière campagne contre le gibier du roi a failli vous coûter cher. Vrai Dieu! il vaudrait mieux tuer dix hérétiques dans ses États qu'un lièvre sur ses domaines.

DON JUAN.

Eh! si l'on n'y courait risque de la vie, qui donc s'en donnerait la fatigue? c'est le danger qui me tente, et non le gibier, dont je n'ai que faire. J'abattrais sans émotion un troupeau de daims sur mes terres, et le cœur me bat pour une perdrix tirée par contrebande.

RAPHAEL.

Toujours comme moi; chasseur avec plaisir, braconnier avec volupté.

DON JUAN.

Ah! le danger! le danger! voilà l'émotion qui me plaît. Dans un duel ou dans une bataille, sous quelque forme qu'il se présente, il est le bienvenu. Si j'étais né roi, j'étoufferais dans mes États, et je ne pourrais respirer à l'aise que dans ceux des autres.

RAPHAEL.

J'étais de même en mariage. Mais concevez la nature

ACTE I, SCÈNE IV.

humaine : une humeur si belliqueuse dans le fils du seigneur le plus pacifique!...

DON JUAN.

Cela te surprend?

RAPHAEL.

Jusqu'à un certain point; cependant il me vient toujours une idée qui me fait rire quand je vois un fils qui ne ressemble pas à son père.

DON JUAN.

Écoute donc : j'entends le bruit d'un carrosse.

RAPHAEL.

A cette heure! eh! oui vraiment : on s'arrête, on frappe à la porte.

DON JUAN.

Serait-ce don Ribéra? quelle imprudence! (Courant à la fenêtre.) Non; je vois deux cavaliers que je ne connais pas.

RAPHAEL, qui l'a suivi.

Grands chapeaux rabattus, manteaux sombres, figures à l'avenant : c'est une grave visite pour don Quexada.

DON JUAN, faisant un pas vers sa chambre.

Prenons garde qu'on ne nous surprenne ici : viens donner à ma toilette et à mon air quelque chose qui sente la vocation.

RAPHAEL.

Nous aurons de la peine.

DON JUAN, s'arrêtant.

Mon pauvre père! comme je le trompe! et je l'aime pourtant. Ah! Raphaël, si mon père n'était que mon oncle!...

RAPHAEL.

Il pourrait se vanter d'avoir pour neveu le plus déterminé démon de toutes les Espagnes. Si celui-là entre dans un couvent...

DON JUAN.

Ce sera dans un couvent de femmes.

RAPHAEL.

Je vous y suivrai, sœur Juana.

DON JUAN.

Oui, frère Raphaël, pour m'absoudre de mes péchés; et l'occupation ne te manquera pas. (En rentrant dans sa chambre.) A ma toilette! à ma toilette!

RAPHAEL, courant après lui.

Le joli moine qu'il aurait fait!

SCENE V.

DON RUY GOMÈS, PHILIPPE II, DOMINGO.

PHILIPPE II.

Dites à votre maître que le comte de Santa-Fiore désire lui parler.

DOMINGO.

Don Quexada vient d'arriver d'un long voyage; il repose, et je crains que Votre Excellence ne soit forcée d'attendre.

PHILIPPE II.

J'attendrai.

DOMINGO.

Mais avec tout le respect que je dois à Votre Excellence...

PHILIPPE II.

Vous ne voyez pas que j'attends déjà?

DOMINGO, à part, en sortant.

Il paraît qu'il n'en a pas l'habitude.

SCENE VI.

DON RUY GOMÈS, PHILIPPE II.

PHILIPPE II, *qui jette son manteau sur un siége et s'assied.*

Quel ennui! que les trois dernières lieues sont longues en voyage!

GOMÈS.

Comme tout ce qu'on voudrait voir finir. Mais nous voici chez l'ancien serviteur de votre auguste père. Ce qui me surprend, c'est qu'un tel monarque ait pu choisir un pareil conseiller.

PHILIPPE II.

Je n'en serais pas moins surpris que vous, si les rois, quand ils choisissent un conseiller, prenaient l'engagement de suivre ses conseils.

GOMÈS.

Du secret, de la probité! j'en conviens...

PHILIPPE II.

C'est bien quelque chose, don Gomès.

GOMÈS.

Mais point de caractère.

PHILIPPE II.

Les gens qui en ont beaucoup usent volontiers de ceux qui n'en ont pas.

GOMÈS.

Reculant au premier péril, embarrassé du moindre obstacle, trop convaincu qu'il est habile, pour ne pas être souvent dupe : tant de réputation et si peu de mérite! c'est gagner sans mettre au jeu.

PHILIPPE II.

Il ressemble à bien d'autres qu'on croit des hommes supérieurs tant que le génie les emploie : les abandonne-t-il, on est tout étonné de les trouver médiocres.

GOMÈS.

Votre Majesté fait d'avance l'histoire de ses ministres... Mais elle rêve profondément, sans doute à ce jeune don Juan?

PHILIPPE II, se levant.

Je ne puis tenir en place. Pourquoi l'ai-je vue? ah! pourquoi l'ai-je vue? c'est toi qui m'as dit dans les jardins d'Aranjuez : Regardez-la, sire, qu'elle est belle!

GOMÈS.

Quoi? cette image vous poursuit encore?

PHILIPPE II.

Non, je n'y songe plus; je n'y veux plus songer. Comme vous le disiez, c'est don Juan qui m'occupe.

GOMÈS.

Peut-être le sang vous parle, et votre cœur s'émeut au moment où vous allez décider de son sort.

PHILIPPE II.

Et de quel sentiment serais-je ému? L'ai-je assez connu pour l'aimer? puis-je lui reprocher quelque chose pour le haïr? où est le bien qu'il m'a fait? où sont ses torts envers moi?

GOMÈS.

Il n'en a eu qu'un seul.

PHILIPPE II.

Lequel?

GOMÈS.

Celui de naître.

PHILIPPE II.

Par le salut de mon âme! je conviens que c'est vrai. Oui, cet homme a un tort irrémissible : le même sang coule dans nos veines. Je me plaisais à être unique; cependant j'ai promis, promis sur l'Évangile.

GOMÈS.

Rome peut tout délier sur la terre.

PHILIPPE II.

Oh! je m'humilie devant le pouvoir de Rome; mais Rome ne fait rien pour rien.

GOMÈS.

Profonde vérité.

PHILIPPE II.

Je le verrai, ce don Juan; je lirai dans son âme. S'il est ce qu'il doit être, je le reconnais, et un célibat volontaire ensevelit dans les dignités ecclésiastiques sa naissance, ses prétentions et sa postérité. Mais si je surprends sur ses lèvres un soupir de regret pour les pompes et les plaisirs de ce monde, si l'esprit de révolte est en lui, je l'oublie, et pour peu qu'il ait percé le mystère de sa naissance, je... Dieu m'inspirera.

GOMÈS.

Je comprends.

PHILIPPE II.

Que ne puis-je me délivrer de tous les souvenirs qui me tourmentent aussi facilement que du sien! Quoi! j'ai fait pour elle ce que je ne fis jamais pour aucune autre! La suivre deux fois sous un déguisement! me mêler à la foule pour m'attacher à ses pas dans les obscures allées du Prado! et tout cela par tes conseils! et tout cela en pure perte!

GOMÈS.

Pouvais-je croire, sire, que cette jeune fille, ou que cette veuve, car j'ignore qui elle est, échapperait à mes recherches?

PHILIPPE II.

Ses habits de deuil vous trompent : ce n'est point une veuve; c'est une jeune fille dans toute la candeur de son âge, dans toute la fleur de l'innocence et de la beauté. Une veuve! je serais jaloux du passé... Mais pourquoi donc me parlez-vous d'elle?

GOMÈS.

C'est vous, sire, qui le premier...

PHILIPPE II.

N'avez-vous aucune affaire, aucune nouvelle qui puisse s'emparer de ma pensée?

GOMÈS.

Une seule, elle concerne la foi.

PHILIPPE II.

La foi! parlez, parlez.

GOMÈS.

On m'écrit que, dans une des vallées du Piémont, plusieurs de vos sujets sont soupçonnés d'hérésie. Voici ma réponse.

PHILIPPE II, lisant.

C'est trop long. Point de procès; en matière de religion, on ne juge pas, on frappe. Trop long! vous dis-je; écrivez.

GOMÈS.

Dictez, sire.

PHILIPPE II.

Trois mots : « Tous au gibet. »

####### GOMÈS.

Votre Majesté épargne le travail à son secrétaire.

####### PHILIPPE II.

Un prêtre, pour les assister à l'article de la mort s'ils veulent se repentir; s'ils veulent discuter, le bourreau.

####### GOMÈS.

On a bien raison de dire que Philippe II est le plus ferme appui de la foi catholique.

####### PHILIPPE II.

Le ciel me devrait une récompense. Mais qui sait, Gomès, si tu ne seras pas pour moi l'instrument de sa miséricorde? ne m'as-tu pas dit que mon supplice finirait ici? n'as-tu pas des renseignements sûrs? ne crois-tu pas qu'elle habite Tolède? est-ce vrai ou faux?

####### GOMÈS.

Je le crois toujours, et, cette nuit, quelques gens à moi ont dû faire des recherches pour découvrir sa demeure.

####### PHILIPPE II.

Puisses-tu réussir, Gomès, et ma reconnaissance sera sans bornes; car je veux bien mettre devant toi toutes les plaies de mon cœur à découvert : elle m'obsède, cette femme; c'est mon mauvais génie; c'est un rêve qui me dévore, une sorte de possession. Je la retrouve entre celui qui me parle et moi, entre moi et le Dieu qui m'écoute. J'y songe!... aujourd'hui même, encore aujourd'hui, j'ai omis de le prier. Ah! cet état ne peut durer; il est intolérable; il met en péril ma vie dans ce monde et mon éternité dans l'autre. Oui, je vais jusqu'à former des vœux contre moi-même...

####### GOMÈS.

Vous, sire!

PHILIPPE II.

Jusqu'à désirer qu'une vieillesse anticipée vienne tout à coup me glacer le cœur. Mes sens seraient éteints alors, et mes passions seraient mortes. Je me plongerais dans une idée unique, celle d'agrandir assez mes royaumes pour qu'il me devînt possible d'extirper de l'Europe jusqu'aux dernières racines du judaïsme et de l'hérésie. Alors, sourd à la voix des plaisirs et aux cris de la douleur, je n'entendrais que les ordres de l'Église. Je ferais passer par le fer et par les flammes tous ceux qui ne penseraient ni comme elle ni comme moi, et, me réjouissant dans mes œuvres, j'aurais la conscience tranquille, l'Église me bénirait, et je mourrais en chrétien.

GOMÈS.

Plus tard, sire, dans bien des années, Dieu vous accordera cette grâce; mais aujourd'hui...

PHILIPPE II.

C'est de toi que dépendent mon repos et mon bonheur; fais que je la revoie, et demande tout, je te donnerai tout : trésors, pouvoir, grandesse. Je te dirai de te couvrir devant moi; tu seras tutoyé par le duc d'Albe.

GOMÈS.

Qui a tant de plaisir à me dire vous!... Ou cette femme n'est plus de ce monde, sire, ou je la trouverai.

PHILIPPE II.

Cours, Gomès, j'entends don Quexada. Réussis et compte sur les promesses de ton maître. (A part.) Vanité humaine! il va tout mettre en œuvre, et cela pour être tutoyé par un homme qu'il déteste.

SCENE VII.

PHILIPPE II, DON QUEXADA.

DON QUEXADA.
Son Excellence me pardonnera si j'ai tardé... Quoi! sire, c'est vous! (Mettant un genou en terre.) Votre Majesté a daigné...

PHILIPPE II.
Parlez-moi debout. Laissez là les respects; le roi n'en veut pas, et le comte de Santa-Fiore n'y a pas droit. Vous êtes venu à Madrid, et vous avez eu tort.

DON QUEXADA.
Mais, sire...

PHILIPPE II, avec impatience.
Encore!... je vous dis que vous avez eu tort : je me souviens de tout. Venir me rappeler une promesse, c'est supposer que j'ai pu l'oublier.

DON QUEXADA.
Loin de moi cette pensée! je prie... Votre Excellence de trouver mon excuse dans la tendre affection que je porte à mon élève.

PHILIPPE II.
Aussi je pardonne. Je compte que vous avez gardé mon secret?

DON QUEXADA.
Avec une fidélité scrupuleuse.

PHILIPPE II.
Que vous avez ponctuellement exécuté mes ordres?

DON QUEXADA.
A la lettre; et le ciel m'a fait la grâce de réussir par

delà mes espérances. Je puis sans vanité vous donner don Juan pour le modèle de l'éducation chrétienne.

PHILIPPE II.

C'est beaucoup dire.

DON QUEXADA.

Vous trouverez en lui un pieux jeune homme aussi dégagé des vanités du siècle que peu touché de ses plaisirs. Il passe les jours et les nuits à méditer. Il consume la pension que vous lui faites en aumônes comme son temps en prières; enfin, ce qui est pour moi un sujet continuel d'édification, il unit la ferveur d'un vieux cénobite à toute la timidité d'une jeune fille.

PHILIPPE II.

C'est donc le meilleur chrétien du royaume?

DON QUEXADA, s'inclinant.

Après le roi.

PHILIPPE II.

Et l'évêque de Cuença, je pense?

DON QUEXADA, s'inclinant de nouveau.

Après le roi et le confesseur du roi. J'avouerai même que mon inquiétude est d'avoir passé mes instructions. Je crains que les honneurs de l'Église, qui ne peuvent lui manquer, n'effarouchent sa modestie, tant il a pris un goût vif pour l'obscurité du cloître.

PHILIPPE II.

Il n'y a point de mal à cela; si ce que vous dites est exactement vrai, comme je le crois, je vais reconnaître et embrasser mon frère. Mais je veux en juger par moi-même.

DON QUEXADA.

Vous le pouvez dès à présent. Dans quelque moment

qu'on le surprenne, on est sûr de le trouver occupé de ses devoirs religieux.

PHILIPPE II.

Il vaut donc mieux que moi ; car vous me rappelez que je ne me suis pas acquitté des miens. C'est un assez dur châtiment que de m'en accuser devant vous ; je le fais en toute humilité : mais trouvez-moi une salle retirée de cette maison où je puisse me recueillir devant Dieu, et réparer ma faute.

DON QUEXADA.

Permettez que je vous précède.

PHILIPPE II.

Non, restez. Préparez votre élève à recevoir le comte de Santa-Fiore, qui désormais a seul des droits sur lui. Pas un mot de plus ! Quant à son goût pour le cloître, dès aujourd'hui je veux le satisfaire : vous pouvez le lui dire.

DON QUEXADA.

Puisque vous refusez mes humbles services. (Appelant.) Domingo !... (A celui-ci qui entre.) Conduisez Son Excellence au bout de la petite galerie, dans l'oratoire de don Juan. (Au roi.) Vous vous trouverez au milieu des objets de sa vénération habituelle. (Il le reconduit en s'inclinant à plusieurs reprises.)

PHILIPPE II.

Bien, bien, seigneur Quexada. C'est assez. (Avec intention.) C'est trop.

SCENE VIII.

DON QUEXADA, puis DON JUAN.

DON QUEXADA.

Voici donc le grand jour arrivé ! Affranchi d'un secret

royal dont je me suis toujours défié, je ferai désormais ma sieste sans mauvais rêves. Mon élève va monter à la place qui lui est due, et je vais rentrer dans la douce possession de moi-même. Je ne me sens pas d'aise, et les larmes m'en viennent aux yeux. (Ouvrant la porte de la chambre de don Juan.) Don Juan, mon cher don Juan, accourez!...

DON JUAN.

Mon père, je suis heureux de vous revoir.

DON QUEXADA.

Je le suis plus encore de vous presser dans mes bras, et de vous annoncer une nouvelle qui doit vous combler de joie.

DON JUAN.

Laquelle?.

DON QUEXADA.

Le plus ardent de vos désirs va bientôt se réaliser; votre bonheur va commencer d'aujourd'hui.

DON JUAN.

Je vous jure, mon père, qu'il est commencé depuis six mois.

DON QUEXADA.

Depuis le jour de votre conversion, c'est vrai; mais enfin, vous allez recueillir le fruit de votre docilité et de votre excellente conduite. Recevez-en donc mon compliment, que je vous adresse du fond de l'âme : dans quelques heures vous entrez au monastère.

DON JUAN.

Au monastère! dans quelques heures!... et cette résolution est irrévocable?

DON QUEXADA.

Tellement irrévocable, qu'aucune considération de tendresse ne l'ébranlera, que nulle puissance humaine ne saurait la changer.

DON JUAN.

Alors je dois vous dire toute la vérité.

DON QUEXADA.

Dites-la : il ne peut être pour moi que très-agréable et très-édifiant de l'entendre.

DON JUAN.

Aussi bien je suis las de la contrainte que je m'impose, je me sens mal à l'aise sous un masque, et il est temps de secouer ces apparences menteuses qui me dégradent à mes yeux.

DON QUEXADA.

Que me parlez-vous de contrainte, de masque?... qu'est-ce que tout cela veut dire?

DON JUAN.

Que je vous trompais, mon père.

DON QUEXADA.

Vous!

DON JUAN.

Depuis six mois je vous trompais. Cette ferveur que vous admiriez, elle était feinte; mes dehors de piété n'étaient qu'un jeu. J'aime la liberté avec toute l'énergie dont je hais l'esclavage du cloître; je l'aime d'un amour immodéré, sans bornes. Le jour est moins doux pour moi que la liberté; l'air que je respire est moins nécessaire à ma vie, et vous pouvez juger que si j'ai pu descendre jusqu'à tromper pour en jouir en secret, je ne reculerais pas devant tous les supplices pour la défendre à force ouverte.

DON QUEXADA.

Quoi! vous... mon vertueux élève!... je suis confondu, et les bras me tombent de saisissement.

DON JUAN.

Pardon, mon père, cent fois pardon! ah! croyez que cette ruse coûtait plus encore à ma tendresse pour vous qu'à ma fierté, qui s'en indignait; mais pourquoi me demander des vertus trop au-dessus de ma faiblesse? Il n'est rien d'aussi respectable à mes yeux qu'un prêtre digne de ce nom. L'Espagne en compte un grand nombre, je le sais; je reconnais en eux une supériorité de nature, ou une force de volonté devant lesquelles je m'humilie. Moins je les comprends, plus je les honore, mais plus aussi je sens en moi l'impuissance de les imiter, et le besoin de vous dire dans mon désespoir : J'en suis incapable, je ne le peux pas; non, mon père, je ne le peux pas.

DON QUEXADA.

Modérez-vous, je vous en supplie, et ne tombez pas dans l'exagération. L'Église, en mère prudente, n'exige pas de tous les siens les mêmes sacrifices; il en est qu'elle prédestine aux honneurs et même à la gloire. Je n'en veux pour exemple que notre immortel cardinal Ximénès; et quant aux innocents plaisirs du monde, je puis vous affirmer que j'ai connu à Rome beaucoup de ses collègues qui se les permettaient sans que la chose fit scandale, et qui vivaient absolument comme vous et moi.

DON JUAN.

Comme vous, mon père, c'est possible, mais comme moi! Sentez-vous bien toute la force de ce que vous me dites? Voulez-vous que je porte dans un cloître des désordres à peine tolérables dans votre maison? voulez-vous que je cache sous la robe d'un moine ce qui n'était que faiblesse en moi, et ce qui serait crime en lui?...

DON QUEXADA.

Grand Dieu! don Juan, quelles intentions me supposez-vous?

DON JUAN.

Eh! que faudrait-il donc faire? me soumettre : combattre sans cesse des passions que je n'étoufferais pas, m'efforcer de plier mon orgueil à une obéissance contre laquelle tout mon être se révolte? Le dernier degré de la honte ou de la misère, voilà ce que vous me proposez. Oh! non, non, vos entrailles de père vont s'émouvoir, et vous n'aurez pas la dureté de me réduire à cette alternative horrible d'être le plus infâme ou le plus malheureux de tous les hommes.

DON QUEXADA.

Je suis si stupéfait, que je n'ai pas une bonne raison à lui donner, moi qui voulais en faire une des colonnes de la foi chrétienne!

DON JUAN.

Eh pourquoi le vouliez-vous? quel motif, que je ne puis m'expliquer, vous poussait à sacrifier votre seul fils, le seul héritier de votre nom et de vos titres? Me jugiez-vous indigne de les porter? Détrompez-vous : il y a de l'avenir en moi; il y a en moi de la gloire et du bonheur pour vos vieux jours. Vous serez fier de m'avoir donné la naissance; vous sentirez votre vieillesse rajeunir entre moi et une femme digne de mon amour et de votre tendresse...

DON QUEXADA.

Une femme!

DON JUAN.

Au milieu d'une famille nouvelle, de mes enfants, oui, de mes enfants qui vous chériront à leur tour.

DON QUEXADA.

Une femme! des enfants! bonté du ciel! où avez-vous la tête?

DON JUAN.

Je tombe à vos pieds, je m'y traînerai s'il le faut; je les baise, ces mains dont j'ai reçu tant de caresses, et qui m'ont béni tant de fois...

DON QUEXADA.

Il m'épouvante et m'attendrit tout ensemble.

DON JUAN.

Ne les retirez pas de moi, laissez-moi les couvrir de mes larmes. Ah! vous pleurez, mon père, vous pleurez... non, vous ne prononcerez pas mon arrêt de mort; vous ne pourrez pas vous résoudre à condamner votre fils unique.

DON QUEXADA, en pleurant.

Mais, mon fils, mon cher fils! je ne suis pas votre père.

DON JUAN, qui se relève.

Vous n'êtes pas mon père!

DON QUEXADA.

Don Juan, vous êtes sorti d'une maison plus illustre que la mienne, et celui de qui vous tenez la vie...

DON JUAN.

Quel est-il? où puis-je le trouver? Parlez, ah! parlez donc.

DON QUEXADA.

Hélas! il n'est plus de ce monde. (A part.) Je puis le dire sans mensonge.

DON JUAN.

Je l'ai perdu!

DON QUEXADA.

Mais il a transmis tous ses droits, son autorité tout entière au comte de Santa-Fiore, qui vient d'arriver chez moi, et que vous allez voir dans un moment. Lui seul peut vous découvrir le secret de votre naissance; c'est un seigneur bien puissant, bien respectable, et dont les ordres doivent être sacrés pour vous.

DON JUAN.

Vous n'êtes pas mon père! (Avec un transport de joie.) Je suis donc libre!

DON QUEXADA.

Pas du tout. (A part.) Et le roi qui est là, qui peut nous surprendre à toute minute!

DON JUAN, parcourant la scène à grands pas.

Je suis maître de mes actions.

DON QUEXADA, qui le suit.

Mais encore moins! je croyais le calmer, et le voilà parti comme un cheval échappé.

DON JUAN.

Désormais, je puis faire, je puis dire tout ce qu'il me plaira.

DON QUEXADA.

Ne vous en avisez pas. Respectez le comte de Santa-Fiore, il y va de votre avenir, de votre fortune...

DON JUAN.

Ma liberté avant tout!

DON QUEXADA.

De votre vie.

DON JUAN.

Avant tout ma liberté! Que je suis heureux! (En embrassant don Quexada.) Oh! Dieu! je crois que je vous aime encore davantage depuis que je ne suis plus forcé de vous respecter.

DON QUEXADA.

Il extravague. Je vous en conjure, mon enfant, contenez-vous; ne le heurtez pas quand il va venir; gagnons du temps, par pitié, gagnons du temps!... (Apercevant Philippe II.) Mon Dieu! c'est lui : le beau chef-d'œuvre que j'ai fait là!

SCENE IX.

DON JUAN, DON QUEXADA, PHILIPPE II.

PHILIPPE II.

Voici votre élève, don Quexada?

DON QUEXADA.

Oui, seigneur comte, c'est la personne que... c'est ce jeune don Juan qui... (A part.) Je ne sais plus ce que je dis. (Au roi.) Votre Excellence me trouve encore tout ému : l'idée d'une séparation nous a tellement attendris l'un et l'autre...

PHILIPPE II.

Je le comprends. (A part, en examinant don Juan.) Comme il ressemble à mon père! plus que moi : cette ressemblance me déplaît.

DON JUAN, à part, en regardant le roi.

Il a une figure sévère qui ne me revient pas du tout.

PHILIPPE II, à don Quexada.

Veuillez nous laisser ensemble.

DON QUEXADA.

Votre Excellence ne sera pas surprise qu'au moment de me quitter, il montre dans cet entretien de bien vifs regrets...

PHILIPPE II.

C'est naturel.

ACTE I, SCÈNE X.

DON QUEXADA.

Si vous avez pour agréable que je reste, je pourrai vous expliquer...

PHILIPPE II.

J'aime mieux qu'il s'explique lui-même ; c'est par lui-même que je veux le connaître.

DON JUAN, à part.

Il sera au fait en deux mots.

DON QUEXADA.

Je me retire. (Bas à don Juan.) Je vous en conjure encore : pour Dieu ! ne lui résistez pas.

PHILIPPE II, d'un ton plus ferme.

Laissez-nous, je vous le demande en grâce.

DON QUEXADA.

Je m'empresse d'obéir. (A part.) Les voilà en face l'un de l'autre ; que le ciel nous protége : comment tout cela va-t-il finir ?

SCENE X.

DON JUAN, PHILIPPE II.

PHILIPPE II, à part.

Quoi qu'il fasse, pas un des replis de son cœur ne m'échappera. (A don Juan en s'asseyant.) Approchez.
(Don Juan va chercher un fauteuil et vient s'asseoir auprès de lui.)

PHILIPPE II, après l'avoir regardé avec étonnement.

(A part.) Après tout, il ne me connaît pas. (Haut.) On m'a dit beaucoup de bien de vous, seigneur don Juan.

DON JUAN.

J'aimerais mieux, seigneur comte, qu'on vous en eût

dit un peu de mal; je serais plus sûr de faire honneur à l'opinion que vous auriez de moi.

PHILIPPE II.

Voilà de l'humilité; je vous en sais gré : c'est une des vertus que je désirais le plus vivement trouver en vous.

DON JUAN.

Vous êtes trop bon; j'ai moins d'humilité que de franchise.

PHILIPPE II.

Cette qualité m'est aussi particulièrement agréable, et je vais la mettre à l'épreuve. Vous avez beaucoup médité, jeune homme?

DON JUAN.

Moi!...

PHILIPPE II.

Beaucoup, je le sais. Les réflexions mûrissent la jeunesse; dites-moi quel a été le résultat des vôtres, et quelle est la carrière où votre nature vous porte de préférence. Que j'aie la satisfaction de vous entendre développer les plans que vous avez conçus dans la solitude pour votre avenir, et jusqu'aux sentiments les plus intimes de votre belle âme. Ne vous trompez-vous pas sur votre vocation? expliquez-vous sans aucun déguisement.

DON JUAN.

Je ne vous laisserai rien à désirer. Eh bien donc, mon gentilhomme, partons d'un principe : il n'y a que trois choses dans la vie : la guerre, les femmes et la chasse.

PHILIPPE II.

Comment? répétez; j'ai mal entendu sans doute.

DON JUAN.

Ou les femmes, la chasse et la guerre : dans l'ordre que vous voudrez, je n'y tiens pas, pourvu que tout s'y trouve.

ACTE I, SCÈNE X.

PHILIPPE II.

Me répondez-vous sérieusement?

DON JUAN.

Comme vous m'interrogez; je ne puis pas dire plus.

PHILIPPE II.

Vous conviendrez que voilà de singulières dispositions pour entrer au couvent.

DON JUAN.

Aussi n'en ai-je pas la moindre envie; et je mettrais plutôt le feu à tous les couvents de l'Espagne que de faire mes vœux dans un seul.

PHILIPPE II, se levant avec vivacité.

Miséricorde! quelle vocation!

DON JUAN, froidement, en frappant du revers de la main sur le fauteuil du roi.

Asseyez-vous, asseyez-vous donc. C'est la mienne : vocation vers la révolte, contre tout ce qui peut gêner mon indépendance ou mes plaisirs; vocation de corps et d'âme pour tout ce qui rend la vie douce ou glorieuse!

PHILIPPE II.

Alors, don Quexada s'est joué de moi.

DON JUAN.

Non pas, l'excellent homme! c'est moi qui me suis joué de lui, et je m'en accuse avec cette humilité que vous aimez, et cette franchise qui vous est particulièrement agréable.

PHILIPPE II, sévèrement.

Seigneur don Juan!... (A part, en se rasseyant.) Mais j'irai jusqu'au bout.

DON JUAN.

Je crois vous avoir donné tous les renseignements désirables sur mes principes. J'ajouterai que vous voilà plus avant que moi dans mes affaires personnelles : car vous savez qui je suis, et je ne le sais pas ; veuillez donc m'instruire, afin que je me connaisse aussi parfaitement que vous me connaissez vous-même.

PHILIPPE II.

Votre père, qui m'a revêtu de son autorité sur vous, a mis à la révélation de ce secret des conditions...

DON JUAN.

Que je devine, et que je vous dispense de m'expliquer ; mais mon père n'était pas un despote.

PHILIPPE II.

Qu'en savez-vous ?

DON JUAN.

Étrange manière de me le faire aimer !

PHILIPPE II.

Peut-être avait-il le droit de l'être.

DON JUAN.

Le roi ne l'a pas lui-même. Si mon père vivait encore, lui, dont on invoque l'autorité pour en abuser, il rougirait de la pousser jusqu'à la tyrannie.

PHILIPPE II.

On vous a dit qu'il ne vivait plus ?

DON JUAN.

Pour mon malheur ; mais, lui mort, je ne dois à qui que ce soit le sacrifice de mes penchants et de ma dignité.

PHILIPPE II.

Cependant je vous dirai qu'il dépend de vous d'être quelque chose dans le monde, ou de rester un homme de rien.

DON JUAN.

Et je vous répondrai qu'on ne reste pas un homme de

rien, quand on est un homme de cœur. La plus haute naissance ne vaut pas le prix dont il faudrait acheter la mienne. De quoi s'agit-il? d'un héritage qu'on me refuse? je m'en passerai; d'un nom qu'on veut me vendre trop cher? avec mon sang, je saurai m'en faire un à meilleur marché. Maintenant parlez, si bon vous semble. Ne le voulez-vous pas? libre à vous; mais brisons là (en se levant), et adieu, comte de Santa-Fiore; l'homme de rien n'a pas besoin de vous pour devenir quelque chose.

PHILIPPE II, en souriant.

Asseyez-vous à votre tour, et causons sans nous fâcher. Vous avez donc un penchant invincible pour les armes?

DON JUAN.

Invincible; je suis Castillan, c'est tout dire. Accusez-moi d'ambition, vous le pouvez; je conviens que j'en ai. Riez de mon orgueil, je vous le permets; car, malgré mon néant, il me semble que je suis plutôt né pour commander que pour obéir. Je ne m'en ferai pas moins soldat; mais vous êtes puissant, et si, avec son autorité, mon père vous avait transmis un peu de sa tendresse pour moi, je ne serais pas soldat long-temps.

PHILIPPE II.

Il est vrai que je pourrais vous pousser dans cette carrière.

DON JUAN, avec effusion.

Faites-le donc, et j'en serai reconnaissant toute ma vie.

PHILIPPE II.

Je ne m'engage pas; cependant je ne dis pas non.

DON JUAN.

C'est quelque chose. Votre sévérité met entre nous dix bonnes années; mais si je suis dans l'âge où on fait des folies, vous êtes encore dans celui où on les pardonne. (Rapprochant son fauteuil de celui du roi.) Et j'étais sûr que deux jeunes gens finiraient par s'entendre.

PHILIPPE II.

Mais ai-je reçu toutes vos confidences de jeune homme? l'amour de la liberté est-il bien véritablement le seul amour qui vous éloigne du cloître? Je vous le demande en ami.

DON JUAN.

Avant de répondre à cette question très-amicale, j'en aurais deux qui ne le sont pas moins à vous adresser.

PHILIPPE II.

Lesquelles?

DON JUAN.

Avez-vous jamais aimé, comte de Santa-Fiore?

PHILIPPE II.

Mais... oui.

DON JUAN.

Aimez-vous encore?

PHILIPPE II.

Eh bien! je l'avoue, j'aime encore, et peut-être plus que je ne voudrais.

DON JUAN, se levant.

Vous aimez! voilà qui nous rapproche tout à fait; et moi aussi, j'aime la plus belle, la plus digne, la plus adorable femme qui soit au monde.

PHILIPPE II, se levant aussi.

Permettez-moi de réclamer pour ma maîtresse.

DON JUAN.

C'est juste, et je conviens d'avance que l'une n'est pas moins belle que l'autre; mais je reste convaincu que si vous ne partagez pas tous mes sentiments pour la mienne, il vous sera du moins impossible de lui refuser votre admiration.

PHILIPPE II.

Encore faudrait-il que je la connusse !

DON JUAN.

C'est demander beaucoup; cependant écoutez : telle est ma confiance dans son empire sur ceux qui peuvent la voir et l'entendre, que je veux bien en venir aux conditions. Faisons un traité; si vous approuvez mon choix, vous donnerez votre consentement à un projet où j'attache mon bonheur, et vous me direz le secret que je veux savoir; jurez-le-moi, foi de Castillan !

PHILIPPE II.

Foi de Castillan ! si j'approuve votre choix; mais quand la verrai-je?

DON JUAN.

Aujourd'hui même, et chez elle : je n'y trouve aucun inconvénient, car je suis majeur. Si j'obtiens votre agrément, j'en serai tout à la fois heureux et fier; et si je ne l'obtiens pas, je vous avoue que je prendrai, à mon grand regret, le parti de m'en passer. Mais ne vous fâchez point, vous ne pourrez pas lui résister.

PHILIPPE II.

Je le souhaite pour vous.

DON JUAN.

J'en suis sûr, et je veux lui annoncer votre visite. Après la messe, où nous allons tous deux, elle pour Dieu et moi pour elle, veuillez, si toutefois aucun autre rendez-vous ne s'y oppose, me rejoindre à sa demeure, cette jolie maison à l'entrée de Tolède, le cinquième balcon après l'église Saint-Sébastien.

PHILIPPE II.

Je vous promets de m'y rendre. (A part.) Mon père ne pourra pas dire que je n'ai pas fait tout en conscience.

DON JUAN.

A revoir donc chez dona Florinde! je vous le répète, j'aurai votre consentement. J'en ai pour garants les charmes dont je connais le pouvoir et l'amitié qui commence entre nous. (Lui prenant la main.) Oui, comte, je vous le dis franchement, je vous aime déjà comme un frère.

PHILIPPE II.

Vous allez vite.

DON JUAN.

C'est dans ma nature : j'aime ou je hais de premier mouvement.

PHILIPPE II.

Moi, je ne fais l'un ou l'autre qu'avec de bonnes raisons.

DON JUAN.

C'est que vous êtes de la cour et que je n'en suis pas. (A don Quexada, qui entr'ouvre la porte timidement.) Entrez donc, n'êtes-vous pas toujours mon père? entrez, il n'y a point d'indiscrétion.

SCENE XI.

DON JUAN, PHILIPPE II, DON QUEXADA.

DON QUEXADA, avec embarras.

Oserai-je demander à Votre Excellence si elle est satisfaite?

PHILIPPE II.

Je vous fais mon compliment, seigneur Quexada.

ACTE I, SCÈNE XI.

DON JUAN.

Il y avait bien quelque chose à dire; mais le comte est indulgent, et il a pris sur tout cela le parti qu'il fallait prendre.

DON QUEXADA.

Quoi! véritablement?

PHILIPPE II.

Du moins, je serai décidé dans le jour. Quelques affaires m'appellent, permettez-moi de vous quitter.

DON JUAN.

On les connaît, vos graves affaires, et on sait qu'elles n'admettent pas de retard.

PHILIPPE II, à Quexada.

J'espère vous retrouver à un rendez-vous que m'a donné votre élève.

DON QUEXADA.

Je n'aurai garde d'y manquer.

DON JUAN.

Chez une personne dont vous serez enchanté. En vous engageant à lui rendre visite, le comte n'a fait que prévenir mon invitation.

PHILIPPE II.

Je vous renouvelle mon compliment, don Quexada; votre élève vous fait honneur.

DON QUEXADA.

Votre Excellence me comble.

PHILIPPE II.

A revoir, seigneur don Juan.

DON JUAN, qui lui serre la main en le reconduisant.

A revoir, très-cher comte.

DON QUEXADA, à part.

Il le traite comme son camarade.

SCÈNE XII.

DON JUAN, DON QUEXADA.

DON JUAN, se jetant dans les bras de Quexada.

Ah! que je vous embrasse! tout va le mieux du monde; mais adieu!...

DON QUEXADA.

Arrêtez : vous a-t-il dit qui vous êtes?

DON JUAN, revenant.

Pas encore : rendez-moi ce service-là, vous.

DON QUEXADA.

Qu'est-ce que vous me demandez, mon enfant? j'ai donné ma parole. C'est impossible.

DON JUAN.

Faites la chose à moitié; dites-moi au moins le nom de ma mère.

DON QUEXADA.

Est-ce que je le pourrais? c'est bien une autre difficulté.

DON JUAN.

Comme vous voudrez. Le comte n'y met pas tant de mystère, et il doit tout me révéler chez elle.

DON QUEXADA.

Chez qui?

DON JUAN.

Chez votre belle-fille.

DON QUEXADA.

Comment?

DON JUAN.

Vous êtes de noce.

DON QUEXADA.

De noce, moi! et de quelle noce?

DON JUAN.

Parbleu!... mon excellent ami, ce n'est pas de la vôtre, mais de la mienne.

DON QUEXADA.

Vous vous mariez?

DON JUAN.

Et je compte qu'il sera l'un de mes témoins, vous l'autre.

DON QUEXADA.

Que me proposez-vous là? vous me faites trop d'honneur.

DON JUAN.

Pas plus qu'à lui.

DON QUEXADA.

Je n'en reviens pas; et il donne son consentement?

DON JUAN.

Ou peu s'en faut. C'est un très-galant homme, et nous serons bientôt amis intimes. Mais adieu! je cours vous attendre chez elle; Raphaël vous donnera son adresse.

DON QUEXADA.

Quoi! Raphaël, qui est dans ma maison depuis vingt ans, m'a trompé?

DON JUAN.

Par tendresse pour moi.

DON QUEXADA.

Et Domingo aussi?

DON JUAN.

Par intérêt.

DON QUEXADA.

Et Ginès?

DON JUAN.

Par bêtise; mais ne leur en veuillez pas, si vous m'aimez; ils l'ont fait pour mon bonheur.

DON QUEXADA.

Voilà bien le comble de l'humiliation; mes trois serviteurs! n'est-il pas désespérant, pour un ancien conseiller intime, d'avoir lutté de ruse toute sa vie avec les plus adroits, pour finir par être la dupe de trois imbéciles!

DON JUAN.

Ah! mon respectable maître, c'est qu'il n'y a rien de si dangereux qu'un duel avec un sot, pour un homme d'esprit : il oublie de se mettre en garde. Adieu! adieu! je vais prendre mon épée, et je cours chez dona Florinde.

DON QUEXADA.

Son épée!... un mariage! Expliquez-moi donc?... Je ne sais plus où j'en suis.

(Il suit don Juan.)

FIN DU PREMIER ACTE.

ACTE DEUXIÈME.

Un salon richement décoré, chez dona Florinde.

SCENE I.

DONA FLORINDE, qui achève sa toilette de mariée devant une glace,
DOROTHÉE.

DOROTHÉE, se reculant pour l'admirer.

Oh! belle, mais belle!...

DONA FLORINDE.

Comme une personne heureuse.

DOROTHÉE.

Est-ce que le voile n'est pas trop haut?

DONA FLORINDE.

Non...

DOROTHÉE.

Et cette boucle noire qui s'échappe!...

DONA FLORINDE.

Laisse-la faire; un peu de désordre ne messied pas.

DOROTHÉE.

Tout vous irait, à vous. Que dira don Juan? il va tomber en extase, lui qui vous trouvait si charmante sous vos habits de deuil.

DONA FLORINDE.

J'étais bien triste pourtant : mon pauvre père m'avait laissée seule au monde.

DOROTHÉE.

Avec moi.

DONA FLORINDE.

Oui, avec toi qui m'as nourrie, toi, ma seconde mère, qui n'as cessé de veiller sur mon bonheur et de m'entretenir dans le respect des rites sacrés de notre foi, auxquels j'ai juré à mon père mourant de rester toujours fidèle.

DOROTHÉE.

Et bien vous en a pris! Le Dieu de Jacob vous récompense; il vous donne un jeune mari d'une figure qui prévient dès l'abord, d'une humeur qui plaît, d'un nom qui va de pair avec les plus nobles; et pour comble de perfection, il n'a pas plus de religion que je ne lui en voulais.

DONA FLORINDE.

Pourquoi suis-je forcée de lui en faire un mérite?

DOROTHÉE.

S'il n'avait que celui-là, je vous plaindrais; mais il est aussi aimable qu'il est tendre, brave comme les Machabées; et depuis notre voyage à Madrid, je sens plus que jamais qu'il vous faut un protecteur.

DONA FLORINDE.

Ce voyage, c'est toi qui l'as voulu.

DOROTHÉE.

Sans doute, afin de rentrer, s'il était possible, dans les soixante mille doublons prêtés à l'empereur Charles-Quint par votre père, et pour lesquels il n'a jamais reçu qu'un beau remercîment.

DONA FLORINDE.

Que pouvions-nous espérer? n'a-t-il pas abdiqué, l'empereur?

ACTE II, SCÈNE I.

DOROTHÉE.

Sa couronne, je le veux bien; mais ses dettes!... Ne pourriez-vous pas lui écrire dans sa retraite? Il aimait votre père, et, tout moine qu'il est, il serait peut-être reconnaissant.

DONA FLORINDE, en riant.

Est-ce qu'un moine s'occupe des choses de ce monde?

DOROTHÉE, arrangeant la guirlande qui est sur la tête de Florinde.

Dieu! les jolies fleurs! leurs boutons sont aussi frais que ceux de nos citronniers d'Andalousie.

DONA FLORINDE.

Mais ils sont faux, Dorothée.

DOROTHÉE.

Tant mieux! ils passeront moins vite.

DONA FLORINDE.

Faux comme mon nom, comme mon titre, comme les hommages que je rends à Dieu dans les temples des chrétiens.

DOROTHÉE.

Vous pouvez faire sans honte ce que le noble Ben-Jochaï, votre père, a fait avant vous. Je dis noble, parce qu'il l'était de cœur; mais Espagnol à l'église, sous le nom de Sandoval, juif chez lui, sous le sien, il sut vivre en paix avec l'Inquisition sans se mettre en guerre avec le Dieu d'Israël. Je maintiens qu'il fit bien d'abjurer ainsi; il en fut quitte pour une restriction mentale.

DONA FLORINDE.

Tromper celui qu'on aime!

DOROTHÉE.

Encore cette idée!

TOM. III.

DONA FLORINDE.

Toujours! toujours, près de lui, loin de lui, cette idée me poursuit comme un remords. Que de fois j'ai voulu tout avouer! tes raisons m'ont arrêtée; ou plutôt, je suis franche : oui, la peur de me voir dédaignée m'a fermé la bouche. Je ne pouvais pas lui dire mon secret avant d'être sûre de son amour, et je ne l'ose plus depuis que je sens toute la force du mien.

DOROTHÉE.

Qu'importe qu'il vous aime sous le nom de dona Florinde, ou sous celui de Sara?

DONA FLORINDE.

Sara!... ah! ce nom gâte tout.

DOROTHÉE.

Est-ce que vous en rougissez?

DONA FLORINDE.

Non assurément; mais je ne veux pas qu'il en rougisse, lui.

DOROTHÉE.

Raison de plus pour le cacher.

DONA FLORINDE

Je le lui dirai dès aujourd'hui.

DOROTHÉE.

Gardez-vous-en bien; vous n'avez pas traversé comme moi la grande place de Tolède; vous n'avez pas vu les apprêts de l'auto-da-fé qui aura lieu dans trois jours. Savez-vous que vous êtes perdue; savez-vous que vous êtes morte, ma chère Sara, oui, morte, pour peu qu'on nous soupçonne de judaïsme?

DONA FLORINDE.

Eh! qui donc me dénoncerait? Don Juan peut m'abandonner; mais me trahir, tu ne le penses pas.

DOROTHÉE.

Non, sur mon âme!

DONA FLORINDE.

Il saura tout.

DOROTHÉE.

Que faites-vous?

DONA FLORINDE.

J'écris à don Juan.

DOROTHÉE.

Pourquoi, puisque vous allez le voir?

DONA FLORINDE.

Suis-je sûre d'avoir le courage de parler?

DOROTHÉE.

Moi, je mets la dernière main à votre toilette.

DONA FLORINDE.

A quoi bon maintenant?

DOROTHÉE.

Pour qu'il ait moins de chagrin, quand il va lire votre billet, qu'il ne se sentira d'amour en vous regardant. (Allant vers la fenêtre.) Mais hâtez-vous; le voici! le voici!

DONA FLORINDE, se levant.

Don Juan?

DOROTHÉE.

Lui-même, il court, il vole, il ne touche pas la terre; il me fait signe de descendre; sa figure est rayonnante de joie.

DONA FLORINDE.

Dorothée, est-ce que je l'achèverai, cette lettre?

DOROTHÉE.

Eh!... non, non; je vais lui ouvrir, et je vous l'amène.

SCENE II.

DONA FLORINDE.

Cependant, garder un secret qui doit peser éternellement sur mon bonheur!... Pour un moment de faiblesse, un supplice de tous les jours, de toute la vie! non, c'est impossible, et j'y suis décidée. Ah! si dans l'excès de son amour... Cette pensée m'émeut au point que je respire à peine. (Jetant les yeux sur sa glace, et souriant.) Il me semble pourtant que tout n'est pas perdu. Combien je sais gré à Dorothée de m'avoir parée avec tant de soin! S'il pouvait me trouver plus jolie que de coutume!... Je reprends courage, j'espère, ah! j'espère.

SCENE III.

DONA FLORINDE, DON JUAN, DOROTHÉE.

DON JUAN.

Est-ce que j'arrive trop tard?

DONA FLORINDE.

Toujours, don Juan.

DON JUAN.

Oui, si j'en crois mon impatience; mais dites-vous cela pour moi ou pour vous?

DONA FLORINDE.

Pour tous deux.

ACTE II, SCÈNE III.

DON JUAN.

Qu'il m'est doux de l'entendre! De grâce! laissez, laissez, ne parlez plus : que je vous regarde.

DONA FLORINDE.

Eh bien?

DOROTHÉE.

N'est-ce pas, seigneur don Juan, que je me suis surpassée? C'est pourtant là mon ouvrage.

DON JUAN.

Dona Florinde y est bien pour sa part. Plus charmante que jamais! je n'y tiens pas : il faut absolument que j'embrasse quelqu'un. (Il veut embrasser Dorothée.)

DOROTHÉE.

C'est trop d'honneur, je ne reçois que ce qui est pour mon compte.

DON JUAN.
(Après un moment de silence, à Dorothée.)

Libre à toi!... Tu restes là?

DOROTHÉE.

Notre querelle va commencer. Allons, je m'assieds : j'aurai les yeux sur mon ouvrage et ma pensée à mille lieues d'ici. Ne dites pas que je vous gêne.

DON JUAN.

Vous voulez donc qu'elle demeure?

DONA FLORINDE.

N'est-elle pas ma mère?

DON JUAN.

Soit; d'ailleurs je conviens qu'elle a fait merveille, mais c'était facile.

DONA FLORINDE.

Et vous lui en avez laissé le temps.

DON JUAN.

Je vous remercie du reproche; cependant je ne le mérite pas. Il s'est passé chez don Quexada des choses qui tiennent du roman, bien qu'elles soient de l'histoire, et ces graves conférences m'ont occupé toute la matinée. Je n'ai pas même trouvé le moment de courir à l'église de Saint-Sébastien, où je voulais donner contre-ordre.

DOROTHÉE.

Contre-ordre!

DONA FLORINDE.

Que dites-vous?

DON JUAN.

Plus de mystère! plus de mariage secret! Du bonheur devant tout le monde, au beau milieu du chœur, au maître-autel, en grande pompe et cérémonie!

DONA FLORINDE.

Don Quexada ne refuse plus son consentement? il me sera permis de porter votre nom?

DON JUAN.

Mon nom, belle Florinde! voici l'embarras. Je n'ai d'autre ambition que de vous l'offrir; mais j'avouerai avec franchise qu'en vous le donnant, je ne sais pas quel présent je vais vous faire.

DONA FLORINDE.

Comment?

DON JUAN.

Je ne suis pas le fils de don Quexada; et quel est mon père? je l'ignore.

DONA FLORINDE.

Se peut-il?

DON JUAN.

Il ne tient qu'à moi de me croire une seigneurie illustrissime, une excellence des plus qualifiées de la cour, de devenir une éminence même, pour peu que je m'y prête; mais ce qui est vrai, c'est qu'au moment où je vous parle, je ne suis rien. Voyez jusqu'où va ma confiance dans votre tendresse. J'arrive aussi tranquille que si j'avais à vous faire hommage d'un royaume; cependant je ne puis mettre à vos pieds qu'un jeune homme sans fortune, sans famille, et dont le seul titre à votre préférence est un amour qui fera le bonheur ou le malheur de sa vie.

DONA FLORINDE.

Et ce titre me suffit : c'est mon orgueil, à moi. Ah! don Juan, je n'ai jamais aimé en vous que vous-même; et je trouve un charme à sentir que vous n'en pourrez plus douter. Ne regrettez rien; je serai votre famille à moi seule, et quant à la fortune, j'en ai de reste pour nous deux; mais que vous importe?

DON JUAN.

Ah! je vous connaissais bien! je voudrais que le comte de Santa-Fiore fût là pour vous entendre.

DONA FLORINDE.

De qui parlez-vous?

DON JUAN.

D'un très-noble personnage, très-grave surtout, pour lequel je professe un respect filial. Il est, dit-on, le représentant de mon père que j'ai perdu, et je lui abandonne sur moi une autorité pleine et entière.

DONA FLORINDE.

Vous!

DON JUAN.

Pourvu qu'il en use comme je voudrai.

DOROTHÉE.

A la bonne heure.

DON JUAN.

Je l'attends.

DONA FLORINDE.

Ici?

DON JUAN.

C'est l'un de mes témoins, et le plus important. Il est tout-puissant auprès du roi, et le secret de ma naissance qu'il peut me révéler, son appui qui m'est promis, je vous devrai tout cela.

DONA FLORINDE.

A moi?

DON JUAN.

Que vous en coûtera-t-il? rien : il ne faut que lui plaire.

DONA FLORINDE.

Mais vous m'effrayez.

DOROTHÉE.

Un ami du roi!... bonté divine! c'est un dévot.

DON JUAN.

Comme on l'est à la cour : d'une dévotion qui se laisse faire. D'ailleurs, je vous dirai, entre nous, qu'il a une passion dans le cœur.

DONA FLORINDE.

Voilà qui me rassure.

DON JUAN.

Recevez-le bien, chère dona Florinde, et mon avenir est assuré; soyez toute gracieuse avec lui, soyez vous-même, et je ne crains rien pour moi; je n'ai peur que pour sa maîtresse.

DOROTHÉE.

Vous n'êtes guère jaloux, seigneur don Juan. Ce n'est pas mon pauvre Daniel qui m'aurait parlé ainsi d'un étranger le jour de mon mariage.

DON JUAN.

Ton mari s'appelait Daniel?

DOROTHÉE.

Pourquoi pas? C'est un nom qui en vaut bien un autre.

DON JUAN.

Comment! c'est un très-beau nom; c'est un nom de prophète.

DOROTHÉE.

Ne riez pas des prophètes : ils ont annoncé plus de vérités que bien des chrétiens n'en disent dans toute leur vie.

DON JUAN.

Elle serait juive, qu'elle ne parlerait pas autrement.

DONA FLORINDE.

Et si elle l'était, vous ne la regarderiez plus?

DON JUAN.

Si elle l'était, je la ferais brûler vive.

DOROTHÉE, effrayée.

Que dites-vous là?

DON JUAN, à Florinde.

Pour être un moment seul avec vous.

DOROTHÉE.

Je vous jure, seigneur don Juan, que voilà une plaisanterie qui n'est pas plus du goût de ma maîtresse que du mien.

DON JUAN, à Florinde.

Est-ce que vous vous intéressez aux juifs?

DONA FLORINDE.

Vous leur voulez donc bien du mal?

DON JUAN.

Pas le moins du monde. Grâce au ciel! je n'ai jamais eu affaire à aucun d'eux; mais je ne me connais pas un ami qui n'envoie du meilleur de son cœur toute la postérité de Jacob au fond de la mer Rouge.

DONA FLORINDE.

Moi, qui crois juger sans prévention, je pense qu'il y a dans ce peuple qu'on persécute autant de vertus que dans ses persécuteurs, et si comme un autre il a quelques défauts...

DON JUAN.

Il s'est bien corrigé de celui qui a ruiné l'enfant prodigue.

DOROTHÉE.

Continuez, vous êtes en beau chemin; mais je vous dirai à mon tour que je connais telle fille de leur tribu qui ne se borne pas, comme bien des grandes dames, à prier en faveur des affligés : elle va de ses propres mains porter secours à leurs misères; elle met à profit, pour adoucir leurs maux, les secrets qu'elle a reçus de ses pères, et qui valent bien toute la science prétendue des trois médecins du primat d'Espagne.

DON JUAN.

Je ne dis pas le contraire : les rabbins passent pour sorciers, et je sais de reste que les médecins ne le sont pas.

DOROTHÉE.

Elle est riche, cette jeune fille...

DONA FLORINDE.

Assez, assez, Dorothée.

DOROTHÉE.

Et le meilleur de son bien, elle le donne aux pauvres.

(Florinde supplie par des signes Dorothée de se taire.)

DON JUAN.

Ce n'est peut-être qu'une restitution.

DONA FLORINDE.

Ah! vous êtes cruel, don Juan.

DON JUAN.

Nous pouvons nous dire cela entre chrétiens, sans fâcher personne. J'ai peut-être mauvais goût; mais j'avoue que le peuple élu de Dieu n'est pas celui que j'aurais choisi à sa place. (A dona Florinde qui s'est assise et qui écrit.) Eh! de quoi vous occupez-vous?

DONA FLORINDE.

J'achève une lettre.

DON JUAN.

Elle est donc bien pressée?

DONA FLORINDE.

Plus importante encore : tant de bonheur en dépend!

DON JUAN.

Vous paraissez émue. Ce que j'ai dit sur les juifs vous aurait-il fait quelque peine?

DONA FLORINDE.

On les méprise sans les connaître; on les condamne avant de les entendre; ils souffrent enfin : et quand la force est d'un côté, le malheur de l'autre, c'est contre le faible que vous prenez parti, vous, don Juan! ah! je ne l'aurais pas cru.

DOROTHÉE.

Surtout au moment où l'acte de foi qu'on va célébrer doit faire couler tant de pleurs et de sang.

DON JUAN.

Ah! par l'honneur! je n'y songeais pas. De grâce, dona Florinde, ne me condamnez point sur une plaisanterie : qu'un homme soit hérétique, juif, ou musulman, je puis le railler tant qu'il est heureux; mais dès qu'il souffre, si je ne pense pas comme lui, je souffre avec lui; et je ne suis plus pour le juger ni Castillan ni chrétien; je suis homme, je suis son frère pour le consoler, pour le défendre.

DOROTHÉE.

Je vous reconnais.

DONA FLORINDE, en se levant.

Et moi, je vous remercie, don Juan; j'avais besoin de vous entendre parler ainsi.

DON JUAN.

Mais avec quel sérieux vous me parlez vous-même! Parmi ces malheureux qu'on va sacrifier, auriez-vous un ami? Que puis-je pour le sauver? disposez de moi : mon bras, ma vie, tout vous appartient. Ai-je une goutte de sang qui ne soit à vous?

DONA FLORINDE.

Laisse-nous, Dorothée.

DOROTHÉE.

Voici le moment de l'épreuve, seigneur don Juan; avant de vous décider, regardez-la bien.

DON JUAN.

Je n'ai pas besoin que tu m'en pries; mais qu'a-t-elle donc? je m'y perds.

SCENE IV.

DONA FLORINDE, DON JUAN.

DON JUAN
Parlez, dona Florinde; parlez, je vous en conjure.
DONA FLORINDE.
Cette lettre que je viens d'écrire, elle est pour vous.
DON JUAN.
Pour moi!
DONA FLORINDE.
Elle contient un secret que je ne me sens pas la force de vous dire. La voilà; prenez.
DON JUAN.
Votre main tremble en me la présentant.
DONA FLORINDE.
C'est malgré moi. Mais puisque je ne puis vous cacher mon émotion, je vais vous quitter. Ma présence ressemblerait à une prière, et j'en rougirais. Que l'idée de me causer une bien amère douleur ne fasse point violence à vos sentiments. Ce que je crains, je saurai le supporter. Ayez confiance dans mon courage. Vous êtes libre, don Juan, comprenez-le bien, tout à fait libre; prononcez donc : je ne veux de vous ni grâce ni pitié.
DON JUAN.
Quel langage! ma décision est prise d'avance. (Voulant ouvrir la lettre.) Souffrez...
DONA FLORINDE.
Non, non : quand je ne serai plus là : vous lirez... vous verrez... Si votre réponse est favorable, apportez-la-moi

promptement; j'en aurai besoin. Si elle ne l'est pas, il vous serait pénible de me la faire. Quittez cette maison sans me revoir; je reviendrai, vous n'y serez plus et je saurai mon sort. Adieu, don Juan, peut-être pour bien long-temps.

DON JUAN.

Ne le croyez pas; dans un moment je suis à vos pieds.

DONA FLORINDE.

A revoir donc bientôt... ou adieu pour jamais. Ne me suivez pas !... lisez.

SCENE V.

DON JUAN, puis DONA FLORINDE.

DON JUAN.

Que peut-elle me demander? Plus j'y rêve, moins je comprends ce qui la force à m'écrire. Eh! lisons-la, cette lettre. Quelle rage a-t-on de vouloir deviner ce qu'on peut savoir? (Après avoir lu la lettre.) Est-il possible? mes yeux me trompent!... non, c'est trop vrai :

« Sara, fille du juif Ben-Jochaï... »

Eh bien! on a beau prévoir tous les événements, celui qui vous arrive est toujours le seul auquel on n'ait pas songé. J'avoue que mon orgueil d'hidalgo et de vieux chrétien est un peu étourdi du coup. Sara!... je ne m'attendais pas que j'aurais en mariage quelque chose de commun avec Abraham... et mon noble sang... Ai-je la certitude qu'il soit noble? Quand je l'aurais, serait-ce un motif pour me montrer moins généreux qu'elle? Tout à l'heure j'étais à ses genoux, moi, qui n'ai plus de nom, moi, qui n'ai ni bien ni titre; a-t-elle hésité? Et je balancerais! non, de par tous les patriarches d'Israël! Qu'en arrivera-t-il? qu'elle priera Dieu à sa manière comme moi à la mienne; en sera-t-elle moins belle, moins digne de mon respect? l'en aimerai-je moins?... Par goût, j'aurais préféré que l'ancienneté de sa race ne remontât pas tout à fait si haut; mais qui saura mon secret, hors moi seul?... Allons! mettons sous nos pieds le respect humain. Dans ma joie de lui faire un sacrifice, je respire plus à l'aise, je me sens presque digne d'elle, et je suis content de moi-même. Courons lui porter ma réponse....

DONA FLORINDE, qui est rentrée à la fin du monologue, et qui s'appuie, tremblante, sur le dos du fauteuil.

Je n'ai pu l'attendre.

DON JUAN.

Vous étiez là?

DONA FLORINDE.

Je ne voulais pas écouter... mais j'ai entendu.

DON JUAN.

Et vous pleurez!

DONA FLORINDE, tombant assise.

De reconnaissance. Réfléchissez encore : ne regretterez-vous jamais ce que vous me sacrifiez? si l'on vient à découvrir notre secret?

DON JUAN.

Eh bien! nous quitterons l'Espagne; nous irons en Italie, en France; que sais-je? en Palestine : nous serons chez nous.

DONA FLORINDE.

Mais cette gloire que vous aimez tant?

DON JUAN.

Il y a de la gloire partout.

DONA FLORINDE.

Et cette patrie, don Juan, qu'on ne retrouve nulle part?

DON JUAN.

Ma patrie! c'est vous. (Se jetant à ses pieds.) Ah! Florinde ou Sara, qui que vous soyez, sous quelque nom que je vous adore, prenez possession de votre esclave. Je mets mon bonheur à vous appartenir; je fais ma joie et mon orgueil de vous répéter : Florinde, à toi! à toi, Sara, pour la vie!

DONA FLORINDE.

Il y a donc des émotions si douces qu'on a peine à les supporter!

DON JUAN.

Ne vous offensez pas : laissez-moi la couvrir de mes premiers baisers, cette main que je suis fier d'obtenir.

DONA FLORINDE, la lui présentant.

Faites; je vous l'abandonne. Moi, qui me serais senti tant de force contre la douleur, je n'en ai point contre une telle ivresse.

SCÈNE VI.

DON JUAN, DONA FLORINDE, DOROTHÉE.

DOROTHÉE.

Relevez-vous, seigneur don Juan! Le comte, votre ami, vient d'arriver; il est dans la salle basse, et j'ai donné l'ordre de le laisser monter.

DONA FLORINDE, en montrant don Juan.

Il sait tout, Dorothée, et je suis heureuse.

DOROTHÉE.

Ah! cette fois, c'est moi qui l'embrasserais du meilleur de mon cœur.

DON JUAN.

Quand ton vieux Daniel devrait ressusciter de jalousie, j'en aurai le plaisir.

DOROTHÉE, regardant Florinde.

En attendant mieux : le désert avant la terre promise!

DON JUAN.

Oui, Rachel, Rebecca, Débora, ou comme tu voudras, j'embrasse dans ta personne toutes les matrones de Jérusalem.

DOROTHÉE.

Il l'a fait de si bonne grâce et si franchement, que je suis sûre qu'il m'a prise pour une autre.

DONA FLORINDE, en souriant.

Pour qui donc?

DON JUAN.

Ah! si j'osais...

DOROTHÉE.

Un jour comme celui-ci et devant moi!... Allons, un peu de courage! (A don Juan, qui embrasse Florinde avec transport.) Assez, assez! prenez garde : j'entends le comte.

DONA FLORINDE.

Désormais rien ne peut plus nous séparer.

SCENE VII.

DON JUAN, DONA FLORINDE, DOROTHÉE, PHILIPPE II.

PHILIPPE II.

Pardon, seigneur don Juan : je suis sans doute indiscret par trop d'exactitude.

DON JUAN.

Pouvez-vous l'être! vous êtes fait pour ajouter au bonheur quand il est quelque part, et pour l'apporter où il n'est pas; venez jouir du mien. (Le prenant par la main.) Belle Florinde, permettez que je vous présente le comte de Santa-Fiore.

PHILIPPE II, à part.

Par le ciel! c'est elle; c'est elle-même.

DONA FLORINDE, bas à Dorothée.

N'as-tu pas reconnu ce jeune seigneur?

DOROTHÉE, de même à Florinde.

Je l'ai cru d'abord.

DON JUAN, à Philippe II.

Qu'avez-vous donc, cher comte? est-ce que vous auriez déjà vu la señora?

PHILIPPE II.

Il est vrai, à Madrid... au Prado...

DON JUAN.

Puisque vous l'aviez vue, j'ai droit à un double remerciment, car vous deviez désirer de la revoir.

PHILIPPE II.

Je crains même d'avoir poussé ce désir jusqu'à me rendre importun; mais mon excuse est dans mon admiration pour tant de charmes, et, je l'avouerai, seigneur don Juan, dans une ressemblance singulière, étrange...

DON JUAN.

Avec une personne dont vous m'avez parlé?

PHILIPPE II.

Avec elle.

DON JUAN.

Je lui en fais mon compliment, (Bas.) et à vous aussi.

DONA FLORINDE.

Soyez le bienvenu chez moi, comte de Santa-Fiore. Un grand pouvoir et l'amitié du souverain sont des titres au respect de tous; mais vous en avez qui me touchent davantage : l'estime profonde que le seigneur don Juan vous a vouée et l'intérêt qu'il vous inspire.

PHILIPPE II.

Croyez, señora, qu'il m'est doux de devoir à votre amour pour lui un accueil dont je suis reconnaissant. (A part.) La jalousie me ronge le cœur.

DON JUAN.

Oui, aimez-nous tous deux; soyez mon frère et mon appui, en m'ouvrant une carrière où je ferai honneur à votre protection. Le roi doit avoir besoin d'un bon capitaine de plus, lui qui ne l'est pas.

PHILIPPE II, à part.

L'insolent!

DONA FLORINDE, bas à Dorothée.

Devant un ami du roi; quelle imprudence!

PHILIPPE II, à don Juan.

Il me semble pourtant qu'il a fait ses preuves à Saint-Quentin.

DONA FLORINDE.

Et dans un jour de victoire.

DON JUAN.

Comme spectateur; mais je vous jure que le spectacle ne l'amusait guère, si j'en crois certaine anecdote...

DONA FLORINDE.

Fausse sans doute, et qu'il est peut-être inutile de raconter.

PHILIPPE II.

Laquelle?

DON JUAN.

On assure qu'au moment où les balles sifflaient à son oreille, il disait à son directeur, aussi pâle que lui : « Je ne » comprends pas quel plaisir on peut trouver à entendre » cette musique-là ! »

DONA FLORINDE.

C'est peu vraisemblable; un tel mot dans la bouche d'un roi de Castille!

PHILIPPE II.

Et le directeur l'aurait répété!

DON JUAN.

Il ne le lui avait pas dit sous le sceau de la confession; mais je juge par l'air soucieux de votre excellence que vous ne seriez pas homme à demander au roi si l'aventure est vraie.

PHILIPPE II.

Non, car je pense qu'il ne ferait pas grâce de la vie à celui qui lui adresserait cette question. (A part.) C'est se perdre de gaieté de cœur.

DONA FLORINDE, à don Juan.

Vous reconnaissez du moins avec tout le monde qu'il a une volonté ferme; qu'il est infatigable, politique profond?

DON JUAN.

Sans doute; et je lui pardonnerais tout, hors cette sévérité religieuse qui couvre le royaume d'échafauds et de bûchers.

PHILIPPE II.

Toujours par suite de votre vocation?... Pour moi, je pense, comme lui et comme tous les prêtres de l'Espagne, qu'on ne peut trop détester, qu'on ne saurait punir avec trop de rigueur l'apostasie et le judaïsme, et je crois que madame est trop bonne Espagnole pour ne point partager mes sentiments.

DONA FLORINDE.

Que votre excellence m'excuse : une jeune fille n'a point d'avis dans de si hautes questions; mais si j'osais en avoir un, je vous dirais que, fussent-ils coupables, quand des malheureux vont périr, le devoir des prêtres est de les bénir et celui des femmes de les plaindre.

PHILIPPE II, à part.

Un sérieux avertissement de l'inquisition pourra lui devenir utile...

DON JUAN, à Florinde.

Charmante!

PHILIPPE II, de même.

Et servir mes projets sur elle.

DON JUAN.

Vous conviendrez qu'on ne pouvait pas mieux répondre.

PHILIPPE II.

J'avoue qu'il est difficile de vous donner raison avec plus de grâce.

DON JUAN.

Je vous ai prédit que vous seriez forcé de lui rendre les armes; résignez-vous à tenir votre parole. Pour que vous puissiez le faire en toute connaissance de cause, je vous laisse le champ libre. Oui, señora, je me vois obligé de vous quitter pour hâter le plus doux moment de ma vie; mille soins me réclament : il faut courir chez l'alcade, chez les gens de loi, à l'église, penser à tout...

DOROTHÉE.

Et payer partout.

DON JUAN.

(A Dorothée.) Tu dis vrai. (A Philippe II.) Vous m'excusez, mon cher comte? (A Florinde.) Je vous le laisse à moitié conquis, achevez votre victoire. (En sortant) Dorothée, j'ai quelques ordres à te donner.

DOROTHÉE.

(A don Juan.) Je vous suis; (A Florinde.) et je reviens vous apporter votre mantille pour la cérémonie.

SCENE VIII.

DONA FLORINDE, PHILIPPE II.

DONA FLORINDE, à part.

Un grand d'Espagne de ce caractère, en tête-à-tête avec une Juive! que de colère et de dédain s'il pouvait le soupçonner!

PHILIPPE II.

J'avais besoin de vous parler sans témoins, madame.

DONA FLORINDE.

Peut-être pour me révéler le secret que le seigneur don Juan brûle de savoir, et, dans votre bonté, vous vouliez me laisser le plaisir de tout lui apprendre?

PHILIPPE II.

Une pensée plus triste m'occupait; oui, quand je vous contemple, je me sens ému de pitié pour don Juan, en songeant à tout ce qu'il a cru posséder et à tout ce qu'il va perdre.

DONA FLORINDE.

Comte, je ne vous comprends pas, mais vous m'effrayez.

PHILIPPE II.

Je vous le dis à regret, señora, ce mariage est impossible.

DONA FLORINDE.

Qui donc voudrait y mettre obstacle? vous? Oh! non; ce n'est pas vous, sur qui sa confiance se reposait avec tant d'abandon, qu'il a reçu comme un hôte bien-aimé, que, tout à l'heure encore, il nommait son frère.

PHILIPPE II.

Ne croyez pas que ce soit ma volonté qui vous sépare, madame; c'est mon devoir; c'est l'autorité que j'ai reçue d'un père.

DONA FLORINDE.

D'un père qui n'est plus et que vous refusez de faire connaître, et dont les droits, s'il vivait, ne pourrait enchaîner la liberté de don Juan!

PHILIPPE II.

Puisque l'autorité paternelle ne suffit pas, j'en ferai valoir une plus puissante, plus absolue, et sous laquelle tout Espagnol doit baisser la tête et fléchir le genou : celle du roi.

DONA FLORINDE.

Qu'entends-je?

PHILIPPE II.

La vérité, madame; c'est lui-même qui veut... lui qui est devant vous, et qui vous parle.

DONA FLORINDE, à part.

Grand Dieu! le roi ici! chez une... chez moi! La terreur me rend muette.

PHILIPPE II.

Vous tremblez; rassurez-vous. Oui, c'est le roi qui gémit de vous imposer un sacrifice nécessaire, qui pourrait vous ordonner d'y souscrire, et qui vous en prie.

DONA FLORINDE, qui veut mettre un genou en terre.

Ah! sire, excusez ma hardiesse...

PHILIPPE II.

Que faites-vous?... un Castillan pourrait-il le souffrir? Cet hommage que je reçois du plus fier de mes sujets, ma courtoisie ne saurait l'accepter de la beauté qui supplie.

DONA FLORINDE.

Accueillez ma prière, sire. Don Juan a pu vous irriter par un mot indiscret; mais s'il l'a dit, il ne le pensait pas. Il vous respecte, il vous honore; il mettrait sa gloire à mourir pour vous. Je vous en conjure, qu'il trouve grâce devant son maître. Ah! sire, soyez magnanime et pardonnez!

PHILIPPE II.

Je ferai plus, madame, j'oublierai; mais à deux conditions : don Juan ne saura pas de vous qui je suis...

DONA FLORINDE.

Je le jure.

PHILIPPE II.

Et vous lui direz que de votre pleine et entière volonté vous renoncez à cette union.

DONA FLORINDE.

Jamais!...

PHILIPPE II.

Vous hésitez!

DONA FLORINDE.

Non, je n'hésite pas, jamais! moi, m'y résoudre! mais ce serait me jouer à plaisir du désespoir de don Juan; mais je le tromperais, mais je mentirais, sire, et le roi ne peut pas me commander ce que Dieu lui défend à lui-même.

PHILIPPE II.

Vous l'aimez donc avec une bien aveugle passion?

DONA FLORINDE.

De toute la puissance de mon âme, plus que je ne peux le dire, plus que je ne pouvais l'imaginer quand il était heureux.

PHILIPPE II.

Et vous voulez que je l'épargne?

DONA FLORINDE.

C'est votre clémence qui le veut; c'est votre justice. Que lui reprochez-vous, sire? est-il coupable?

PHILIPPE II.

Il vous aime, il s'est fait aimer!... ah! croyez-moi, il a commis le plus grand, le plus impardonnable des crimes, le seul qui n'admette pas de grâce. Un cloître n'a point assez d'austérités pour l'en punir, les cachots n'ont point assez d'entraves : tout son sang versé goutte à goutte ne suffirait pas pour l'expier.

DONA FLORINDE.

Son sang!... juste ciel! que dites-vous?

PHILIPPE II.

Vous m'avez entendu, vous savez qui je suis et ce que je peux, hésitez-vous encore?... Mais qui ose pénétrer ici?

DONA FLORINDE.

Sire, vous oubliez que vous êtes chez moi.

PHILIPPE II.

Il est vrai, señora; un roi se croit partout dans son palais.

SCENE IX.

PHILIPPE II, DONA FLORINDE, DON QUEXADA.

PHILIPPE II.

C'est vous, don Quexada! venez, vous arrivez à propos.

DON QUEXADA.

Je craignais d'être en retard ; (Saluant dona Florinde.) mais en voyant madame, je comprends que, si mon élève m'accuse de lenteur, le seigneur comte doit m'attendre sans impatience.

PHILIPPE II.

Vous savez déjà que vous êtes appelé ici pour un mariage?

DON QUEXADA.

Je l'ai su par don Juan, et je ne puis vous dire avec quelle satisfaction j'ai appris que Votre Excellence y donnait son consentement.

PHILIPPE II.

On vous a trompé.

DON QUEXADA, à part.

Je l'avais prévu.

PHILIPPE II.

Deux personnes s'opposent à cette union : dona Florinde...

DONA FLORINDE.

Ah! sire, par pitié!...

DON QUEXADA.

Votre Majesté s'est fait connaître?

PHILIPPE II.

Seulement de madame, qui ne me trahira pas. Je vous le répète, deux personnes, dona Florinde et moi.

DON QUEXADA.

Il suffirait d'une seule pour que la chose fût impossible.

PHILIPPE II.

Don Juan va rentrer, recevez-le : dites-lui que madame ne veut pas le suivre à l'autel, et que sa résolution ferme, inébranlable, est de ne plus le revoir.

DONA FLORINDE.

Sire, don Juan ne le croira pas.

DON QUEXADA.

En effet, j'oserai représenter humblement à Votre Majesté que je crains...

PHILIPPE II.

Qu'il n'ajoute pas foi aux paroles de son second père, lui, ce modèle de l'éducation chrétienne? car ce sont là vos paroles.

DON QUEXADA.

Sa Majesté est trop bonne de se les rappeler.

PHILIPPE II.

Ou vous avez trahi la confiance qu'on a placée en vous, ou vous avez pris sur lui une autorité sans bornes.

DON QUEXADA.

J'y ai mis tous mes soins.

PHILIPPE II.

Il a pour vos ordres un respect filial?

DON QUEXADA.

Cela doit être.

PHILIPPE II.

Si cela n'était pas, vous auriez commis une bien grande

faute, seigneur Quexada; et vous savez que, moi régnant, aucune faute n'est impunie. Voyez-le donc; parlez-lui, et qu'il sorte d'ici, pour n'y revenir jamais. Voilà votre mission, remplissez-la; autrement, mettez ordre à vos affaires : il ne me reste plus qu'à vous plaindre!

DON QUEXADA, à part.

Que saint Jacques me soit en aide!
(Dorothée entre avec la mantille de dona Florinde.)

PHILIPPE II.

Madame, permettez-moi de vous offrir la main pour vous accompagner chez vous.

DONA FLORINDE.

Ah! sire, vous vous laisserez toucher par mes prières.
(Ils sortent, et Dorothée les suit.)

SCÈNE X.

DON QUEXADA, DON JUAN.

DON QUEXADA.

Une mission! une mission!... il raille, mais de façon à ne faire rire que lui. Et comment la remplir, cette mission? traitez donc avec l'impatience en personne, la colère, l'amour déçu, le désespoir, tous les sentiments et toutes les passions qui font explosion à la fois!... Comme le disait l'empereur Charles-Quint, quand il voyait les affaires s'embrouiller : « La journée sera bonne. » Mais n'est-ce pas mon pauvre élève que j'entends? A mon secours tout l'arsenal des précautions oratoires! Ce qui me navre le cœur, c'est qu'il va venir à moi, les bras ouverts et la figure épanouie, comme au-devant d'une bonne nouvelle.

DON JUAN, du dehors.

Vite, vite! Dorothée, la mantille! nous descendons dans un moment.

DON QUEXADA, en le voyant entrer.

Qu'est-ce que je disais? il y a dans ses traits un air de confiance, une hilarité de jour de noce, qui mettent toute ma politique en déroute.

SCENE XI.

DON JUAN, DON QUEXADA.

DON JUAN, à don Quexada.

Vive l'exactitude! eh bien, vous l'avez vue? vous lui avez parlé? venez remplir votre rôle de père : tout est prêt.

DON QUEXADA.

Mon cher don Juan, j'aurais deux mots à vous dire.

DON JUAN.

Parlez, j'écouterai en marchant.

DON QUEXADA.

Non pas, s'il vous plait. Allons de ce côté, et veuillez m'écouter sans bouger de place.

DON JUAN.

Si je le peux; mais hâtez-vous.

DON QUEXADA.

Soyez calme, votre impétuosité me déconcerte au point que je ne sais plus comment aborder la question.

DON JUAN.

Eh! pour être plus court, commencez par la fin.

DON QUEXADA.

La fin! la fin! elle ne m'embarrasse pas moins que le commencement. C'est même la fin que je crains le plus.

DON JUAN.

Parlez, au nom du ciel!

DON QUEXADA.

Tenez, mon ami, rendez-moi le service de me donner le bras pour me conduire chez moi, où je m'expliquerai plus à mon aise.

DON JUAN.

Chez vous? quand tout ce que je puis faire est de me clouer à cette place pour vous entendre! Au fait, pour Dieu, au fait!

DON QUEXADA.

Eh bien! dona Florinde... refuse de vous accorder sa main, et vous interdit pour toujours sa maison : voilà le fait!

DON JUAN.

Qu'est-ce que vous me dites? elle que je quitte à l'instant! On vous trompe. Cela ne peut être; encore un coup, cela n'est pas.

DON QUEXADA.

Je vous l'affirme.

DON JUAN.

Je ne pourrais pas le croire quand je l'entendrais de sa bouche; et c'est d'elle que je vais apprendre mon sort.

DON QUEXADA.

Arrêtez : sur mon honneur de gentilhomme, je vous jure que rien n'est plus vrai.

DON JUAN.

Sur votre honneur! mais si c'était possible, j'aurais donc introduit ici un ennemi qui eût fait un bien indigne usage de ses droits prétendus...

ACTE II, SCÈNE XI.

DON QUEXADA, à part.

Voilà ce que je craignais : c'est la fin qui commence.

DON JUAN.

Un imposteur, qui se serait joué de sa parole et de ma crédulité...

DON QUEXADA.

Ne le supposez pas.

DON JUAN.

Et à qui je demanderais un compte sévère de sa conduite?

DON QUEXADA.

Ne répétez pas ce que vous venez de dire.

DON JUAN.

Je le lui dirais en face, quand j'aurais affaire au plus grand nom de la monarchie, à la meilleure épée de toutes les Espagnes; oui, dussé-je lui mettre la main sur l'épaule en pleine cour, dans l'Alcazar de Tolède, j'aurai une explication avec lui.

DON QUEXADA.

Par tous les saints du paradis, vous êtes fou!

DON JUAN.

Mais avant d'en venir là, c'est avec dona Florinde que je veux en avoir une.

DON QUEXADA.

Vous n'irez pas.

DON JUAN.

Rien ne pourra m'en empêcher.

DON QUEXADA.

Vous n'irez pas, c'est vous perdre.

DON JUAN, avec fureur.

Il est chez elle!

DON QUEXADA.

Mon cher don Juan! mon fils!

DON JUAN.

Il est chez elle! malédiction sur lui! Vous êtes venu pour être témoin d'un mariage, vous serez témoin d'un duel.

DON QUEXADA.

Entre vous deux?

DON JUAN.

Et, dans l'embarras où je me trouve, vous ne refuserez pas d'être mon second?

DON QUEXADA, hors de lui.

Ah! c'est trop fort. Votre second, et contre lui! à mon âge, avec mes habitudes toutes pacifiques... C'est aussi par trop abuser de la tendresse que je vous porte, et je perds patience à la fin.

DON JUAN.

Je vous laisse y rêver; mais puisqu'il est encore ici, pour son malheur, rien ne peut le soustraire à ma vengeance.

DON QUEXADA.

Je n'ai plus qu'un parti à prendre, celui de m'en aller sans audience de congé. (Il se dispose à sortir.)

SCENE XII.

DON JUAN, DON QUEXADA, PHILIPPE II.

PHILIPPE II, en entrant.

Restez, don Quexada.

DON JUAN.

J'allais vous chercher, seigneur comte.

PHILIPPE II.

Je venais au-devant de vous, seigneur don Juan.

DON JUAN.

J'ai une demande à vous faire et une réparation à exiger de vous.

PHILIPPE II.

Je verrai si je dois répondre à l'une et si je veux accorder l'autre.

DON JUAN.

J'ai reçu votre parole : l'avez-vous oublié?

PHILIPPE II.

J'y ai mis une condition : ne vous en souvenez-vous plus?

DON JUAN.

C'était d'approuver mon choix.

PHILIPPE II.

Si je ne l'approuve pas?

DON JUAN.

Vous avez le droit de me refuser votre consentement.

PHILIPPE II.

Je le pense.

DON JUAN.

Comme j'ai celui de m'en passer.

PHILIPPE II.

J'en doute.

DON JUAN.

Tout grand seigneur que vous êtes, vous en aurez bientôt la certitude. Mais j'ai un doute aussi.

PHILIPPE II.

Lequel?

DON JUAN.

Ce que don Quexada vient de me dire est-il vrai?

DON QUEXADA, à part.

Ah! me voici mêlé dans l'affaire!

PHILIPPE II.

Que vous a-t-il dit?

DON QUEXADA, vivement.

Rien que je ne puisse répéter devant Votre Excellence.

DON JUAN.

Que dona Florinde refuse de s'unir à moi et de me revoir jamais.

PHILIPPE II.

C'est en effet sa résolution.

DON JUAN.

Vous m'avez donc trahi; et cette trahison ne peut se laver qu'avec du sang : le vôtre ou le mien!

DON QUEXADA.

Ah! mon Dieu!

PHILIPPE II.

Voilà une proposition qui m'étonne dans la bouche d'un homme d'église.

DON JUAN.

Et une réponse évasive qui ne me surprend pas moins dans celle d'un homme d'épée.

PHILIPPE II.

C'est que vous n'avez pas songé qu'il y a peut-être quelque distance entre nous.

DON JUAN.

Que pouvez-vous alléguer pour le prouver? Votre âge? nous sommes jeunes tous deux : votre supériorité dans les armes? je la nie; votre noblesse? vous êtes garant de la mienne; et, qui que je sois, je crois que mon père valait bien le vôtre.

ACTE II, SCÈNE XII.

PHILIPPE II.

C'est encore plus vrai que vous ne le croyez.

DON JUAN.

Quel serait donc votre motif pour refuser?

PHILIPPE II.

Qui vous dit que je n'accepte pas?

DON QUEXADA, qui se jette entre eux.

Votre Excellence voudrait...

PHILIPPE II.

Silence!

DON QUEXADA.

Quoi! don Juan, vous osez...

DON JUAN.

Laissez-nous. (Au roi.) Alors, dans quelques instants, derrière le couvent des Dominicains!

PHILIPPE II.

Mais c'est un lieu consacré, seigneur don Juan.

DON JUAN.

Raison de plus : un de nous deux sera tout porté pour y dormir en terre sainte.

DON QUEXADA, à part.

Il est possédé d'un démon qui lui souffle ses réponses.

DON JUAN.

En quittant dona Florinde, qui va me revoir, quoi que vous en disiez, je suis à vous!

PHILIPPE II.

Encore un mot, don Juan, un seul que je vous engage à méditer : car cette fois je parle sérieusement. Je ne vous empêche pas d'entrer chez dona Florinde, qui vous répétera tout ce que vous venez d'apprendre; mais, dans l'intérêt de votre vie, renoncez volontairement à cette entrevue; je vous le conseille : car, si vous passez le seuil de cette porte, il n'y a plus de pardon pour vous.

DON JUAN, au roi.

De la pitié!

PHILIPPE II.

Jeune homme, vous en avez besoin : méritez-la.

DON JUAN.

Noble comte, je vais demander à dona Florinde si vous méritez la mienne.

SCENE XIII.

PHILIPPE II, DON QUEXADA.

PHILIPPE II.

Eh bien, seigneur Quexada?

DON QUEXADA, tremblant.

Sire...

PHILIPPE II.

Le voilà donc, ce parfait chrétien, ce dévot par excellence!

DON QUEXADA.

J'avoue que du côté de la dévotion...

PHILIPPE II.

Timide comme une jeune fille!...

DON QUEXADA.

Je conviens que sous le rapport de la timidité...

PHILIPPE II.

Que direz-vous donc pour sa justification et pour la vôtre?

DON QUEXADA.

Je dirai... je dirai... que je ne puis rien dire; que je

ACTE II, SCÈNE XIII.

suis au désespoir de ma vie; que vous me voyez anéanti de surprise et de confusion.

PHILIPPE II.

Et je ne le punirais pas!

DON QUEXADA.

Quoi! Votre Majesté veut descendre à le châtier de sa main?

PHILIPPE II.

Êtes-vous en démence?

DON QUEXADA.

Sire, croyez que s'il avait su qu'il parlait à son roi...

PHILIPPE II.

S'il l'avait su, vivrait-il encore?

DON QUEXADA.

Votre frère!

PHILIPPE II.

Ce sujet rebelle, cet insolent bâtard, lui, mon frère! il ne l'est pas, il ne le sera jamais. Lui-même vient de refuser son pardon, et vous n'avez plus qu'un moyen d'obtenir le vôtre.

DON QUEXADA, à part.

Que va-t-il m'ordonner?

PHILIPPE II.

Je n'ai que vous ici qui connaissiez ce secret, je ne puis, je ne veux employer que vous pour l'ensevelir dans un éternel oubli. (S'approchant d'une table.) Vous allez vous saisir de don Juan.

DON QUEXADA.

Je ne hasarderai qu'une seule observation; c'est qu'il lui sera infiniment plus aisé de s'emparer de moi, qu'à moi de me saisir de lui.

PHILIPPE II.

Des gens qui ont mes ordres vont arriver, ou sont déjà ici pour vous porter secours.

DON QUEXADA, pendant que le roi s'assied pour écrire.

Que veut-il écrire?

PHILIPPE II, écrivant.

« Mon révérend père, recevez dans votre pieuse mai-
» son le jeune homme qui vous sera présenté par don
» Quexada : que, soumis à toute la sévérité de la règle, il
» y soit renfermé pour sa vie. »

» Moi, le Roi. »

DON QUEXADA.

Pour sa vie!

PHILIPPE II.

Vous conduirez don Juan au monastère le plus voisin et de l'ordre le plus sévère : celui des frères de la Passion; vous remettrez au supérieur ces trois lignes de ma main, et vous viendrez me rendre compte de ce que vous aurez fait.

DON QUEXADA.

Ah! sire, grâce pour un malheureux!

PHILIPPE II.

Si vous n'obéissez pas, ceux que je charge de vous accompagner ont ordre de vous ramener devant moi; et, que vous ayez pour demeure un cercueil, ou les quatre murs d'un cachot, vous ne reverrez pas le soleil.

DON QUEXADA.

J'obéirai.

PHILIPPE II, ouvrant la porte du fond.

Entrez, messieurs, et faites tout ce que le seigneur

Quexada va vous commander en mon nom. (A Quexada.)
Promptitude et discrétion, ou vous n'êtes plus de ce monde!
m'entendez-vous?

DON QUEXADA.

Parfaitement.

PHILIPPE II.

J'avais à cœur d'être compris. Adieu!

SCENE XIV.

DON QUEXADA, sur le devant de la scène; L'OFFICIER,
LES ALGUAZILS, dans le fond.

DON QUEXADA.

Pour sa vie! dans un cloître pour sa vie! infortuné jeune homme! En dépit de toutes ses extravagances, je n'ai jamais si fortement senti combien je l'aime. Il est aussi mon fils, à moi, et c'est moi qu'on charge d'accomplir cet ordre barbare!... (Il relit le billet en marchant avec agitation.) Mais cet ordre ne désigne pas le monastère. Ah! quelle idée... Don Juan n'a dans le monde qu'un protecteur naturel qui puisse le sauver, nous sauver tous deux... Ce serait bien hardi. (S'arrêtant tout à coup.) Ai-je quelque chose à risquer maintenant? le mouvement est donné; et j'aurai beau me cramponner à tout, il faut que je roule jusqu'à ce qu'il plaise à Dieu de m'arrêter. J'ai connu ces positions-là, et l'empereur, mon maître, aussi; mais il se rattrapait toujours, et me remettait sur mes pieds par contre-coup. Fasse le ciel qu'il en soit encore de même! (Avec résolution.) Il y a de ces peurs héroïques qui vous donnent du courage; je suis décidé. (A l'officier et aux alguazils.) Allons, messieurs, suivez-moi; main-forte pour exécuter les volontés du roi d'Espagne! (Il se dirige vers l'appartement de doña Florinde.)

FIN DU DEUXIÈME ACTE.

ACTE TROISIÈME.

Un parloir dans l'appartement du frère Arsène, au monastère de Saint-Just. Une fenêtre ouverte. Sous la fenêtre une natte de paille. Il fait nuit.

SCÈNE I.

PEBLO, *penché sur le balcon.*

L'échelle ira jusqu'à terre; maintenant, remontez, ma mignonne. (Il la retire vers lui.) Vienne une belle nuit, noire comme la robe d'un dominicain, et vous me rendrez le bon office de me tirer d'ici; trente échelons, et me voilà en bas; deux tours de clef, et je suis hors du couvent.

FRÈRE ARSÈNE, *de sa cellule.*

Peblo!

PEBLO.

C'est sa voix : zest! l'échelle sous ma natte, le novice blotti dessus; et puis criez, père Arsène!

FRÈRE ARSÈNE.

Peblo, répondrez-vous?

PEBLO.

Je dors trop bien pour entendre.

SCENE II.

FRÈRE ARSÈNE, une lampe à la main; PEBLO, qui feint de dormir.

FRÈRE ARSÈNE.

Peblo!... (Il s'approche du novice.) Ah! le bienheureux, quel sommeil! A une époque de ma vie tout m'a été possible, excepté de dormir ainsi... Allons, un peu de pitié! (Se traînant de meuble en meuble jusqu'à une table où il pose sa lampe.) Du moins il n'espionnera ni mes actions ni mes paroles. (En s'asseyant sur le devant de la scène.) Que puis-je craindre de cet enfant? s'il me voit tant que le jour dure, il ne me connaît pas, et aucun des moines n'oserait enfreindre ma défense en lui révélant qui je suis, ou plutôt qui j'étais.

PEBLO, se soulevant sur sa natte.

Il parle, mais si bas...

FRÈRE ARSÈNE.

Toujours souffrir, sans avoir à qui se plaindre! je n'y tiens plus. (Se levant, et allant tirer Peblo par le bras.) Debout, novice! secouez votre engourdissement et ouvrez les yeux.

PEBLO, qui étend les bras en bâillant.

J'aurai beau les ouvrir, père Arsène, je ne verrai pas le jour, car vous me faites lever avant lui.

FRÈRE ARSÈNE.

La paresse, Peblo, est un grand péché.

PEBLO.

Celui qui l'a inventé, ce péché-là, était sans doute un saint homme à qui sa goutte ne permettait pas de fermer l'œil.

ACTE III, SCÈNE II.

FRÈRE ARSÈNE.

Ou qui connaissait le prix du temps; mais vous, quand vous ne le perdez pas, vous l'employez mal.

PEBLO, retournant vers le balcon d'un air mutin.

J'aime mieux l'employer à dormir qu'à réveiller les autres.

FRÈRE ARSÈNE.

Où allez-vous?... remuant sans cesse!

PEBLO.

Laissez-moi me recoucher, je ne remuerai plus.

FRÈRE ARSÈNE.

Répondant toujours, même avant d'entendre!

PEBLO, à part.

Est-ce injuste? quelquefois je ne réponds pas quand j'ai entendu.

FRÈRE ARSÈNE.

Curieux à l'excès!

PEBLO.

Comme s'il n'y avait que moi de curieux dans la maison.

FRÈRE ARSÈNE.

Qu'est-ce à dire, petit moinillon révolté que vous êtes?

PEBLO, à part.

Oh! moinillon!... il croit qu'il me fait bien de la peine.

FRÈRE ARSÈNE.

Encore un coup, de qui parlez-vous? est-ce de moi?

PEBLO.

Dieu m'en garde, père Arsène! c'est du prieur qui vient toujours m'adresser en douceur un tas de méchantes questions sur vous.

FRÈRE ARSÈNE, à part.

Ce prieur, il rend dévotement compte de toutes mes

actions; s'il est la créature de Dieu, il est encore plus celle du roi. (A Peblo.) Parle à cœur ouvert, mon enfant, que te demande-t-il?

PEBLO, à part.

Il n'est pas curieux, lui!

FRÈRE ARSÈNE.

Eh bien?

PEBLO.

Ce que vous faites, père Arsène, ce que vous dites et ce que vous écrivez.

FRÈRE ARSÈNE.

Il ne peut guère en demander davantage; et tu lui réponds?

PEBLO.

Que vous faites des horloges; que vous dites : quelle heure est-il? et que vous écrivez votre confession.

FRÈRE ARSÈNE.

C'est bien, c'est très-bien même; je suis content de toi : je te croyais un peu médisant...

PEBLO.

Moi, père Arsène!

FRÈRE ARSÈNE.

Et si tu l'étais, bien que tu profites des peines que je me donne pour ton éducation, il faudrait nous séparer, parce que le frère prieur pourrait prendre tes paroles au pied de la lettre. C'est un saint homme, Peblo, un bien saint homme; mais d'une dévotion vétilleuse, qui s'effarouche de tout, se cabre pour rien, fait une montagne d'un grain de sable, et d'une misère sans conséquence un bel et bon péché mortel.

PEBLO, à part.

Il se gêne, lui, pour médire de son supérieur.

FRÈRE ARSÈNE.

J'aime presque mieux la franchise brutale du frère gardien.

PEBLO.

De père Pacôme, mon oncle?

FRÈRE ARSÈNE, à part.

Son oncle!... pauvre orphelin! les moines n'ont jamais que des neveux.

PEBLO.

Vous avez tort, car le prieur s'est bien radouci depuis la mort du dernier abbé. J'entends les frères se conter entre eux que, malgré ses soixante-treize ans sonnés, il grille sous son air froid d'être nommé à la place vacante. Comme le chapitre se rassemble aujourd'hui pour l'élection, il ne dit plus de mal de personne, afin de gagner des voix; au lieu que mon oncle Pacôme, son bon ami, dit du mal de tout le monde, afin d'ôter des voix aux autres.

FRÈRE ARSÈNE.

Du mal de tout le monde?... Et de moi aussi, n'est-ce pas?

PEBLO.

Comme d'habitude; en sa qualité d'ancien marin vous savez qu'il crie toujours : la discipline, la discipline!... et il prétend, bien à tort, mais il le prétend...

FRÈRE ARSÈNE.

Quoi donc?

PEBLO.

Que vous mettez les jeunes moines en rébellion contre les vieux.

FRÈRE ARSÈNE.

Moi qui ne cherche qu'à rapprocher les partis!

PEBLO.

Mais c'est comme un fait exprès; vous ne les avez pas plutôt accordés, qu'ils ne peuvent plus s'entendre.

FRÈRE ARSÈNE.

C'est que la fièvre de l'élection tourne ici toutes les têtes.

PEBLO.

Jusqu'à celle du frère Timothée.

FRÈRE ARSÈNE.

Un homme si modeste!

PEBLO.

Un prédicateur tout en Dieu, dont la figure ressemble à un sermon sur la charité, et dont les paroles sont plus douces que les bonbons des sœurs de la Providence qui l'ont choisi pour directeur.

FRÈRE ARSÈNE, à part.

Et avec raison.

PEBLO.

Eh bien! il s'est glissé à pas de loup et en pérorant tout bas à la tête d'une bonne vingtaine de suffrages parmi les jeunes moines; le frère gardien, mon oncle, en commande à peu près autant parmi les vieux, qu'il mène haut la main comme son ancien équipage; et tous deux ils travaillent à se souffler des voix; ils tirent chacun de leur côté tous les électeurs qui sont entre deux âges, et ils s'agacent, et ils se molestent, et ils se détestent : c'est une bénédiction.

FRÈRE ARSÈNE.

Sais-tu pour qui votera le frère Timothée?

PEBLO.

Peut-être bien pour le père procureur, qui a des chances,

ACTE III, SCÈNE II.

parce qu'il donne à dîner au vieux Jéronimo, et à ce gros réjoui de cellerier : ce qui lui fait deux voix.

FRÈRE ARSÈNE.

Il est vrai que ce sont les deux estomacs les plus reconnaissants de la communauté.

PEBLO.

Mais je connais quelqu'un pour qui le frère Timothée voterait de préférence.

FRÈRE ARSÈNE.

Qui donc?

PEBLO.

Vous.

FRÈRE ARSÈNE.

Est-ce que j'ai des prétentions?

PEBLO.

Hier il m'a pris sur ses genoux, et, en me donnant des cédrats confits, il m'a dit : (Toussant deux ou trois fois et imitant le ton de frère Timothée.) « Notre vénérable père Arsène, cette lu-
» mière de la communauté, que tu as le bonheur de voir
» tous les jours, il jouit d'un grand crédit auprès du roi :
» rappelle-moi souvent à son souvenir; qu'il ait la bonté
» infinie de m'appuyer un peu, et j'aurai l'insigne hon-
» neur de prêcher ce carême devant la cour. »

FRÈRE ARSÈNE.

Comme si Dieu était là plutôt qu'ailleurs! (A Peblo.) En réclamant ma protection, il ne t'a rien dit de Charles-Quint

PEBLO.

Charles-Quint!... je ne le connais pas.

FRÈRE ARSÈNE.

(En souriant.) O gloire humaine! (Tombant assis.) Aye! il n'y a de réel que la douleur.

PEBLO.

Ah! vous voulez dire cet empereur que personne ne voyait, qui est mort ici tout récemment, et dont on fera les funérailles dans trois jours?

FRÈRE ARSÈNE.

Oui, dans trois jours. (A part.) Ils ont au moins rempli mes intentions en accréditant ce bruit qui m'épargnera bien des importunités.

PEBLO.

Lorsqu'il en parle, de votre empereur, il se signerait presque : il s'incline bien bas pour dire : « Jésus, mon Sauveur! » et plus bas encore quand il dit : « Feu sa majesté, l'empereur et roi!... »

FRÈRE ARSÈNE.

Assez, assez! ton babil m'amusait d'abord, mais à la longue...

PEBLO.

On se lasse de tout. C'est justement là l'effet que le couvent a produit sur moi.

FRÈRE ARSÈNE.

Qu'est-ce que vous dites, Peblo? Allez dans ma cellule; allez donner un coup d'œil à mes horloges : je crois que le numéro quatre est en retard.

PEBLO.

J'y vais, père Arsène; mais j'aurai beau pousser les aiguilles, le temps n'en ira pas plus vite.

FRÈRE ARSÈNE.

Si je me lève pour courir après vous!...

PEBLO, qui sort en sautant.

Il m'attraperait avec sa goutte.

SCENE III.

FRÈRE ARSÈNE.

Il a raison, le malicieux petit vaurien : une vie inactive est fastidieuse comme un livre qu'on a trop lu. Et n'être réveillé de son néant que par les piqûres de ces insectes du cloître! de ce frère Pacôme!... Ah! quand vous voyez un vieillard impitoyable pour la jeunesse, soyez sûr qu'il a été trop indulgent pour lui-même. Peblo s'est plaint dernièrement à sa mère des duretés de son oncle : elle est venue me voir dans l'ermitage voisin, se jeter à mes pieds; elle m'a tout avoué, en me priant d'adoucir l'oncle en faveur du pauvre enfant. Je lui parlerai, je le dois. Frère Pacôme, il y a seize ans!... Que dis-je? est-il le seul qui étouffe le cri de la nature par respect humain? et moi, moi!... (En se levant.) Quel supplice de n'avoir rien à faire! le remords a trop de prise sur vous. Heureusement voici le jour! Mes yeux s'étaient fatigués à cette pâle lueur de la lampe, et ils vont se rafraîchir en changeant de lumière. (S'approchant de la fenêtre, après avoir éteint sa lampe.) Tranquille vallée de Saint-Just, elle sort des vapeurs... Il me semble qu'elle a vieilli comme moi. Que je la trouvais belle, lorsque, la traversant dans toute la pompe de ma gloire, je pris la résolution d'y mourir! Eh bien! depuis deux jours n'y suis-je pas mort de mon vivant?... C'est une idée que je veux exécuter en grand, avant que la nature la prenne avec moi tout à fait au sérieux : mes funérailles me feront passer une journée, une de ces journées dont les douze heures si vides, si longues, si lentes, ne commencent jamais assez tôt et finissent toujours trop tard. (Revenant sur le devant de la scène.) Enfin la cloche sonne le premier office : je vais donc me récréer en chantant au lutrin les louanges de Dieu... Ah! jadis! jadis! moi qui me sentais à l'étroit dans des États si vastes que le soleil ne s'y couchait jamais, je portais le sort des empires dans mes yeux, je poussais d'un geste une moitié de l'Europe contre l'autre; d'un mot je la remuais dans ses entrailles, et maintenant c'est un des événements de ma vie que de chanter au lutrin.

SCENE IV.

FRÈRE ARSÈNE, PEBLO.

PEBLO.

Mon père, je vous avertis qu'on va venir vous chercher pour les matines.

FRÈRE ARSÈNE.

Toujours les mêmes versets, psalmodiés du même ton! n'importe, j'ai du plaisir à m'entendre, et toi, Peblo?

PEBLO.

Si j'en ai, père Arsène! comme tout le monde. (A part.) Il chante faux!...

FRÈRE ARSÈNE.

Je crois que voici les religieux qui viennent me prendre.

PEBLO.

Oh! faites donc quelque chose pour le frère Timothée; il prêche si bien! les sermons qu'il débite sont les seuls que j'aie entendus d'un bout à l'autre sans...

FRÈRE ARSÈNE.

Sans dormir. (Sévèrement.) Vous dormez donc au sermon, Peblo?

PEBLO.

Dame! père Arsène, vous me réveillez la nuit, il faut bien que je me rattrape le jour; vous-même dimanche dernier, si je ne vous avais pas tiré par votre robe...

FRÈRE ARSÈNE.

Je ne sais pas ce que vous voulez dire.

PEBLO.

Et à trois reprises encore, au point que le morceau a failli me rester dans la main.

FRÈRE ARSÈNE.

Taisez-vous, raisonneur!

PEBLO, à part.

Raisonneur! il commet tous les péchés qu'il me reproche.

SCÈNE V.

FRÈRE ARSÈNE, PEBLO, FRÈRE PACOME, FRÈRE TIMOTHÉE.

FRÈRE PACOME, d'un ton brusque.

Dieu vous garde, mon révérend!

FRÈRE ARSÈNE.

Je fais le même vœu pour vous, frère Pacôme.

FRÈRE TIMOTHÉE, d'une voix douce.

Le ciel exauce-t-il les ferventes prières que je ne cesse de lui adresser pour la plus précieuse santé du couvent?

FRÈRE ARSÈNE.

Toujours bienveillant, frère Timothée! Hélas! ma goutte me laisse peu de temps.

FRÈRE PACOME.

Il faut vivre avec son ennemi, comme nous le disions sur les galères du roi quand la mer était mauvaise; mais j'ai une bonne nouvelle à vous annoncer : il nous est arrivé, vers minuit, un jeune homme qu'on a reçu dans la maison sur un ordre du roi. Vous avez exprimé au prieur le désir d'avoir un novice de plus; si celui-là vous convient, on va le conduire chez vous.

FRÈRE ARSÈNE.

Bien volontiers, et le plus tôt possible.

FRÈRE PACOME.

Par Notre-Dame des Mariniers! je m'y attendais. Vous aimez le changement, frère Arsène; soit dit sans reproche.

FRÈRE ARSÈNE.

Et vous vous plaisez à me le faire remarquer, frère Pacôme; soit dit sans aigreur. Peblo, je te dispense de l'office. Tu resteras ici pour recevoir le nouveau venu.

PEBLO.

J'obéirai. (A part.) Pas de matines, et une figure nouvelle, la journée commence bien.

FRÈRE PACOME, avec dureté.

Bon précepteur qu'il aura là.

FRÈRE ARSÈNE.

Nous allons accomplir au chœur une œuvre importante, mes frères : celle d'implorer Dieu, pour qu'il dicte aujourd'hui notre choix. En songeant au devoir sacré qui nous appelle, j'espère que vous sentirez le besoin d'être d'accord.

FRÈRE TIMOTHÉE.

Est-ce que nous étions brouillés?

FRÈRE ARSÈNE, à Timothée.

J'aime à voir que vous lui avez pardonné sa critique un peu sévère de votre dernière homélie.

FRÈRE TIMOTHÉE, avec douceur.

La charité me l'ordonnait. (A part.) Mais je m'en souviendrai.

FRÈRE ARSÈNE, à Pacôme.

Et vous, sa repartie un peu vive contre ses anciens.

FRÈRE PACOME, brusquement.

Je n'ai pas de rancune; (A part.) mais si j'en perds la mémoire!...

FRÈRE ARSÈNE.

Maintenant que tout est oublié, nous voici justement dans les pieuses dispositions où nous devions être pour faire descendre les grâces du ciel sur l'élection.

PEBLO, à part.

Ils sont rapatriés pour matines; notre saint patron y mettra du sien, si cela dure jusqu'à vêpres.

FRÈRE ARSÈNE, à Pacôme.

Ayez quelque pitié d'un malade, mon très-cher gardien, et abrégez-moi la route, en me faisant passer par la porte du petit escalier.

FRÈRE PACOME.

Ce serait de grand cœur; mais, de par tous les saints! je ne sais pas ce qu'est devenu mon passe-partout.

PEBLO, à part.

Je le sais bien, moi.

FRÈRE ARSÈNE.

Il ne me reste donc qu'à me résigner. (Prenant le bras de Timothée.) Mon bon Timothée, votre appui!

FRÈRE TIMOTHÉE, bas.

Oserai-je vous dire à charge de revanche!

FRÈRE PACOME, en tâtant sa poche.

Il faudra bien pourtant que je le retrouve.

(Frère Arsène sort appuyé sur le bras de Timothée; frère Pacôme les suit.)

SCENE VI.

PEBLO.

Cherche! cherche!... le jour où tu m'en as donné un si bon coup sur les doigts, après avoir prêché contre la colère, il a passé de ta poche dans la mienne; et le voilà, et il ouvre toutes les portes, et celle du jardin aussi. Bonne petite clef que j'aime, que je baise, si tu protéges ma fuite, sais-tu ce que je ferai de toi? j'irai te suspendre en toute dévotion au pied de la bonne Vierge de mon village. Eh! vite, rentre au bercail; je vois mon nouveau camarade; Dieu! qu'il a l'air triste!

SCENE VII.

PEBLO, DON JUAN, UN MOINE, qui dépose sur un siége une robe de novice, et sort.

DON JUAN, sans voir Peblo.

Me désarmer! m'arracher de ses genoux, malgré ses cris, malgré ses larmes! et je ne puis tirer vengeance de cette trahison! Pour jamais séparé d'elle!

PEBLO.

Doux Sauveur! il parle d'une femme; écoutons.

DON JUAN.

Pour jamais enseveli dans cette retraite! il me semble que l'air me manque. Ces murs m'étouffent. En voulant me convertir de force, ils me rendraient impie, et les malédictions viennent d'elles-mêmes sur mes lèvres. (Tombant assis.) Je suis bien malheureux!

PEBLO.

Il me fait pitié. (A don Juan.) Mon frère?

DON JUAN, se retournant.

Qui êtes-vous?

PEBLO.

Le petit Peblo, votre camarade.

DON JUAN.

Que me voulez-vous?

PEBLO.

Vous rendre service.

DON JUAN.

Dites-moi donc quel est ce couvent?

PEBLO.

Celui de Saint-Just.

DON JUAN, se levant.

De Saint-Just! où Charles-Quint s'est retiré?

PEBLO.

Ils parlent tous de Charles-Quint.

DON JUAN.

Lui, du moins, prendra ma défense. Ne puis-je le voir?

PEBLO.

Il y a trois jours qu'il est mort.

DON JUAN, retombant assis.

Et mon espoir avec lui!

PEBLO, mystérieusement.

Ne vous désolez pas : je vous protége.

DON JUAN.

Vous, mon enfant!

PEBLO.

Soyez bien docile aux ordres du frère Arsène, dont vous allez devenir le novice.

DON JUAN.

Moi novice; damnation! mort! enfer!

PEBLO.

Comme il jure!

DON JUAN.

Jamais : pas plus que je ne veux être moine.

PEBLO.

Parlez donc bas! au couvent on ne dit pas tout ce qu'on pense, et on ne crie pas tout ce qu'on dit.

DON JUAN, saisissant la robe de novice.

Plutôt fouler cet habit sous mes pieds.

PEBLO, l'arrêtant.

Gardez-vous-en bien! on enrage, si l'on veut, sous sa robe; mais on ne la déchire pas : cela se verrait. (A part.) C'est toute une éducation à faire.

DON JUAN.

Enfin, que voulez-vous me dire?

PEBLO.

Que j'ai le moyen de vous tirer d'ici, mais il faut vous contraindre.

DON JUAN.

Le pourrai-je?

PEBLO.

Et si cette nuit est sombre...

DON JUAN.
Eh bien?

PEBLO.
Avec cette clef...

DON JUAN.
Après?

PEBLO.
Par cette fenêtre...

DON JUAN.
On saute, et on est libre?

PEBLO.
Non; on tombe et on se casse le cou; mais...

DON JUAN.
Achevez!

PEBLO.
Silence! voici frère Arsène.

DON JUAN.
Je ne saurai rien.

PEBLO, chantant.
Comme un ange il était beau,
No, no,
Comme un ange il était beau.
Noël nouveau!

SCÈNE VIII.

DON JUAN, PEBLO, FRÈRE ARSÈNE.

FRÈRE ARSÈNE.
Allez, Peblo, chanter vos noëls chez moi.

PEBLO.
Dans votre jardin plutôt, en arrosant vos fleurs.

FRÈRE ARSÈNE.

Si vous voulez.

PEBLO, à part.

Je dirai deux mots à ses oranges. (Haut.) Adieu, frère Arsène! (A don Juan, le doigt sur la bouche.) A revoir, mon frère!

FRÈRE ARSÈNE.

Sortez.

PEBLO, à part, en sortant.

Pourvu qu'il n'aille pas laisser échapper la vérité, lui qui n'a pas encore les habitudes de la maison.

SCÈNE IX.

FRÈRE ARSÈNE, DON JUAN.

FRÈRE ARSÈNE.

Approchez, mon jeune ami.

DON JUAN, à part.

Ce moine, je le déteste d'avance.

FRÈRE ARSÈNE, à part.

Il y a je ne sais quoi en lui qui me remue le cœur.

DON JUAN.

Eh bien, mon révérend? (A part.) Je trouve dans ses traits une bienveillance à laquelle je ne m'attendais pas.

FRÈRE ARSÈNE.

Vous avez donc l'intention de faire vos vœux dans cette maison?

DON JUAN.

Je ne sais pas feindre : j'y suis contre ma volonté.

FRÈRE ARSÈNE.

Comment?

DON JUAN.

On s'est emparé de moi par la force; c'est par la force qu'on m'a conduit ici.

FRÈRE ARSÈNE.

Vous n'aviez donc pas de protecteur?

DON JUAN.

J'en avais un; il m'a traité vingt ans comme son fils. J'ai pu commettre des fautes, je n'y cherche pas d'excuses; mais devait-il, pour m'en infliger la peine, devenir le complice de cette infamie; lui, don Quexada!

FRÈRE ARSÈNE.

Don Quexada! qu'avez-vous dit? c'est à don Quexada que vous avez été confié dès l'enfance?

DON JUAN.

Il est vrai.

FRÈRE ARSÈNE.

Vous vous nommez don Juan?

DON JUAN.

Sans doute.

FRÈRE ARSÈNE, à part.

C'est lui! mon fils!... (Haut.) Est-il possible? vous, don Juan, malheureux, malheureux près de moi! vous prisonnier dans ce cloître!

DON JUAN.

Et pour la vie. Mais qu'avez-vous?

FRÈRE ARSÈNE.

Rien, non, rien. L'intérêt... la pitié... (A part.) Ah! restons maître de l'émotion qui m'agite.

DON JUAN.

Vous saviez mon nom?

FRÈRE ARSÈNE.

Ne vient-on pas de me l'apprendre? (A part.) Qu'il est bien! que j'en suis fier! est-ce que je n'oserai pas l'embrasser?

DON JUAN.

Vous connaissez don Quexada?

FRÈRE ARSÈNE.

Je l'ai vu autrefois. Il commandait ceux qui vous ont amené?

DON JUAN.

Lorsqu'ils ont porté la main sur moi, il était là, ce protecteur de ma jeunesse! Il s'est fait le geôlier de son élève. Vous comprenez que je ne voulais plus le regarder ni lui parler. Quand nous sommes arrivés à la première grille, il m'a dit tout bas : « Remerciez-moi de vous avoir conduit » dans ce couvent, car j'avais l'ordre de vous enfermer dans » un autre. » Vous conviendrez que je dois lui savoir gré de sa protection?

FRÈRE ARSÈNE, à part.

Je reconnais là mon vieux conseiller. (A don Juan.) Mais pourquoi vous priver de votre liberté? de quel droit? qui l'a commandé?

DON JUAN.

Le roi.

FRÈRE ARSÈNE, à part.

Son frère! ce serait horrible. (Haut.) Le roi, dites-vous?

DON JUAN.

Cet ordre lui a été surpris par un lâche, qui a mieux aimé se déshonorer en m'emprisonnant que s'exposer à me voir face à face, l'épée à la main.

FRÈRE ARSÈNE.

Mais votre père?...

DON JUAN.

C'est avec son nom qu'on me persécute; c'est sous sa volonté qu'on m'écrase; enfin, c'est lui, dit-on, lui qui m'a condamné à vivre, ou plutôt à mourir dans cette prison.

FRÈRE ARSÈNE, vivement.

Cela n'est pas!... je veux dire que cela ne peut être; qu'il eût désiré, par des raisons dont il était le seul juge, vous voir embrasser une profession paisible et sacrée, je le comprends; mais qu'il ait voulu qu'on en vînt contre vous à cette tyrannie, à cette violence! un père!... ah! je le répète, c'est impossible.

DON JUAN.

A-t-il jamais été un père pour moi?

FRÈRE ARSÈNE.

Êtes-vous sûr qu'il lui fût permis de l'être?

DON JUAN.

Mon malheur m'a fait réfléchir; j'ai ouvert les yeux : on affirme qu'il n'est plus; mais peut-être vit-il encore? peut-être c'est un grand seigneur de cette cour si pieuse, où, pour avoir failli dans sa jeunesse, on devient dénaturé sur ses vieux jours. Qui sait s'il ne poursuit pas en moi un souvenir qui le gêne, un témoin qui l'accuse, et si je ne suis pas le fruit de quelque faiblesse humaine, dont il a plus de honte que de remords?

FRÈRE ARSÈNE, à part.

Ah! Dieu m'en punit cruellement.

DON JUAN.

Les voilà, ces grands de la terre! pour effacer jusqu'à la trace d'une erreur, ils livrent leur sang, oui, leur propre sang, ils l'abandonnent à des mains étrangères; ils jettent un malheureux à la merci du hasard. Veille sur lui qui voudra!... au besoin, ils l'enferment vivant dans un tombeau, afin qu'il expie par ses austérités une naissance dont ils sont coupables; et se reposant de leur salut sur la pénitence d'autrui, ils vivent en paix avec eux-mêmes; ils jouissent d'une réputation sans tache. Ainsi va le monde : ils ont commis un crime pour cacher une faute, et on les honore!

FRÈRE ARSÈNE.

Ah! c'est trop! jeune homme, craignez d'être injuste.

DON JUAN.

Je le suis, vous avez raison. La douleur m'égare et me rend injuste envers mon père; mais croyez que j'exposerais cent fois ce que je tiens de lui pour venger son honneur mis en doute, ou sa mémoire outragée. Ah! s'il a cessé de vivre, je le pleure; et s'il existe, je lui pardonne.

FRÈRE ARSÈNE.

Bien!... bien!... voilà un mot de l'âme qui me prouve que vous êtes digne d'un meilleur sort.

DON JUAN.

J'ai donc trouvé un ami où je ne croyais rencontrer que des persécuteurs. Ah! pourquoi Charles-Quint a-t-il expiré trop tôt? Grâce à vous, je lui aurais parlé, peut-être.

FRÈRE ARSÈNE.

Que vouliez-vous lui dire?

DON JUAN.

Vous le demandez! J'aurais embrassé ses genoux; je lui aurais dit : J'ai du cœur, j'aime la gloire, et on veut étouffer mon avenir dans un cloître. Je n'ai que vingt ans, et on viole toutes les lois divines pour m'imposer une captivité sans fin; je suis votre sujet, et on m'opprime, au mépris de toutes les lois humaines. Vous avez été trop grand pour ne pas être bon et juste, et vous devez vous jeter entre l'oppresseur et moi... Est-ce que je ne l'aurais pas attendri?

FRÈRE ARSÈNE, avec effusion.

Jusqu'aux larmes, don Juan, jusqu'aux larmes!

DON JUAN.

Et il m'aurait rendu au monde, n'est-ce pas? à tout ce qu'on m'a ravi, à ce bonheur dont le souvenir me dévore loin d'elle?

FRÈRE ARSÈNE.

Loin d'elle!... que dites-vous?

DON JUAN.

J'ai une amie... pardonnez-moi de vous ouvrir mon cœur, une bien noble amie, que j'adore...

FRÈRE ARSÈNE, à part.

Puis-je lui en faire un crime?

DON JUAN.

Et c'est au moment où nous allions nous unir qu'on nous a séparés pour toujours.

FRÈRE ARSÈNE.

Ne me soupçonnez pas d'une indiscrète curiosité; mais vous m'intéressez vivement : je veux vous être utile, et, pour vous servir, j'ai besoin de tout savoir. Quelle est-elle, cette personne que vous aimez? quel est son nom?

DON JUAN.

Florinde de Sandoval.

FRÈRE ARSÈNE.

Sandoval? Ce n'est pas une famille d'anciens chrétiens.

DON JUAN.

Qu'importe?

FRÈRE ARSÈNE.

Beaucoup aux yeux du monde; mais, comme vous le dites, aux yeux de Dieu, que la foi soit ancienne ou récente, qu'importe, pourvu qu'elle soit pure?

DON JUAN.

Quoi! vous êtes moine et vous parlez ainsi!

FRÈRE ARSÈNE.

Vous êtes jeune, et vous croyez déjà qu'il n'y a ni indulgence ni raison sous l'habit que je porte.

DON JUAN.

Ah! loin de moi cette idée!

FRÈRE ARSÈNE.

Ce Sandoval, il m'a rendu un service qu'il ne m'était pas permis d'oublier; et sa fille, je me souviens que je l'ai vue enfant...

DON JUAN.

Elle devait être bien jolie?

FRÈRE ARSÈNE.

Oui, charmante! charmante! (S'éloignant de don Juan pour cacher son émotion.) Que de tendresse dans son regard! c'était celui de sa mère... O mes beaux jours! où êtes-vous?

DON JUAN, revenant vers lui.

Vous parlez de ma mère! l'auriez-vous connue?

FRÈRE ARSÈNE.

Moi!

DON JUAN.

Vous l'avez connue, ah! nommez-la; faites que je la voie!

FRÈRE ARSÈNE.

Pourquoi supposez-vous que j'aie pu la connaître?

ACTE III, SCÈNE IX.

DON JUAN.

Décidément je n'aurai jamais de réponse à cette question-là.

FRÈRE ARSÈNE.

Cependant votre malheur me touche plus que je ne puis le dire, et c'est un devoir pour moi... un devoir religieux de m'opposer à une violence que Dieu condamne. Vous sortirez d'ici.

DON JUAN.

Est-il possible? de grâce, aujourd'hui même!

FRÈRE ARSÈNE.

Je l'espère; mais cette alliance que vous projetez, je ne puis pas vous répondre qu'elle s'accomplisse jamais.

DON JUAN.

Que je sois libre seulement, que je sois libre!

FRÈRE ARSÈNE.

Vous le serez. J'ai quelque crédit dans le monastère; je veux l'employer pour vous en ouvrir les portes.

DON JUAN, lui baisant les mains avec transport.

Mon père!

FRÈRE ARSÈNE, à part, avec attendrissement.

Son père!... (Penché sur don Juan qui est à ses genoux et qu'il tient embrassé.) Jeune homme, je me sentais attiré vers vous : c'eût été le charme de ma solitude que de vous y voir sans cesse, le soulagement de mes maux que de m'en plaindre à vous. O mon fils! mon fils! qu'il m'eût été doux de vieillir entre vos bras, et de rendre ma vie à Dieu sur ce cœur qui m'aurait aimé!

DON JUAN.

Ah! je vous en supplie, pas d'arrière-pensée!

FRÈRE ARSÈNE.

Ne craignez rien : je saurai sacrifier mon bonheur au vôtre.

DON JUAN.

Et toute une vie de reconnaissance et de respect ne suffira pas pour payer ce service. Je reviendrai vous voir, je reviendrai avec elle...

FRÈRE ARSÈNE, en souriant.

Vous oubliez, don Juan, que les femmes ne pénètrent pas dans cette maison.

DON JUAN.

Pardon! (A part.) Et une Juive! j'avais là une belle idée!

FRÈRE ARSÈNE, à part.

Il n'est pas le fils d'une reine, mais je l'aime mieux que son frère.

SCENE X.

FRÈRE ARSÈNE, DON JUAN, LE PRIEUR, PEBLO.

LE PRIEUR, tenant Peblo par l'oreille.

Mon révérend, je viens vous dénoncer un coupable que son oncle a surpris grimpant sur l'oranger de votre parterre, et pillant vos plus beaux fruits.

FRÈRE ARSÈNE.

Comment, Peblo!...

PEBLO.

Pardon, frère Arsène!

LE PRIEUR.

Point de pardon : ce n'est pas là une petite faute; c'est un crime prémédité, consommé, dont on a saisi les preuves sur lui.

FRÈRE ARSÈNE, à Peblo.

Quoi! ces fruits que je m'étais réservés!

PEBLO.

Je ne suis pas le premier, mon père, qui se soit laissé tenter par le fruit défendu.

LE PRIEUR.

Vous ne serez pas non plus le premier qu'on ait sévèrement puni d'avoir cédé à la tentation.

PEBLO, à part.

S'il pouvait aussi me chasser du paradis!

FRÈRE ARSÈNE.

Peblo, je penserai à vous plus tard. Vous, don Juan, conduisez cet enfant dans ma cellule, et faites-lui sentir tout ce que sa conduite a de répréhensible.

DON JUAN.

Vous pouvez y compter, mon père.

LE PRIEUR, à don Juan.

Et pensez à mettre votre robe de novice; c'est la règle.

DON JUAN.

Qui? moi!...

FRÈRE ARSÈNE.

C'est la règle.

(Don Juan, qui emporte avec humeur la robe de novice, emmène Peblo et sort.)

SCENE XI.

FRÈRE ARSÈNE, LE PRIEUR, puis DON QUEXADA.

LE PRIEUR.

Don Quexada vient de se présenter pour faire ses adieux à ce jeune don Juan. La nouvelle de votre mort l'a frappé d'une douleur si vive, que j'en ai eu pitié. Je lui ai dit, sans toutefois le tirer d'erreur, qu'il trouverait son élève dans cet appartement; mais, pour peu qu'il vous répugne de l'admettre en votre présence, l'entrevue aura lieu au grand parloir.

FRÈRE ARSÈNE.

Non pas, vraiment. Je le reverrai avec joie; mais, mon père, j'ai une grâce à vous demander.

LE PRIEUR.

Vous me rendez confus; votre révérence ne sait-elle pas que je lui suis dévoué? Qu'attendez-vous de moi?

FRÈRE ARSÈNE.

Bien peu de chose; et je suis sûr qu'au moment où vous allez obtenir au chapitre un triomphe auquel je me fais une joie de concourir, vous serez plus disposé encore à m'être agréable. Ce jeune homme qu'on vient d'amener ici n'a point de vocation pour la vie religieuse; ordonnez que les portes lui soient ouvertes. Vous voyez que c'est peu de chose.

LE PRIEUR.

Comment, peu de chose! mais l'ordre de Sa Majesté s'y oppose formellement.

FRÈRE ARSÈNE.

Elle est dans l'erreur.

LE PRIEUR.

Dans l'erreur!... Sa Majesté! Croyez-vous que cela soit possible?

FRÈRE ARSÈNE.

Eh! mon père, qui sait mieux que moi qu'un roi peut faillir?

ACTE III, SCÈNE XI.

LE PRIEUR.

Voilà une humilité que j'admire; cependant je me rends coupable envers le roi si je désobéis.

FRÈRE ARSÈNE.

Mais vous l'êtes devant Dieu en obéissant.

LE PRIEUR.

Devant Dieu, c'est une question, mon frère; et envers le roi, c'est certain.

FRÈRE ARSÈNE.

Ainsi, ma prière n'est pas accueillie?... Eh bien! ce que je demandais, je l'exige.

LE PRIEUR.

J'aurai donc le regret bien amer de vous le refuser.

FRÈRE ARSÈNE.

Mais...

LE PRIEUR.

Mais... je suis le maître.

FRÈRE ARSÈNE, avec fierté.

Le maître!... le maître!... (Avec résignation.) Il est vrai, vous êtes le maître, j'ai fait serment d'obéissance, et jamais je ne donnerai ici l'exemple de la révolte.

DON QUEXADA, qui entre et reconnaît frère Arsène.

Grand Dieu! que vois-je?

LE PRIEUR.

Votre révérence me permet de me retirer?

FRÈRE ARSÈNE.

Vous êtes le maître.

SCENE XII.

FRÈRE ARSÈNE, DON QUEXADA.

DON QUEXADA.

C'est bien vous, sire! mes yeux ne me trompent pas; vous vivez! (Voulant se jeter aux genoux de frère Arsène, qui l'en empêche.) Pardonnez à l'émotion dont j'ai le cœur bouleversé en baisant une fois encore la main de mon royal maître. J'ai cru voir son fantôme sortir du tombeau.

FRÈRE ARSÈNE.

Et ce n'est que trop vrai; je ne suis plus qu'un fantôme de majesté. N'avez-vous pas entendu ce prieur qui sort d'ici? ne m'a-t-il pas dit : Je suis le maître? Il refuse de délivrer mon fils, mon fils, qui, sans me connaître, me chérit déjà. Le beau jeune prince, don Quexada! que de fierté! quel feu dans ses yeux! des passions impétueuses, n'est-ce pas? et une tête!... une tête plus vive que la mienne!

DON QUEXADA.

A qui le dites-vous, sire! il m'a précipité dans des embarras qui m'ont rendu malheureux...

FRÈRE ARSÈNE.

Comme une poule d'Espagne qui aurait couvé l'œuf d'un aigle.

DON QUEXADA.

Tant que l'aiglon s'est tenu dans sa coquille, rien de mieux; mais du moment qu'il l'a brisée...

FRÈRE ARSÈNE.

Il s'est senti de son origine : il a voulu de l'air et du soleil. Par le Dieu vivant! il en aura, en dépit de tous les obstacles; oui, la lumière pour ses yeux; et, pour ses ailes, la liberté! (Allant ouvrir la porte de sa cellule.) Venez, venez, mon jeune ami!

SCENE XIII.

FRÈRE ARSÈNE, DON QUEXADA, DON JUAN, PEBLO.

DON JUAN, qui porte une robe ouverte sur ses habits.

Eh bien! mon père! vos instances!...

FRÈRE ARSÈNE.

Ont échoué, don Juan, complétement échoué.

DON JUAN.

J'étais sûr que cette robe me porterait malheur.

FRÈRE ARSÈNE.

Point de découragement! Don Quexada, que vous devez remercier de vous avoir conduit ici, quoi que vous en puissiez dire, m'aidera, par ses avis, à vous tirer d'embarras.

DON JUAN.

Qu'il m'en tire, et j'oublie tout.

FRÈRE ARSÈNE.

Va t'assurer, Peblo, que personne ne nous écoute.

PEBLO.

J'y cours, et je reviens (A part.) pour entendre.

SCENE XIV.

FRÈRE ARSÈNE, DON QUEXADA, DON JUAN.

FRÈRE ARSÈNE.

Nous, tenons conseil.

DON JUAN.

Je vous dirai en confidence, frère Arsène, que votre petit novice pourra nous être utile.

FRÈRE ARSÈNE.

Il aura voix délibérative. Prenez un siège et mettez-vous là, don Juan; à ma gauche, seigneur Quexada : la séance est ouverte. (A Quexada.) Ne sentez-vous pas un peu de honte à vous voir présidé par un moine, vous qui avez eu pour président...

DON QUEXADA.

Le plus grand homme de son siècle.

DON JUAN.

Après François Ier.

FRÈRE ARSÈNE, à Quexada.

Que dit-il donc? Il me paraît que vous lui avez donné des idées justes.

DON QUEXADA, embarrassé.

N'y prenez pas garde! (A part.) Cette éducation-là me compromettra partout.

FRÈRE ARSÈNE.

Allons, jeune homme, Charles-Quint était un autre politique que le roi dont vous parlez.

DON JUAN.

J'aime mieux le grand guerrier que le grand politique.

FRÈRE ARSÈNE, s'animant par degrés.

Un fou couronné!

DON JUAN.

Un chevalier sur le trône!

DON QUEXADA.

Don Juan!... (A part.) Il est endiablé de son François Ier.

FRÈRE ARSÈNE.

Vous devez me céder là-dessus, en bonne conscience.

DON JUAN.

En bonne conscience, non, mon révérend.

FRÈRE ARSÈNE, se levant.

Je le veux.

DON QUEXADA, se levant aussi.

Frère Arsène vous dit qu'il le veut ; qu'avez-vous à répondre ?

DON JUAN, qui se lève à son tour.

Un mot fort simple : je ne le veux pas.

DON QUEXADA.

C'est comme un fait exprès ; adieu la délibération.

FRÈRE ARSÈNE, à part.

Il a du sang d'empereur dans les veines.

DON QUEXADA.

Si jamais il abandonne une idée !...

DON JUAN.

Et pourquoi l'abandonnerais-je, à moins qu'il ne me soit prouvé que j'ai tort ? Persuadez, ne commandez pas ; mais, entre gens qui discutent, quand je veux est un argument, je ne veux pas devient une raison.

FRÈRE ARSÈNE, bas à Quexada.

Je n'ai que ce que je mérite, avec mon argument royal. (Haut.) Reprenons nos places. (A don Juan.) N'en parlons plus, jeune homme : je comprends qu'à vingt ans on préfère François Ier, et qu'on aime mieux Charles-Quint à quarante.

SCÈNE XV.

FRÈRE ARSÈNE, DON QUEXADA, DON JUAN, PEBLO.

PEBLO.

Personne, mon révérend, personne !

DON JUAN.

Assieds-toi dans ce grand fauteuil; tu es du conseil.

PEBLO.

Moi? quel honneur!

FRÈRE ARSÈNE.

Pense à t'en rendre digne par ta discrétion.

PEBLO.

Je ne dis jamais que ce qu'on ne me dit pas. (A part.) Dieu! se tient-il droit, frère Arsène! a-t-il l'œil vif! c'est à ne pas le reconnaître.

FRÈRE ARSÈNE.

Comme doyen du conseil, parlez, don Quexada.

DON QUEXADA.

Je le ferai en peu de mots, car le temps presse. Les gens du roi qui nous ont accompagnés jusqu'au couvent sont repartis dans la nuit pour rendre compte de leur mission : à chaque instant les ordres les plus sévères peuvent arriver de Tolède. Votre révérence doit avoir conservé au moins un ami dans le monde ou à la cour; qu'elle écrive en notre faveur, et de la façon la plus pressante, et à quelqu'un d'influent, et sur l'heure. Voilà mon sentiment; j'ai dit.

FRÈRE ARSÈNE.

Moi, pauvre moine! homme oublié!... d'ailleurs je l'avouerai, je trouve une jouissance d'orgueil à délivrer don Juan par la force de ma seule volonté, de mon intelligence; j'y mets ma gloire : je veux me prouver que je n'ai pas vieilli.

DON QUEXADA, à part.

Toujours le même : se créant des difficultés pour avoir le plaisir de les vaincre!

ACTE III, SCÈNE XV.

FRÈRE ARSÈNE.

L'avis est rejeté; n'est-ce pas, don Juan?

DON JUAN.

Rejeté; pourvu que je sorte d'ici, peu m'importe comment.

PEBLO, avec importance.

Rejeté, rejeté! (A part.) Il n'était pas heureux, l'avis du doyen.

DON JUAN.

Quant à moi, je prends conseil de cette épée que je vois suspendue à la muraille, et qui me prouve que vous avez été soldat.

FRÈRE ARSÈNE.

J'ai fait un peu de tout; mais cette épée est celle d'un autre, qui fut captif comme vous.

DON JUAN.

Et qu'on a voulu faire moine? Donnez-la-moi, et tenez pour certain que je serai libre avant une heure, quand je devrais livrer bataille à tous les frères de toutes les congrégations d'Espagne.

PEBLO, se levant précipitamment.

Dieu! quel carnage de capuchons!

FRÈRE ARSÈNE.

Voilà justement un moyen à la François 1er.

DON JUAN.

Ah! mon révérend, vous voulez recommencer la querelle?

FRÈRE ARSÈNE.

Non pas; mais tout chevaleresque qu'il est, votre expédient, qui serait de mise dans une citadelle, ne convient pas dans un monastère: cependant, que faire? je ne trouve rien... Allons donc! seigneur Quexada, vous qui avez été le conseiller d'un empereur, vous devez avoir des idées.

DON QUEXADA.

Des idées, des idées, frère Arsène!... il ne m'en vient jamais que quand je n'en cherche pas, et dans ce moment-ci j'en cherche.

DON JUAN.

Eh bien! j'en ai une, c'est que Peblo peut nous tirer d'affaire.

FRÈRE ARSÈNE, à don Juan.

Comment?

DON JUAN.

Je lui ai promis le secret.

PEBLO.

Ah! mon frère, c'est mal.

FRÈRE ARSÈNE.

Parlez, Peblo, je vous l'ordonne.

PEBLO.

Vous me gronderez.

FRÈRE ARSÈNE.

Eh non!

PEBLO.

Me le jurez-vous?

FRÈRE ARSÈNE.

Je ne te le jure pas, mais je te le promets.

PEBLO.

Et, mon expédient une fois connu, j'en pourrai profiter pour mon compte?

FRÈRE ARSÈNE.

Tu veux me quitter?

PEBLO.

Non pas vous, frère Arsène, mais la maison : on respire ici un air renfermé qui ne me convient pas.

FRÈRE ARSÈNE.

Voyez-vous, le fripon d'enfant! il sait qu'on a besoin de lui.

DON QUEXADA, bas au frère Arsène.

Traitez toujours, sauf à ratifier si bon vous semble.

FRÈRE ARSÈNE, de même à Quexada.

Comme dans notre bon temps. (A Peblo.) Voyons, parle.

PEBLO.

J'ai deux moyens : (Montrant la clef.) en voici un.

FRÈRE ARSÈNE.

Dieu me pardonne! c'est le passe-partout du frère gardien; est-il bien possible?...

PEBLO.

Souvenez-vous de votre promesse.

DON JUAN.

De grâce, mon père!...

PEBLO, courant à la natte qu'il soulève.

Et voici le second.

FRÈRE ARSÈNE.

Une échelle de cordes!

PEBLO.

Avec celui-ci, on descend par cette fenêtre; avec l'autre, on sort par la petite porte qui donne sur la campagne; avec tous deux, on est libre.

FRÈRE ARSÈNE.

Mais pour avoir eu cette idée-là, il mériterait de passer quinze jours au pain et à l'eau.

DON QUEXADA.

Si nous ne profitions pas de l'idée.

FRÈRE ARSÈNE.

Au fait, je ne vois rien de mieux. Ce ne sera pas la première fois qu'un novice aura eu plus d'esprit à lui seul que toutes les vieilles têtes d'un chapitre.

PEBLO.

Les moines sont au réfectoire, dont les fenêtres ne donnent pas sur ce jardin; quand ils dînent ils ne s'occupent pas d'autre chose : profitons du moment.

FRÈRE ARSÈNE.

Va pour le moyen de Peblo!

DON JUAN, qui soulève Peblo en l'embrassant.

Gloire à toi! tu es un petit démon adorable.

FRÈRE ARSÈNE, à Quexada.

Dès que vous serez hors d'ici, conduisez don Juan chez le vieux duc de Médina; parlez-lui de moi : il se souviendra de son ancien ami, et, renfermés dans son palais, attendez que je vous écrive. A l'œuvre! don Juan, à l'œuvre!

DON JUAN, courant suspendre l'échelle au balcon.

Je ne me ferai pas prier.

DON QUEXADA, au frère Arsène.

Vous voulez donc qu'à mon âge je descende par cette fenêtre?

FRÈRE ARSÈNE.

Je tiendrai l'échelle.

DON QUEXADA.

Votre révérence daignerait...

FRÈRE ARSÈNE.

J'en ai fait descendre bien d'autres, et de plus haut.

PEBLO.

Si je m'étais douté qu'il eût cette habitude-là!...

FRÈRE ARSÈNE, à Peblo.

Cours entr'ouvrir la porte, et veille au dehors.

DON JUAN, du balcon.

Tout est prêt; allons! don Quexada, hâtons-nous.

DON QUEXADA, baisant la main du frère Arsène.

Adieu, mon révérend!

DON JUAN.

A revoir, frère Arsène!

FRÈRE ARSÈNE.

Vous partez sans m'embrasser?

DON JUAN.

Je serais bien ingrat.

FRÈRE ARSÈNE, avec émotion.

Le reverrai-je?

DON JUAN.

Et ma robe, dont j'oubliais de me débarrasser.

PEBLO, accourant.

Alerte! alerte! voici le prieur.

DON QUEXADA.

Tout est perdu.

FRÈRE ARSÈNE.

Mais cette échelle qui reste suspendue à la fenêtre, il va la voir.

PEBLO, à Quexada.

Fermez un des deux battants.

DON QUEXADA.

C'est une idée toute simple; je ne l'aurais pas eue. J'ai l'esprit frappé.

SCENE XVI.

FRÈRE ARSÈNE, DON QUEXADA, DON JUAN, PEBLO, LE PRIEUR.

LE PRIEUR, à don Juan.

Novice, suivez-moi.

FRÈRE ARSÈNE.

ù donc, mon père?

LE PRIEUR.

En lieu de sûreté, et au secret : tel est l'ordre que je reçois de la cour. L'alguazil mayor, qui vient de me l'apporter à toute bride, laisse reposer les chevaux de son escorte pendant deux heures, et repart, avec don Juan, pour le couvent des frères de la Passion.

DON JUAN.

Avec moi!

FRÈRE ARSÈNE, le calmant.

Patience! patience!

LE PRIEUR.

Quant à vous, don Quexada, une troupe de cavaliers, qui n'oserait pénétrer dans cette sainte maison, vous attend à la grande porte. Ils ont laissé échapper quelques mots sur la tour de Ségovie.

DON QUEXADA.

Sur la tour?...

FRÈRE ARSÈNE.

De Ségovie.

DON QUEXADA.

J'avais entendu.

FRÈRE ARSÈNE.

Eh bien! seigneur Quexada, la journée sera bonne.

DON QUEXADA.

Elle l'est déjà. (A part.) Hier, entre deux frères; aujourd'hui, entre un père et son fils; ah! maudit secret!

FRÈRE ARSÈNE.

Mais vous resterez ici.

DON QUEXADA.

Je n'ai plus la moindre envie de sortir.

LE PRIEUR, à don Juan.

Jeune homme, obéissez.

DON JUAN.

Quoi! mon révérend, vous souffririez...

FRÈRE ARSÈNE.

Il faut souffrir ce qu'on ne peut empêcher. Obéissez, don Juan. (Bas, en lui serrant la main.) Mais ne désespérez de rien.

DON JUAN, de même au frère Arsène.

Je n'ai plus d'espoir qu'en vous.

PEBLO, tandis que don Juan sort.

Il n'est jamais le bienvenu, ce prieur; mais il ne pouvait pas plus mal arriver.

SCENE XVII.

FRÈRE ARSÈNE, DON QUEXADA, PEBLO.

FRÈRE ARSÈNE, à Quexada.

Qu'avez-vous, mon vieil ami? vous avez l'air découragé.

DON QUEXADA.

On le serait à moins.

FRÈRE ARSÈNE.

Un obstacle vous abat; moi, il m'excite, il me réveille, il met en jeu tous les ressorts de mon intelligence.

PEBLO, à part.

Comme il s'agite! comme il marche! ce matin il se traînait à peine; maintenant il sauterait presque.

FRÈRE ARSÈNE.

Je lutterai, je l'emporterai... (A Quexada.) Ranimez-vous donc; vous n'êtes plus l'homme d'autrefois.

DON QUEXADA.

Si fait! frère Arsène, si fait! mais j'ai là devant moi cette tour de Ségovie qui m'apparaît comme un spectre : elle paralyse mes facultés.

FRÈRE ARSÈNE.

De la peur! eh! qui rêve sa défaite est vaincu d'avance. (Bas.) N'avons-nous pas perdu la bataille de Pavie pendant trois heures? et pourtant... (Haut, avec impatience.) Mais je n'ai que deux heures à moi.

PEBLO.

Il ne pense plus à sa goutte!...

FRÈRE ARSÈNE.

Quoi! cette tête jadis si féconde en expédients... (Il s'assied.) cette tête vieillie ne peut donc plus rien enfanter?

PEBLO, occupé à retirer l'échelle de la fenêtre.

Les moines descendent au jardin pour se rendre à l'élection dans la grande salle du chapitre. Vous n'y allez pas, frère Arsène?

FRÈRE ARSÈNE.

Laisse-moi en repos avec ton élection!... (A part, en se levant.) J'y pense, ce prieur, il est le maître : mais si je le devenais à mon tour!... (Haut.) Don Quexada, vous rappelez-

vous une élection qui a fait bien du bruit dans le monde?
DON QUEXADA.
Je ne l'oublierai de ma vie. Dieu! que j'ai écrit de lettres dans ce temps-là, sans compter les post-scriptum!
FRÈRE ARSÈNE.
C'est justement ce que vous allez faire encore. A cette table! à cette table!
PEBLO, regardant toujours.
Ils se forment en groupe; ils en ont au moins pour un quart d'heure à intriguer sur le seuil de la porte avant d'entrer.
FRÈRE ARSÈNE, prenant sur la table des plumes et du papier.
Tu crois?
PEBLO.
Mon oncle crie, frère Timothée prêche, et le prieur, radieux comme un soleil, donne sa bénédiction à tout le monde.
FRÈRE ARSÈNE.
Vite! ici, mon enfant, et de ta plus belle écriture.
PEBLO, un genou en terre, prêt à écrire sur un missel.
Je vais m'appliquer.
FRÈRE ARSÈNE.
Et moi... (Cherchant une place, et se mettant sur son prie-Dieu.) moi, là; attention! je dicte : à toi, Peblo; pour le père Timothée : « Mon éloquent ami. » A vous, Quexada; pour le père procureur : « Mon révérend frère. » (Écrivant à son tour.) « Mon très-cher gardien... »
PEBLO.
C'est écrit. (A part.) Si je sais où il veut en venir!...
FRÈRE ARSÈNE, à Peblo.
« J'approuve la sainte ambition que vous avez de pré-

» cher devant la cour; mais comment me résigner volon-
» tairement à perdre le fruit de vos homélies édifiantes?»
(A don Quexada.) « Vous m'avez souvent offert votre voix et
» celles de vos amis; si je croyais faire tort à notre bon
» prieur en les acceptant, je les refuserais encore, mais...»

DON QUEXADA.

Un peu trop vite! frère Arsène, un peu trop vite!

FRÈRE ARSÈNE, à part.

Pauvre homme! il est usé.

PEBLO.

« Homélies édifiantes. »

FRÈRE ARSÈNE, à Peblo, en continuant lui-même sa lettre commencée.

« Si le chapitre me confère aujourd'hui, grâce à vous
» et aux vôtres, un titre qui me permette de faire avec
» quelque dignité une excursion à la cour, heureux de
» vous y suivre, je vous y promets mon appui. »

PEBLO, en écrivant.

Est-ce qu'il voudrait devenir abbé, par hasard?

DON QUEXADA.

« Je refuserais encore; mais...

FRÈRE ARSÈNE.

» Mais quelques suffrages au premier tour de scrutin
» me causeraient une bien sensible joie, sans nuire à la
» nomination du plus digne. Votre frère et ami. » Y es-tu,
Peblo?

PEBLO.

J'attends.

DON QUEXADA.

Le voilà dans son élément, trois lettres à la fois!

FRÈRE ARSÈNE.

« Priver le roi, frère Timothée, d'un talent comme le

ACTE III, SCÈNE XVII.

» vôtre, c'est pécher; mais passer tout un carême sans
» vous entendre, ce serait faire doublement pénitence. »

PEBLO.

Cette phrase-là doit lui aller au cœur.

FRÈRE ARSÈNE.

Écris, écris. (Lisant sur le devant de la scène la lettre qu'il vient d'achever.)
« Mon très-cher gardien, franchise entière avec vous,
» qui êtes la franchise même! je veux être abbé. Votre
» voix et toutes celles que vous avez enrôlées sous vos
» ordres, je vous les demande au nom du bel enfant qui
» vous remettra ce billet. Vous connaissez son père et je
» le connais aussi; conduisez donc ma galère à bon port,
» ou, de par Dieu! je coule la vôtre. Simple moine, je
» parlerai : abbé, je jure de me taire. Sur ce, mon très-
» cher gardien, vogue ma galère, et Dieu sauve l'honneur
» de votre pavillon! » (Courant à Peblo.) Donne, que je signe,
et plie la lettre.

PEBLO.

Oh! vous aurez toutes ces voix-là; mais si vous faites
passer à votre bord mon oncle et son équipage, ce sera un
vrai triomphe.

FRÈRE ARSÈNE, gaiement.

Auquel tu auras plus de part que tu ne penses, mon
gentil Peblo.

PEBLO.

Ah! par exemple!...

FRÈRE ARSÈNE.

Car tu dois être mon messager auprès de lui.

PEBLO.

Gardez-vous bien de me choisir, père Arsène : il ne
peut pas souffrir les enfants.

FRÈRE ARSÈNE.

N'importe; va lui porter cette lettre.

PEBLO.

Il l'aura.

FRÈRE ARSÈNE.

Glisse la tienne dans la main du frère Timothée.

PEBLO.

Je le ferai.

FRÈRE ARSÈNE.

Informe-toi du lieu où est enfermé don Juan.

PEBLO, montrant sa clef.

Je ferai mieux.

FRÈRE ARSÈNE.

Va, cours!... mais ne saute donc pas : ton rôle est grave.

PEBLO, d'un air dévot, en croisant ses bras sur sa poitrine.

L'esprit de Dieu vous éclaire, père Arsène.

FRÈRE ARSÈNE, à part.

J'en fais un hypocrite, sans y prendre garde; il faudra pourtant m'accuser de tout cela.

SCENE XVIII.

FRÈRE ARSÈNE, DON QUEXADA.

DON QUEXADA.

Voici ma lettre. (Après que frère Arsène l'a signée.) Faut-il la plier?

FRÈRE ARSÈNE.

Pas encore. Post-scriptum...

DON QUEXADA.

Ah!...

FRÈRE ARSÈNE.

« Le cardinal secrétaire d'État met à ma disposition la

» place vacante au sacré-collége ; j'ai entendu vanter le
» mérite et les vertus de votre parent, l'évêque de Ségorbe ;
» venez me trouver après l'élection. »

DON QUEXADA.

C'est un de vos post-scriptum d'autrefois.

FRÈRE ARSÈNE.

Tu me reconnais !

DON QUEXADA.

J'écris l'adresse.

FRÈRE ARSÈNE.

Inutile ! faites-vous indiquer le frère procureur, et remettez-lui votre dépêche en personne.

DON QUEXADA, avec inquiétude.

Moi, sire !

FRÈRE ARSÈNE.

Vous savez bien qu'il n'y a pas d'alguazils dans la maison.

DON QUEXADA.

Il est vrai que j'y pensais : vous m'avez toujours deviné : j'obéis.

SCÈNE XIX.

FRÈRE ARSÈNE.

Courage, mon vieux conseiller ! alerte, mon joli page ! voilà donc les courriers en campagne pour une crosse d'abbé, comme jadis pour un sceptre d'empereur ! Chose bizarre : le choix de quelques moines dans le chapitre d'un petit couvent d'Estramadure ne m'aura pas moins agité, je crois, que celui de mes électeurs couronnés à la grande diète de Francfort ; mais rendre la liberté à mon fils, la lui rendre par la seule puissance de ma volonté, ce serait ma dernière et ma plus charmante victoire. (S'approchant de la fenêtre.) Ce Peblo, il arrivera trop tard... non, je le vois; il arrête frère Timothée par la manche. Oh! celui-ci est à moi. (Revenant sur le devant de la scène.) Je n'en puis pas dire autant de notre incorruptible procureur. Bon! y a-t-il sous un capuchon une tête à l'épreuve d'un chapeau? Mais, frère Pacôme, cet obstiné frère Pacôme cédera-t-il? eh! oui; par peur, tout vieux marin qu'il est; le ridicule est l'épouvantail des gens du monde, et le scandale, celui des hommes d'église. Je doute cependant : mon cœur bat; mon sang bouillonne; je puis donc connaître encore l'espérance et la crainte : doux supplice! il y a si long-temps que je n'ai rien désiré! Ah! je me sens revivre!

SCENE XX.

FRÈRE ARSÈNE, PEBLO, hors d'haleine.

FRÈRE ARSÈNE.
Eh bien! as-tu vu le frère Timothée?

PEBLO.
Il a lu du coin de l'œil ce que je lui ai remis de votre part, ensuite il m'a donné un léger coup de ses deux doigts sur la joue, comme cela, et il m'a dit de son ton le plus doux : « Je suis tout à lui, à lui de cœur, mon joli séraphin. »

FRÈRE ARSÈNE.
Et ton oncle?

PEBLO.
Il avait à peine jeté les yeux sur votre lettre, que son

visage est devenu rouge comme une fraise de Valence : il m'a regardé de travers; ce qui ne m'a pas surpris, parce qu'il ne me regarde jamais autrement; d'ailleurs je me tenais à distance, et j'étais tranquille sur le compte de son passe-partout.

FRÈRE ARSÈNE.

Après?

PEBLO.

Rien à espérer de ce côté-là : il a mis la lettre en pièces, et s'est écrié de sa grosse voix : « Voilà ma réponse, petit agent de corruption. » Puis, en prononçant un affreux mot que je n'oserais pas répéter, il est parti comme un furieux pour écrire son vote.

FRÈRE ARSÈNE, à part.

Résistera-t-il?... et tout le succès est là. (A Peblo.) Mais don Juan?

PEBLO.

J'ai découvert sa prison au bruit qu'il faisait pour en sortir : cric, crac! la porte s'ouvre, et nous courons tous deux; il est maintenant ici près, dans ma cellule qui donne sur le corridor; mais il n'a plus de robe; déchirée, père Arsène; en lambeaux!... que voulez-vous? il n'aime pas les robes.

FRÈRE ARSÈNE.

Eh! qu'il vienne donc, ce cher prisonnier!

PEBLO, appelant au fond.

Don Juan! don Juan!

FRÈRE ARSÈNE.

J'ai pourtant mis tout en usage, menaces et promesses : c'est l'artillerie d'une journée d'élection.

SCÈNE XXI.

FRÈRE ARSÈNE, PEBLO, DON JUAN.

DON JUAN.

Quoi! mon père, est-ce que Peblo m'a dit vrai? Quand je me reposais sur vous du soin de ma délivrance, la nomination d'un abbé vous occupait?

FRÈRE ARSÈNE.

Vous m'accusez, don Juan : voilà comme on nous juge! Peblo, va me chercher cette épée.

PEBLO, qui saute sur un fauteuil pour la prendre.

Dieu! qu'elle est lourde!

DON JUAN, la tirant du fourreau.

Pour ta main, enfant, mais pour la mienne!

FRÈRE ARSÈNE.

Je pense, en effet, mon fils, que votre bras ne lui ferait pas faute dans le besoin, et qu'il ne la ramènerait pas en arrière à l'heure du danger.

DON JUAN.

Non, fussé-je seul contre mille.

FRÈRE ARSÈNE, prenant l'epée.

Cette arme est plus précieuse que vous ne pensez; elle est un don de cet empereur qui vint mourir ici sous une robe que sans doute il eût déchirée comme vous à votre âge.

DON JUAN.

De Charles-Quint! vous étiez donc son ami? il est mort entre vos bras?

FRÈRE ARSÈNE.

Il l'avait prise, par droit de victoire, à ce François Ier que vous aimez mieux que lui.

DON JUAN.

Et vous pourriez vous en dessaisir?...

FRÈRE ARSÈNE.

De quel usage est-elle pour un moine?

DON JUAN.

Et en ma faveur?

FRÈRE ARSÈNE.

Mais à des conditions que devant Dieu vous allez me jurer d'accomplir. (Lui présentant l'épée nue pour recevoir son serment.) A moins d'y être forcé par une défense légitime, vous ne vous servirez pas de cette épée pour votre propre cause : il lui faut des œuvres de grand capitaine, et non des duels de jeune homme; elle ne sortira du fourreau que par l'ordre de votre souverain; elle tombera de vos mains à son premier signe, et elle ne sera jamais teinte que du sang des ennemis du roi et du royaume; le jurez-vous?

DON JUAN.

Devant Dieu, sur mon honneur de gentilhomme, je le jure.

FRÈRE ARSÈNE.

Prenez-la donc : j'ai le pressentiment qu'elle gagnera des batailles!

DON JUAN, l'épée à la main.

Je ne ferai pas mentir votre prédiction.

SCÈNE XXII.

FRÈRE ARSÈNE, PEBLO, DON JUAN, DON QUEXADA, puis LE PRIEUR.

DON QUEXADA.

Une majorité victorieuse! une élection triomphale!

FRÈRE ARSÈNE.

Bonne nouvelle, qui ne pouvait pas m'arriver par un messager plus agréable! (Bas.) Puisque j'ai pu l'emporter ici, savez-vous, don Quexada, que je réussirais peut-être dans un conclave?

DON QUEXADA, à part.

Cette idée-là devait lui venir. (Haut.) Le prieur, qui me suit pour vous adresser son compliment, a une figure plus longue!... plus longue qu'elle n'était large avant le scrutin quand elle s'épanouissait d'espérance.

PEBLO.

Il m'a pris mes oranges, je lui ai volé ses voix.

FRÈRE ARSÈNE, à Quexada.

Retenez mes dernières instructions : veillez sur don Juan, ne le quittez point d'une minute; soyez comme une ombre attachée à ses pas; c'est un service que je réclame de votre ancienne amitié.

DON QUEXADA.

Et vous ne pouvez douter de mon dévouement.

LE PRIEUR, qui entre.

Ah! mon révérend, que je sois le premier à vous féliciter sur votre nomination : jamais événement ne m'a pénétré d'une joie plus vive.

FRÈRE ARSÈNE.

Je vous rends grâce, frère prieur; je sais combien vos félicitations sont sincères, et je veux dès à présent mettre votre zèle à l'épreuve; conduisez le seigneur Quexada et don Juan...

LE PRIEUR, surpris.

Ce jeune homme ici!

ACTE III, SCÈNE XXII.

FRÈRE ARSÈNE.

Conduisez-les vous-même hors des murs du couvent.

LE PRIEUR.

Moi-même! que dites-vous là? mais les ordres du roi...

FRÈRE ARSÈNE, avec sévérité.

Je suis le maître.

LE PRIEUR, s'inclinant profondément.

Vous avez raison, vous avez raison : nous devons obéissance à notre abbé. (à part.) Ma responsabilité est à couvert.

DON JUAN, serrant la main du frère Arsène.

J'étais bien injuste.

PEBLO.

Chacun à son tour. Dieu! est-il malin, frère Arsène!

LE PRIEUR.

Seigneur don Juan, je suis prêt à vous conduire.

DON QUEXADA, vivement.

Que ce ne soit pas par la grande porte, s'il vous plaît.

FRÈRE ARSÈNE.

Je comprends. (Au prieur.) Par la porte de la chapelle. (à Quexada.) C'est le chemin le plus long, mais le plus sûr. (Au prieur.) Mettez à la disposition de ces deux gentilshommes les meilleurs chevaux de nos écuries.

PEBLO.

Le cheval du frère quêteur, c'est celui qui va le plus vite et qui porte le plus.

FRÈRE ARSÈNE, tendant les bras à don Juan.

Encore une fois!...

DON JUAN.

Qui ne sera pas la dernière.

FRÈRE ARSÈNE, à don Juan.

Faites-moi de loin un signe d'adieu quand vous allez passer sous mon balcon.

DON QUEXADA.

Je vous quitte, frère Arsène; (Bas.) mais je vous ai revu dans votre gloire.

LE PRIEUR, à part.

Voici toute la communauté! du moins ils ne jouiront pas de ma défaite. (Haut.) Veuillez me suivre.

(Il sort avec don Juan et don Quexada, pendant que les moines entrent par le fond.)

SCENE XXIII.

FRÈRE ARSÈNE, PEBLO, FRÈRE PACOME, FRÈRE TIMOTHÉE, MOINES, qui restent au fond du théâtre et dans le corridor.

FRÈRE PACOME.

A l'unanimité, révérendissime abbé, à l'unanimité! hors une voix pour le prieur.

PEBLO, bas à frère Arsène.

C'était peut-être la sienne.

FRÈRE ARSÈNE, à part.

Mais c'est un petit diable enfroqué que ce lutin d'enfant-là!

FRÈRE TIMOTHÉE.

Jamais l'esprit d'union qui nous anime ne s'est manifesté par une justice plus éclatante.

FRÈRE ARSÈNE.

Mes frères, je ne puis vous exprimer combien cette preuve de votre estime me touche profondément; il m'est si doux de me dire, en la recevant, que je n'ai point fait un pas hors de chez moi pour l'obtenir! (A part, les yeux tournés vers la fenêtre.) Don Juan n'est pas libre encore.

PEBLO.

Je suis témoin que père Arsène est resté dans sa cellule; (A part.) mais j'ai couru pour lui!...

FRÈRE TIMOTHÉE.

C'est vraiment une élection miraculeuse.

FRÈRE PACOME.

Il ne nous reste plus qu'à descendre au chœur pour chanter le *Te Deum* en l'honneur du nouvel abbé.

FRÈRE TIMOTHÉE.

Et pour rendre grâces au ciel de nous avoir si bien inspirés.

FRÈRE ARSÈNE, regardant toujours vers la fenêtre, à part.

Ah! le voilà. (Haut.) Pardon, mes frères; je suis à vous. (S'approchant du balcon.) Le beau cavalier!... Adieu, adieu! il vole, il se perd dans un tourbillon de poussière. Va, bon et brave jeune homme; de loin comme de près, je veillerai sur ta fortune.

FRÈRE PACOME.

Nous vous devançons.

FRÈRE ARSÈNE.

Un moment, je vous supplie! cet honneur inespéré que vous venez de me rendre ne sortira jamais de mon souvenir; mais je suis revenu des gloires de la terre, je sens mon insuffisance pour des fonctions qui m'accableraient, et que je dois plus à votre bienveillante amitié qu'à mon propre mérite; permettez-moi de les résigner dans vos mains : j'abdique.

FRÈRE PACOME, à part.

Il faut qu'il ait la rage de l'abdication!

FRÈRE ARSÈNE.

Que le chapitre rentre en séance ; j'y prendrai place ; et c'est après cette élection nouvelle que nous irons avec plus de justice entonner le *Te Deum* en l'honneur du plus digne. (Bas à Timothée.) Je vous promets de parler. (Bas à Pacome.) Je vous jure de ne rien dire. (A tous.) Je vous rejoins, mes frères.

SCENE XXIV.

FRÈRE ARSÈNE, PEBLO.

FRÈRE ARSÈNE.

J'en suis sorti à mon honneur !

PEBLO, les mains jointes.

Frère Arsène, vous ne vous souviendrez ni de ma clef ni de mon échelle ?

FRÈRE ARSÈNE.

Pas avant demain soir.

PEBLO, à part.

S'il me retrouve demain matin !...

FRÈRE ARSÈNE, tombant dans un fauteuil.

Je n'en peux plus ; mais voilà le premier jour que j'aie passé ici sans regarder l'heure.

FIN DU TROISIÈME ACTE.

ACTE QUATRIÈME.

Chez dona Florinde. Même salon qu'au second acte. Une table où brûlent deux bougies.

SCENE I.

DONA FLORINDE, assise et la tête appuyée sur sa main ; DOROTHÉE, qui la regarde en entrant.

DOROTHÉE.

Sa vue me navre le cœur ; si ces inquisiteurs étaient des hommes, ils auraient pitié d'elle ; mais les démons !...

DONA FLORINDE.

Don Juan l'ignore ; c'est une douleur de moins pour lui. (A Dorothée.) Eh bien ! ma lettre ?

DOROTHÉE.

Elle est partie par ce joyeux muletier qui rit toujours. Que la gaieté d'autrui est mal venue quand on est triste ! il siffle, il chante et il galope en toute hâte sur la route de Saint-Just.

DONA FLORINDE.

Parviendra-t-elle ?

DOROTHÉE.

Vous en doutez ?

DONA FLORINDE.

Sais-je le nom qu'il a pris, quand il s'est retiré dans ce cloître ?

DOROTHÉE.

Mais celui qu'il a porté est sur l'adresse; qui ne connaît pas Charles-Quint?

DONA FLORINDE.

J'ai cédé à tes instances; tu crois que, par un reste de bienveillance pour le père, il s'intéressera au sort de la fille orpheline et menacée?

DOROTHÉE.

Pourquoi pas? il acquitte par une démarche qui ne lui coûte rien un service reçu argent comptant; décharger sa conscience sans rendre sa bourse plus légère, c'est une bonne œuvre à bon marché.

DONA FLORINDE.

Il entre toujours de l'argent dans tes raisons, Dorothée.

DOROTHÉE.

Je ne connais que cet argument-là qui ait le privilége de convaincre quelqu'un sans le fâcher.

DONA FLORINDE.

Je te laisse donc ton espérance.

DOROTHÉE.

Si je ne l'avais plus, quelle serait ma consolation? comment désarmer ce tribunal terrible devant lequel vous êtes citée?

DONA FLORINDE.

Calme-toi, tu sais que j'ai un protecteur, qui veut bien me conduire aux pieds de mes juges, m'encourager par ses conseils, m'assister de son crédit.

DOROTHÉE.

Ce personnage mystérieux, qui s'est présenté ici de la part du roi et du comte de Santa-Fiore, en ne se nommant qu'à vous seule?

DONA FLORINDE.

Quand tu es descendue, il n'était pas venu encore?

DOROTHÉE.

On doit l'introduire dès qu'il arrivera, mais je n'ai pas même entendu le bruit d'un carrosse : la rue est déserte; une pluie d'orage commence à tomber par grosses gouttes; se croirait-on à Tolède? pas une guitare pour égayer cette triste nuit! pas une haleine de vent qui la rafraîchisse!

DONA FLORINDE.

C'est vrai; on ne respire plus : ouvre la jalousie.

DOROTHÉE.

Sur la rue?

DONA FLORINDE.

Non, celle qui donne sur ce jardin qu'il aimait tant.

DOROTHÉE.

L'odeur des jasmins monte jusqu'ici.

DONA FLORINDE.

N'as-tu pas éprouvé quelquefois, Dorothée, combien un son vague, une bouffée d'air réveille fortement certaines impressions de plaisir ou de peine et fait revivre un souvenir jusqu'à la réalité?

DOROTHÉE.

Je devine à qui vous pensez.

DONA FLORINDE.

Le grand mérite! je ne pense jamais qu'à lui. Nous nous sommes assis tant de fois parmi ces touffes de fleurs! une pluie d'orage ne nous faisait pas peur alors; nous ne la sentions pas. Que de longues promenades, qui nous semblaient si courtes! Il n'y avait pour nous que belles nuits, que parfums, que bonheur! C'étaient de douces soirées qui ne reviendront plus.

DOROTHÉE.

Pourquoi? ce seigneur en qui vous avez confiance ne vous a-t-il pas dit que le soupçon élevé contre vous tombait de soi-même; qu'en vous rendant à la première citation du tribunal vous disposiez vos juges en votre faveur? enfin n'a-t-il pas promis de vous ramener dans mes bras?

DONA FLORINDE.

Et il tiendra parole, Dorothée; certainement il le fera... mais... il faut tout prévoir; garde bien ce papier, ce sont mes volontés.

DOROTHÉE.

Vous voulez dire les dernières.

DONA FLORINDE.

C'est au contraire ce que je ne voulais pas dire de peur de t'affliger : si... je ne revenais plus...

DOROTHÉE.

Vous!

DONA FLORINDE.

Ce n'est qu'un doute; tu trouverais là de quoi vivre, non pas heureuse, mais riche.

DOROTHÉE.

Je n'aurais plus besoin de rien.

DONA FLORINDE.

Quant à don Juan, s'il est rendu au monde, je veux être pour quelque chose dans son bonheur que je devais partager; je veux que mes biens soient à lui pour qu'il en dispose à son gré, sans se croire engagé, même de souvenir, envers l'amie qu'il n'aura plus.

DOROTHÉE.

Bon et noble cœur! vous serez heureuse : une voix secrète me dit que vous le reverrez. Le brave jeune homme, s'il doit avoir jamais une autre épouse que vous, c'est l'Église, et vous ne pourrez pas l'accuser d'infidélité; assurément l'inclination n'y sera pour rien.

DONA FLORINDE.

Tais-toi, tais-toi : on vient; c'est celui que j'attends; j'aurai du courage.

DOROTHÉE.

Vos mains sont froides, pauvre chère fille; vous tremblez.

DONA FLORINDE.

Non, non, je t'assure.

DOROTHÉE.

Ah! toutes mes terreurs me reprennent.

SCENE II.

DONA FLORINDE, DOROTHÉE, DON RUY GOMES.

GOMÈS.

J'arrive à l'heure convenue, señora.

DONA FLORINDE.

Je la croyais passée : on est donc presque aussi impatiente quand on craint que quand on espère?

GOMÈS.

Soyez sans crainte; le protecteur puissant que je vous ai nommé ne vous abandonnera pas.

DOROTHÉE.

Est-ce qu'il ne me sera pas permis de l'accompagner?

GOMÈS.

Vous savez que les ordres de l'inquisition sont formels.

DOROTHÉE.

Mais vous me la ramènerez, mon bon seigneur; c'est tout ce que j'aime sur la terre : vous avez promis de me la ramener.

GOMÈS.

Je vous le promets encore, et ce sera bientôt.

DONA FLORINDE.

Dorothée, donne ma mantille et mon masque.

DOROTHÉE, qui va les prendre sur un siége.

Et n'avoir pas la consolation de la suivre!

GOMÈS, à part.

L'orgueil d'une telle conquête ne pourrait rien sur elle, mais la terreur!...

DONA FLORINDE.

Je ne te dis pas adieu, Dorothée.

DOROTHÉE.

Oh! non : c'est un mot qu'il ne faut dire qu'à ceux qu'on ne doit pas revoir. (La reconduisant jusqu'à la porte et lui baisant les mains.) Il vient malgré moi sur mes lèvres... je ne le prononcerai pas : ma fille! ma fille bien-aimée!...

(Gomès donne la main à Florinde; ils sortent.)

SCENE III.

DOROTHÉE, puis DON JUAN.

DOROTHÉE.

Maintenant, je puis me désespérer tout à mon aise; je puis les maudire, eux, et leurs lois de sang, et leur tribunal de bourreaux, et lui le premier, puisqu'il ne m'entend plus; qu'avons-nous fait pour qu'on nous traite ainsi? Ah! si le pouvoir passe une fois du côté de la vraie croyance, c'est-à-dire du nôtre, nous serons humains et charitables; mais ces chrétiens qui nous oppriment, si je les tenais tous, je voudrais les anéantir d'un seul coup, les déchirer par morceaux; je voudrais les faire brûler à petit feu jusqu'au dernier...

DON JUAN, qui vient d'entrer par la fenêtre.

Un seul excepté, j'espère!

DOROTHÉE, poussant un cri.

C'est vous, seigneur don Juan; quelle peur vous m'avez faite! vous ici!... et par quelle route encore?

DON JUAN.

La seule où j'étais sûr de ne rencontrer personne, la brèche du jardin et l'escalade.

DOROTHÉE.

Dieu tout-puissant! c'est du ciel que vous êtes tombé.

DON JUAN.

Exactement, j'en arrive; ou du moins j'y allais tout droit, mais j'ai rebroussé chemin. Partage donc mon bonheur, elle m'est rendue.

SCÈNE IV.

DOROTHÉE, DON JUAN, DON QUEXADA.

DON QUEXADA, à don Juan, de la fenêtre.

Du moins, venez à mon aide!

DON JUAN, courant à lui.

J'oubliais... Ah! pardon; l'arrière-garde est en retard.

DOROTHÉE.

Comment lui annoncer une nouvelle qui va changer sa joie en désespoir?

DON JUAN, à Quexada.

Ne craignez point : le treillage est bon.

DON QUEXADA.

Sortir, entrer par les fenêtres! on dirait que les portes ne doivent plus s'ouvrir pour nous.

DON JUAN, l'aidant à franchir le balcon.

Ce ne sont pas celles qui s'ouvrent que je crains le plus.

DON QUEXADA.

Ni moi; où sommes-nous ici?

DON JUAN, à Dorothée.

Que fait dona Florinde? elle s'est retirée dans son appartement?

DOROTHÉE, à part.

Je redoute jusqu'aux extravagances de sa douleur.

DON QUEXADA.

Nous sommes chez dona Florinde?

DON JUAN, à Dorothée.

Cours la prévenir de notre arrivée.

DOROTHÉE.

J'y vais, seigneur don Juan. (A part.) Mon Dieu! que faire? obéissons, ne fût-ce que pour lui laisser le temps de revenir.

SCENE V.

DON JUAN, DON QUEXADA.

DON JUAN.

Concevez-vous ma joie? je vais la revoir.

ACTE IV, SCÈNE V.

DON QUEXADA.

Et c'est pour m'entraîner chez elle à mon insu que vous avez refusé de me suivre au palais de Médina. Ah! pourquoi ai-je promis, solennellement promis de ne pas vous quitter d'un moment? Chez dona Florinde!

DON JUAN.

Pouvais-je vous conduire autre part?

DON QUEXADA.

Non, vous ne le pouviez pas; depuis hier matin, il y a en vous je ne sais quoi de malencontreux qui se communique à moi, pour nous faire agir et parler tous deux, comme d'inspiration, au rebours de la prudence et du bon sens; et vous êtes dans l'ivresse encore!

DON JUAN.

Que voulez-vous? je n'ai que d'heureux pressentiments.

DON QUEXADA.

Alors il va nous arriver quelque malheur.

DON JUAN, qui s'approche de la porte par où Dorothée est sortie.

Mais que fait-elle?

DON QUEXADA, qui le suit.

Vous avez beau ne pas m'écouter : il faut m'entendre; revenir dans une maison où il vous a plu d'introduire le comte de Santa-Fiore, qui est peut-être observée, cernée par des gens à lui, où vous pouvez le rencontrer en personne...

DON JUAN.

Que j'aie cette bonne fortune, et ma joie est au comble.

DON QUEXADA.

Dieu vous en préserve!... et moi aussi! Mais le plus acharné de vos ennemis ne pourrait pas faire un vœu qui vous fût plus fatal. Savez-vous, jeune homme, quel avenir vous jetez au hasard? Savez-vous qui vous êtes? Si vous le saviez, vous auriez un peu plus de respect pour vous-même.

DON JUAN, qui revient précipitamment.

Du respect pour moi! je ne m'en serais jamais avisé; je suis donc quelque chose de bien important dans le monde?

DON QUEXADA.

Vous êtes...

DON JUAN.

Enfin, je vais me connaître!

DON QUEXADA.

Vous êtes... un fou; c'est tout ce que je puis vous dire.

DON JUAN.

Ne me demandez donc pas de me conduire comme un sage; mais allons, asseyez-vous et rassurez-vous, mon digne ami; vous ne seriez pas plus en peine quand le saint-office se mêlerait de mes affaires et des vôtres.

DON QUEXADA.

C'est la seule infortune qui nous manque; n'en parlez pas, ou vous la ferez venir.

DON JUAN.

Dorothée! je meurs d'impatience; Dorothée!... quoi! tu es seule!...

SCENE VI.

DON JUAN, DON QUEXADA, DOROTHÉE.

DOROTHÉE.

Ah! seigneur don Juan!...

DON JUAN.

Que vois-je? tu détournes le visage; tu pleures; il s'est passé quelque horrible aventure que tu veux me cacher!

DOROTHÉE.

Je le voulais et je ne le peux pas.

DON JUAN.

Explique-toi; je suis au supplice. Dona Florinde!...

DOROTHÉE.

N'est plus ici.

DON JUAN.

Achève.

DOROTHÉE.

On l'interroge.

DON JUAN.

Où donc? qui donc? Achève, par pitié.

DOROTHÉE.

L'inquisition.

DON JUAN.

L'inquisition! une Juive! elle est perdue.

DON QUEXADA, courant à lui.

Qu'est-ce que vous venez de dire?

DON JUAN, avec désespoir, à Quexada.

Perdue sans ressource!

DON QUEXADA.

Ce n'est pas là ce que je vous demande. Vous avez parlé d'une Juive?

DON JUAN.

Moi!

DON QUEXADA.

Dona Florinde est une Juive?

DON JUAN..

Puisque je l'ai dit, c'est vrai.

DON QUEXADA.

Soupçonnée d'apostasie après abjuration... Là! je l'aurais juré; mais il n'y a plus de sûreté pour nous chez elle.

DON JUAN.

Allons!

DON QUEXADA.

L'inquisition ne se borne pas à brûler les Juifs, elle brûle aussi leurs adhérents; m'entendez-vous? leurs adhérents.

DON JUAN.

Eh! oui, je vous entends : leurs adhérents. Qu'est-ce que vous voulez que j'y fasse? et que m'importe?

DOROTHÉE.

Eh bien! nous périrons tous ensemble.

DON JUAN.

Tous ensemble.

DON QUEXADA, furieux, à Dorothée.

Parlez pour vous, la duègne. Si cette partie de plaisir-là vous tente, donnez-vous-en la joie; mais je ne veux pas en être. Je veux sortir d'ici...

DOROTHÉE.

Sortez.

DON JUAN.

Qui vous retient?

DON QUEXADA.

Et de l'Espagne. (A don Juan.) Mais vous me suivrez; nous ne pouvons aller ni trop vite, ni trop loin. A la veille d'un auto-da-fé, et avec l'ennemi que nous avons sur les bras, une telle liaison suffit pour nous mener droit au bûcher. Partons, venez, mon cher don Juan, venez...

DON JUAN, le prenant par le bras pour l'entraîner.

A l'inquisition? je le veux bien.

DON QUEXADA.

Pour Dieu! lâchez-moi. Quand il parle ainsi, il me semble que j'ai les pieds sur des charbons ardents.

DOROTHÉE.

De grâce, seigneur don Juan, pas d'imprudence! Un des personnages importants du saint-office protége dona Florinde, l'accompagne, et doit la ramener chez elle.

DON JUAN.

Cette nuit même?

DOROTHÉE.

Et bientôt; il me l'a promis.

DON JUAN.

Que ne le disais-tu?

DON QUEXADA.

Je ne veux pas qu'il me trouve dans cette maison. Encore un coup, suivez-moi.

DON JUAN.

Quand je devrais abjurer pour partager son sort, je reste.

DON QUEXADA.

Tenez, don Juan, vous êtes un ingrat; vous me désespérez. Tout ce qu'il était humainement possible de faire pour tenir ma promesse, je l'ai fait; vous avez ri des conseils du vieillard, et il a mieux aimé redevenir jeune homme pour extravaguer avec vous que d'avoir raison en vous abandonnant à votre mauvaise tête; mais tout a son terme. La rage de l'auto-da-fé vous tourne l'esprit, et je me perdrais maintenant sans vous être bon à rien. Adieu donc!... mon élève, mon cher enfant, c'est avec un serrement de cœur que je vous le dis; c'est en pleurant que je vous embrasse, mais adieu; car enfin la paternité la plus dévouée ne peut pas aller jusqu'à vous faire brûler vif pour un fils... qui n'est pas le vôtre.

DON JUAN.

Écoutez; votre parole donnée, votre tendresse pour moi, vous pouvez tout concilier avec votre sûreté.

DON QUEXADA.

Comment? dites-le en deux mots.

DON JUAN.

Dès que dona Florinde sera seule, je me montre, et je fuis avec elle avant d'attendre une seconde citation du tribunal.

DOROTHÉE.

Ah! sauvez-la!

DON JUAN.

Sortez : procurez-vous des chevaux, et revenez nous prendre; alors à vous le commandement.

DON QUEXADA.

Comptez sur la plus belle retraite!... mais écoutez-moi à votre tour; je viendrai sous la fenêtre vous faire un signal.

DON JUAN.

Oui.

DON QUEXADA.

Trois coups dans la main.

DON JUAN.

Bien.

DON QUEXADA.

Si je puis rentrer dans cette maison sans danger, vous me répondrez; autrement...

DON JUAN.

Je ne vous répondrai pas.

DON QUEXADA.

Vous me le promettez?

DON JUAN.

C'est convenu.

DON QUEXADA, à Dorothée.

Maintenant conduisez-moi, et avec prudence.

DOROTHÉE.

Personne sur le seuil. Ne craignez rien.

DON QUEXADA, qui sort avec Dorothée.

Les juifs et leurs adhérents; miséricorde!...

DON JUAN.

Il n'a que ses adhérents dans la tête.

SCENE VII.

DON JUAN.

Oh! quand une peur, qui tient du délire, vous crie aux oreilles, le moyen d'assembler deux idées!... (Il s'assied.) Réfléchissons, maintenant que je suis seul : à quoi me résoudre?... à l'attendre? et si elle ne revenait pas? j'irais la chercher jusqu'au fond de cette caverne du saint office... mais je mourrais mille fois avant de m'en ouvrir l'entrée! N'est-ce pas le comble du malheur que de n'avoir pas même la ressource de faire une folie? (Se levant.) Attendre est impossible, agir ne l'est pas moins; quel supplice que de ne pouvoir prendre un parti! Le plus mauvais de tous vaut mieux que l'indécision, et je donnerais dix années de ma vie pour m'épargner une heure de cette insupportable angoisse; (Retombant assis.) j'y succombe. Ah! Florinde, Florinde! vous ai-je perdue pour toujours?

SCENE VIII.

DON JUAN, DOROTHÉE.

DOROTHÉE, accourant.

La voilà, seigneur don Juan! je l'ai revue : la voilà.

DON JUAN.

Je cours au-devant d'elle.

DOROTHÉE.

Mais elle n'est pas seule; celui dont je vous ai parlé la ramène; voulez-vous la perdre?

DON JUAN.

Plutôt cent fois me perdre moi-même!

DOROTHÉE.

Gardez-vous donc de vous montrer, et laissez-vous conduire.

DON JUAN.

Où tu voudras.

DOROTHÉE, ouvrant une porte latérale.

Dans le lieu le plus retiré de la maison, chez moi, et pour n'en sortir qu'à propos.

DON JUAN.

Elle est de retour; je suis ici pour la défendre : ah! je respire, et je t'obéis. (Il sort avec Dorothée.)

SCENE IX.

DONA FLORINDE, DON RUY GOMÈS.

DONA FLORINDE.

Grâces vous soient rendues, don Gomès! vous avez tenu

votre parole; mais pardonnez... (Tombant sur un siége.) mes genoux tremblent sous moi.

GOMÈS.

Cet interrogatoire vous a laissé une impression pénible.

DONA FLORINDE.

Douloureuse, accablante comme un rêve qu'on ne peut chasser. Cette vaste salle tendue de noir, ces torches qui n'éclairent que pour rendre l'obscurité plus affreuse, ces juges voilés, dont les yeux seuls sont visibles et se fixent sur vous avec une immobilité qui glace même la pensée... Quel spectacle! La justice des hommes ne peut-elle donc apparaître que sous ces dehors terribles?

GOMÈS.

Oui, señora, quand c'est Dieu qu'elle venge; mais j'espère que vos juges s'adouciront en votre faveur.

DONA FLORINDE.

Vous n'en avez pas la certitude?

GOMÈS.

Je voudrais l'avoir.

DONA FLORINDE.

Ils ont donc résolu de me rappeler en leur présence?

GOMÈS.

Je l'ignore, mais c'est possible.

DONA FLORINDE.

De me soumettre à cette épreuve de douleur, dont les instruments épars autour de moi m'ôtaient presque l'usage de ma raison?

GOMÈS.

Je répugne à le croire; mais...

DONA FLORINDE, se levant.

C'est encore possible! Ah! vous ne le permettrez pas;

vous prendrez pitié de moi ; le courage de mourir, je l'aurais : je suis si malheureuse! Mais devant de telles souffrances je ne me sens plus que la faiblesse d'une femme; elles me font peur. Comment me les épargner? je me soumets d'avance à tout ce qu'on exigera de moi; tout ce qu'on voudra que je dise, je le dirai; pour mourir plus vite, pour ne mourir qu'une fois! oh! je le dirai.

GOMÈS, à part.

La voilà donc où je désirais l'amener. (A dona Florinde.) Une seule personne peut intervenir entre vous et vos juges; une seule, je vous le répète : c'est le roi.

DONA FLORINDE.

Le fera-t-il?

GOMÈS.

En pouvez-vous douter, quand il daigne venir vous l'assurer lui-même?

DONA FLORINDE.

Qu'il vienne donc!

GOMÈS.

Comme je vous l'ai dit, madame, je croyais le trouver ici; dans quelques instants il sera près de vous; ne lui montrez aucun ressentiment : songez que l'inquisition intimide jusqu'aux rois, qu'une démarche auprès de ce tribunal est hasardeuse, même pour lui, et qu'elle mérite quelque reconnaissance.

DONA FLORINDE.

Hélas! que peut-il attendre de la mienne?

GOMÈS.

Je vous quitte, señora, et c'est encore pour m'occuper de vous; je veux revoir vos juges, combattre des préventions qui, je l'avoue, me front frémir malgré moi.

ACTE IV, SCÈNE X.

DONA FLORINDE.

Courez : je vous en remercie, et du fond de l'âme.

GOMÈS.

Pourrai-je les détruire?... (La regardant.) Quoi! tant de beauté! ce serait horrible.

DONA FLORINDE.

Ah! je tremble, je tremble.

GOMÈS.

Ayez donc autant de pitié pour vous que j'en ai moi-même. Don Philippe ne peut tarder : vous allez le voir; votre sort est dans vos mains. Restez, restez, señora.

DONA FLORINDE, retombant assise.

Du moins, mes bénédictions vous accompagnent.

GOMÈS, à part, en sortant.

Que le roi promette maintenant, et l'amant va tout obtenir.

SCÈNE X.

DONA FLORINDE.

Je n'ai plus qu'une espérance; mais que va-t-il m'ordonner? de renoncer à don Juan; ne sommes-nous pas séparés? de ne plus l'aimer; est-ce en mon pouvoir?... Oh! que la terreur a d'empire sur nous! c'est son ennemi que j'appelle de tous mes vœux, son ennemi mortel, le roi!... il faut que je sois bien malheureuse ou bien faible puisque je peux souhaiter de le revoir; je le souhaite pourtant : j'en ai honte, mais je ne saurais me vaincre. Mon Dieu, faites qu'il vienne!

SCENE XI.

DONA FLORINDE, DOROTHÉE.

DOROTHÉE, s'élançant vers dona Florinde.

Ah! c'est vous, vous que je presse dans mes bras!

DONA FLORINDE.

Dorothée, ma mère!...

DOROTHÉE.

Vous frissonnez.

DONA FLORINDE.

N'ajoute pas à mon émotion par la tienne : je veux me calmer : j'attends quelqu'un.

DOROTHÉE.

Moi, je vous annonce une personne que vous n'attendiez plus.

DONA FLORINDE.

Que veux-tu dire?

DOROTHÉE.

C'est lui.

DONA FLORINDE.

Don Juan?

DOROTHÉE.

Lui, qui vient d'arriver.

DONA FLORINDE.

Don Juan est libre : ô ciel! je te rends grâce!

DOROTHÉE.

Retiré dans ma chambre, il m'envoie m'assurer que vous êtes seule : un mot de vous et il est à vos pieds; irai-je le chercher?

DONA FLORINDE.

Mais sans doute; mais à l'instant; mais va donc si tu m'aimes! (La retenant par le bras.) N'as-tu pas entendu?...

DOROTHÉE.

Non rien; rien, je vous jure.

DONA FLORINDE.

Arrête! la joie m'ôtait le sens : que don Juan parte, qu'il fuie!

DOROTHÉE.

Avec vous, cette nuit; sans vous, jamais!

DONA FLORINDE.

Et comment fuir? il va le rencontrer.

DOROTHÉE.

Qui donc?

DONA FLORINDE.

Je te l'ai dit : le comte, le comte, qui ne peut tarder; qui sera près de moi dans un moment, qui monte peut-être pendant que je te parle. Dieu! s'ils se retrouvaient en face l'un de l'autre!...

DOROTHÉE.

Eh bien! don Juan le tuerait.

DONA FLORINDE.

Le tuer! que dis-tu? mais tu ignores... ce serait le plus épouvantable des crimes; et j'ai pu souhaiter sa présence! Écoute, Dorothée : don Juan est chez toi; il faut l'y retenir.

DOROTHÉE.

S'il consent à se laisser faire.

DONA FLORINDE.

Sans lui parler du comte.

DOROTHÉE.

Je m'en garderai bien ; mais voudra-t-il attendre ?

DONA FLORINDE.

Dis-lui que je l'en prie ; dis-lui que je le veux, qu'il y va de ses jours ; non, des miens, il t'écoutera.

DOROTHÉE.

Je l'espère ; cependant n'y a-t-il pour vous aucun danger à demeurer seule ?

DONA FLORINDE.

Aucun ; je tremblais tout à l'heure, mais je redeviens moi-même : je ne pense plus qu'à lui, je ne crains plus que pour lui, je m'exposerais à tout pour le sauver ; l'amour, ah ! l'amour, c'est le courage des femmes.

DOROTHÉE.

Mais don Juan ne consultera que son épée, s'il découvre que vous refusez de le recevoir pour entretenir son ennemi.

DONA FLORINDE.

Toute une galerie entre ce salon et ta chambre, il ne pourra nous entendre.

DOROTHÉE.

Ah ! si vous aviez pu lui parler !

DONA FLORINDE.

Oui, tu as raison, je le peux encore ; viens, je t'accompagne, je te devance, du moins je l'aurai revu !... (S'arrêtant tout à coup.) Cette fois je ne me trompe pas.

DOROTHÉE.

On monte les degrés ; on vient.

DONA FLORINDE.

C'est le comte ; il est trop tard. Dorothée, sauve-nous tous deux. Va, cours, et referme cette porte sur toi ! (Donnant un tour de clef.) Je ne puis mettre assez d'obstacles entre don Juan et lui. (Revenant sur le devant de la scène.) Ah! que mon cœur et mes yeux ne me trahissent pas!

SCENE XII.

DONA FLORINDE, PHILIPPE II.

PHILIPPE II, à part au fond.

L'effroi, qui va me la livrer, l'embellit encore. Ou cette nuit, ou jamais!

DONA FLORINDE, à part.

Comment abréger cet entretien?

PHILIPPE II.

Me pardonnez-vous, madame, de troubler votre rêverie?

DONA FLORINDE.

Ah! sire, elle était si triste que... que je dois vous en remercier.

PHILIPPE II.

Cette fois, ma présence ne vous est donc pas importune?

DONA FLORINDE.

Peut-elle l'être... quand vous venez me défendre? je révère... je bénis votre justice.

PHILIPPE II.

J'accepterais l'éloge, si un intérêt plus tendre que le besoin d'être juste ne me ramenait auprès de vous.

DONA FLORINDE.

La pitié, sire.

PHILIPPE II.

Oui, une pitié pleine de sollicitude et d'alarmes, le dévouement d'un ami, que vous connaissiez mal, quand vous avez pu le croire insensible.

DONA FLORINDE.

Ce mot me rend l'espoir : transmis de la part de votre majesté, il eût suffi pour calmer mes craintes... et vous aurait épargné une démarche dont je suis confuse.

PHILIPPE II.

Mais, en me privant d'un plaisir dont j'étais jaloux, celui de vous rassurer moi-même; ne me l'enviez pas.

DONA FLORINDE, à part.

Il va rester.

PHILIPPE II.

Ces instants que je vous consacre, je trouve si doux de les dérober à mes travaux.

DONA FLORINDE.

Et à votre repos peut-être. Je sais combien ils sont précieux; ne craignez pas que j'en abuse.

PHILIPPE II, avançant un fauteuil pour dona Florinde.

Vous-même ne craignez pas trop d'en abuser.

DONA FLORINDE, qui s'assied.

Il le faut.

PHILIPPE II, à part.

Ne l'ai-je point trop tôt rassurée? (A dona Florinde.) On a dû vous dire, madame, que la volonté souveraine peut se briser contre un arrêt de l'inquisition. Ce tribunal représente Dieu même, et, devant Dieu, que sont les rois de la terre? Cependant j'ai résolu, quel qu'en fût le péril, de me jeter entre vos juges et vous; mais, pour prix d'un tel service, que dois-je attendre? votre haine peut-être!

DONA FLORINDE, en se levant.

Moi, de la haine, quand vous me sauvez!... Ah! sire, ce serait de l'ingratitude, et...

ACTE IV, SCÈNE XII.

PHILIPPE II.

Et vous en êtes incapable, belle Florinde; je le crois. (L'invitant du geste à se rasseoir.) Ah! de grâce!...

DONA FLORINDE, à part en s'asseyant, tandis que le roi va prendre un siége.

Quel supplice!

PHILIPPE II, appuyé sur sa chaise.

Vous ne serez point ingrate, mais vous resterez indifférente. (En s'asseyant.) Le sort d'un roi est de n'obtenir que le respect, quand il n'inspire pas l'aversion ou l'envie; et pourtant, accessible à toutes les affections qu'on lui refuse, brûlé sans espoir de toutes les passions qui consument, qu'un roi sent douloureusement le besoin d'être aimé!

DONA FLORINDE.

Vous l'êtes, sire, d'un peuple entier qui vous respecte, qui vous admire, qui voit en vous la source de tous les biens.

PHILIPPE II.

Oui, je le suis par intérêt; je le suis de cet amour qui s'adresse, non pas à moi, mais à mon pouvoir, non pas à l'homme, mais au souverain. Que me font ces hommages, ces acclamations dont on me fatigue? avec quelle joie je les donnerais pour le bonheur de sentir la main d'un ami presser la mienne; pour un soupir de l'amante que je me suis créée par la pensée, que je vois dans mes rêves, qui poursuit le monarque au milieu de ses travaux, et le chrétien jusque dans la ferveur de ses prières!

DONA FLORINDE.

Cette amante, sire, Dieu et la France vous la donnent: une jeune fiancée vient à vous, célèbre par ses vertus et ses grâces, proclamée belle entre toutes les princesses.

PHILIPPE II.

Mais non entre toutes les femmes. Reste-t-il une place pour elle dans ce cœur possédé d'une autre image? Ne le croyez pas, Florinde; ce mariage politique n'est que le veuvage avec plus de contrainte et d'entraves. (En rapprochant son siége de celui de Florinde.) Oh! qu'une épouse de ma préférence secrète, de mon amour, choisie pour elle-même, et adorée dans l'ombre, serait plus reine que cette reine qui n'aura qu'un vain titre! Mon sceptre, je le mettrais à ses pieds; ce droit de grâce, le plus beau de mes droits, c'est elle qui l'exercerait en mon nom; mes trésors ne feraient que passer de ses mains dans celles des malheureux; et ce pouvoir immense de consoler l'infortune, cette royauté enveloppée de mystère, mais plus absolue que la mienne, une seule femme la mérite, une seule dans le monde, et cette femme, Florinde, c'est vous... (Il tombe à ses genoux.)

DONA FLORINDE, se levant.

Moi, juste ciel! qui? moi!

PHILIPPE II.

Vous, à qui je l'offre à genoux, à qui je demande, en tremblant, un peu de cette pitié que je ne vous ai pas refusée pour vous-même.

DONA FLORINDE.

Mais que vous vouliez me vendre au prix de l'honneur... Oh! non, vous n'avez pas eu cette pensée; je m'abuse et je vous fais injure. Pardon, sire, ah! pardon de mon erreur!

PHILIPPE II.

Ne feignez pas de vous méprendre; n'en appelez pas à des vertus dont Dieu m'affranchit, en me les rendant impossibles. (Se relevant.) Je l'ai résolu : crime ou non, de votre

ACTE IV, SCÈNE XII.

volonté ou seulement de la mienne, Florinde, vous serez à moi.

DONA FLORINDE.

Et je me suis livrée!... et je suis seule!

PHILIPPE II.

Oui seule; et rien ne vous trahira; mais rien ne peut vous sauver.

DONA FLORINDE.

Que mon désespoir et mes cris...

PHILIPPE II.

Vos cris ne seront pas entendus.

DONA FLORINDE.

Vous vous trompez, sire, on viendra; je vous jure qu'on viendra.

PHILIPPE II.

Et qui donc?

DONA FLORINDE.

Personne, oh! non, personne. Il est vrai; je suis sans appui, sans défense; ou plutôt, je n'ai qu'un refuge, et c'est vous, vous à qui je confie cet honneur que vous veniez me ravir; vous, sire, qui serez mon défenseur contre vous-même. (S'avançant vers lui avec exaltation.) Don Philippe, l'action que vous voulez commettre est horrible, (Tombant à genoux.) et j'en demande justice au roi d'Espagne.

PHILIPPE II, la regardant avec transport.

Ravissante de terreur et de fierté! Florinde, c'est le seul vœu de toi que je n'accomplirai pas : le roi d'Espagne sera ton maître aujourd'hui et don Philippe ton esclave toute sa vie.

DONA FLORINDE, qui repousse le roi en se relevant.

Écoutez-moi donc, homme cruel, chrétien sans pitié; je ne dirai qu'un mot, puisque j'y suis réduite...

PHILIPPE II.

Il ne changera pas ton sort.

DONA FLORINDE.

Qu'un mot qui va me perdre, mais qui vous fera reculer d'horreur.

PHILIPPE II, s'élançant vers elle.

C'est trop me résister.

DONA FLORINDE, en fuyant.

Pitié! sire; grâce!... ou je dirai tout... je suis...

PHILIPPE II, qui la saisit dans ses bras.

Et que m'importe!

DONA FLORINDE.

Je suis une juive!

PHILIPPE II, reculant d'horreur.

Toi! Qu'entends-je! (Après un long silence.) Ah! malheureuse fille, puisses-tu, pour ton salut dans ce monde et dans l'autre, avoir poussé la vertu jusqu'au mensonge!

DONA FLORINDE.

Mon mensonge fut de descendre par nécessité à feindre une croyance qui n'était que sur mes lèvres; voilà mon crime, et j'en serai punie; mais si vous faites un pas vers moi, je répéterai au pied du tribunal, je proclamerai devant mes juges, qu'un Espagnol a été assez lâche pour vouloir triompher de l'innocence par la force; qu'un chevalier a fait outrage à une femme; que le plus saint roi de la chrétienté, que toi, don Philippe, toi le roi catholique, tu t'es souillé d'une passion infâme pour une juive. (Avec calme.) Eh bien! vous vous arrêtez maintenant; c'est moi qui suis tranquille et c'est vous qui tremblez.

PHILIPPE II.

Pour tes jours. Sais-tu que si, à mon éternelle confusion, tes paroles avaient frappé une autre oreille que la mienne, sais-tu qu'il n'y aurait plus d'espoir pour toi dans cette vie?

DONA FLORINDE.

Mais j'en sortirais pure.

PHILIPPE II.

Que je ne pourrais te soustraire ni à la torture, ni aux flammes du bûcher?

DONA FLORINDE.

Mais j'irais martyre à ce Dieu qui est le mien comme le vôtre, et qui jugera mes juges; mais je mourrais digne encore de celui qui m'a tant aimée.

PHILIPPE II.

Oh! pourquoi as-tu rappelé ce souvenir? il étouffe en moi toute compassion; c'est ta sentence, Florinde, ta sentence de mort. (Entendant frapper à coups redoublés à la porte de la galerie voisine.) Quel est ce bruit?

DONA FLORINDE, au comble de la terreur.

Quoi?... je n'ai rien entendu... je ne sais... Dorothée, peut-être.

DON JUAN, en dehors.

Ouvrez cette porte, ou je la briserai.

PHILIPPE II.

Un homme ici!

DONA FLORINDE, qui s'élance vers la porte, et veut arrêter le roi.

Je vous en conjure... Ah! par tout ce que vous avez de sacré dans le monde!...

PHILIPPE II, l'écartant pour ouvrir la porte.

Un témoin de ma honte! je saurai qui c'est.

(Don Juan entre précipitamment et s'arrête à la vue de Philippe II, qui recule épouvanté.)

SCENE XIII.

DON JUAN, PHILIPPE II, DONA FLORINDE.

PHILIPPE II.

Don Juan!

DON JUAN.

Le comte!

PHILIPPE II.

Vous m'avez entendu?

DON JUAN.

Trop tard; je vous aurais déjà puni.

DONA FLORINDE, qui se précipite entre eux.

Vous n'en avez ni le droit ni le pouvoir, don Juan; vous ne connaissez pas celui que vous outragez.

DON JUAN.

Je le connais par ses actes, et il m'en fera raison.

PHILIPPE II.

Je vous jugerai sur les vôtres, et vous m'en répondrez.

DONA FLORINDE, à don Juan.

Vous lui devez respect. Ah! respect au plus noble sang de la Castille!

DON JUAN.

Je ne le tiens ni pour noble, ni pour Castillan; car il craint un homme et il menace une femme.

PHILIPPE II.

Je plains le sort de la femme; quant à l'homme, je le vois d'assez haut pour mépriser ses injures.

DON JUAN.

Faute d'oser descendre jusqu'à vous en venger.

ACTE IV, SCÈNE XIII.

PHILIPPE II.

S'il vous reste une lueur de raison, don Juan, pas un mot de plus, et sortez.

DON JUAN.

Si vous avez encore une goutte de sang dans le cœur, sortez avec moi ou défendez-vous.

DONA FLORINDE.

Ici... sous mes yeux!... vous ne l'oserez pas!... (S'attachant à lui.) Vous ne le pourrez pas!...

PHILIPPE II.

Pour la dernière fois, obéissez.

DON JUAN.

Pour la dernière fois aussi, défends-toi. La pointe de ton épée à ma poitrine, ou le plat de la mienne sur ton visage!... En garde!

DONA FLORINDE, en poussant un cri.

C'est le roi!

DON JUAN, qui laisse tomber son épée.

Le roi?

DONA FLORINDE, un genou en terre.

Ah! sire, grâce! non pas pour moi; je suis condamnée; mais pour lui, dont le seul crime fut de m'aimer sans savoir qui j'étais, et de me défendre sans vous connaître.

PHILIPPE II, à Florinde.

Vous m'avez trahi.

DONA FLORINDE.

En voulant sauver vos jours.

PHILIPPE II.

Ou plutôt les siens. Qui vous dit que je n'avais pas les moyens de me protéger moi-même contre un fou que je dédaignais trop pour me nommer? (Appelant au fond.) A moi, Gomès!

SCENE XIV.

LES PRÉCÉDENTS; DON RUY GOMÈS, UN OFFICIER, QUELQUES GARDES DU ROI.

PHILIPPE II, à Gomès.

Ce jeune homme en démence aux prisons de l'Alcazar! (Montrant la chambre de dona Florinde.) Cette femme, ici! je déciderai de leur sort.

DONA FLORINDE.

Pourquoi, don Juan, ne m'avez-vous pas laissée mourir seule?
(Après lui avoir jeté un dernier regard elle entre dans son appartement, où un officier l'accompagne.)

DON JUAN.

Et je n'ai pu venger ni son honneur ni le mien! oh! mon serment, mon serment!...

PHILIPPE II, aux gardes.

Retirez-vous.

SCÈNE XV.

PHILIPPE II, DON RUY GOMÈS.

PHILIPPE II.

Ma rage si long-temps comprimée peut donc enfin se donner carrière!... Eh bien! Gomès, c'est par toi que je l'ai connue, c'est toi qui m'as ramené dans ce lieu où tout n'est qu'idolâtrie et profanation. Quand je t'ordonnai d'éveiller sur cette femme les soupçons du saint-office pour

ACTE IV, SCÈNE XV.

l'effrayer, c'était un instinct religieux qui m'y poussait à mon insu : une Juive!... elle m'a dit : Je suis une Juive! et elle a mieux aimé mourir pour l'avoir dit que se donner à moi en me le cachant.

GOMÈS.

Ne peut-elle pas vous avoir trompé, sire, afin d'échapper à vos poursuites?

PHILIPPE II.

Je l'ai pensé; je voudrais le croire encore; ou plutôt je voudrais ne rien savoir. Que dis-je? ce vœu même est un sacrilége; mais je l'aime, depuis qu'il y a un abîme entre nous deux, je l'aime de tout le désespoir que je sens de ne pouvoir la posséder. Pour comble de honte, il m'a insulté devant elle.

GOMÈS.

Mais du moins ce crime justifie d'avance un arrêt que vous ne pouviez pas prononcer sans motif.

PHILIPPE II.

Il a levé sur moi cette épée!... Que vois-je? regarde, Gomès : je ne me trompe pas; mes ordres sont arrivés trop tard pour l'empêcher de parler à Charles-Quint.

GOMÈS.

Et c'est don Quexada qui a tout conduit.

PHILIPPE II.

Le traître! s'il retombe dans mes mains!... Qu'on le cherche; qu'on l'arrête; que son châtiment soit terrible!

GOMÈS.

Peut-être don Juan ignore-t-il encore le secret de sa naissance?

PHILIPPE II.

Il sait tout. Mon père ne lui a-t-il pas donné cette épée

qu'il m'a toujours refusée? il l'en croit donc plus digne que moi; il l'aime plus que moi; elle aussi le préfère! (Entendant frapper trois coups dans la main.) Écoutez.

GOMÈS.

C'est un signal.

PHILIPPE II.

Qui nous livre un complice. Cours à lui, Gomès. (Gomès sort.) Et malheur à tous ceux qui m'ont offensé!

FIN DU QUATRIÈME ACTE.

ACTE CINQUIÈME.

Le cabinet du roi dans l'Alcazar de Tolède; une porte latérale; une grande porte au fond, donnant sur une galerie; un crucifix suspendu sur un fond noir.

SCENE I.

PHILIPPE II, assis près d'une table; **DON RUY GOMÈS**, qui travaille à côté du roi.

PHILIPPE II, écrivant.

« . . . . . Que le plus heureux jour de notre règne sera » celui où vous recevant dans notre bonne ville de Ma- » drid... » de Madrid!... Une lettre de bienvenue, une lettre d'amour, quand je ne me sens rien dans le cœur pour cette Élisabeth de France! Non, par le ciel! de ma propre main, c'est impossible. Avez-vous là ces projets d'édits contre les Maurisques?

GOMÈS.

Les voici.

PHILIPPE II.

Et contre les Juifs; surtout contre eux. (Parcourant des papiers.) J'ajouterai à mes rigueurs; je les en écraserai; dussé-je faire un désert de l'Espagne, ils disparaîtront en laissant leurs trésors pour enrichir nos églises, et leur sang pour raviver la foi qui s'éteint. Je le veux, et par piété!

GOMÈS.

Qui en douterait, sire!

PHILIPPE II.

Ne croyez pas que ce soit par vengeance; ne supposez pas que je pense à elle!

GOMÈS.

J'en suis bien loin.

PHILIPPE II.

Cependant, si, comme tu le dis, elle n'appartenait point à cette abominable tribu... Don Quexada doit le savoir; il la connaît sans doute.

GOMÈS.

J'ai donné l'ordre de le conduire devant votre majesté.

PHILIPPE II.

Si au moins par une conversion sincère, si du fond de l'âme, elle abjurait ses erreurs.

GOMÈS.

Il en est une, sire, qui l'empêchera d'abjurer toutes les autres : son amour.

PHILIPPE II.

Oh! vous voulez me pousser à tuer ce jeune homme.

GOMÈS.

Moi, sire!

PHILIPPE II.

Et vous avez raison; et vous êtes mon ami en le voulant. Je n'y suis que trop porté; mais il y a en moi je ne sais quel mouvement de nature qui se révolte pour lui; je ne sais quel respect humain qui m'arrête. Si mon père lui a tout dit, c'est qu'il le prend sous sa protection.

GOMÈS.

Rien ne le prouve.

PHILIPPE II.

Son digne précepteur éclaircira mes doutes sur ce point. Qui m'a trompé peut vouloir me tromper encore ; mais cette fois, je saurai lui faire une nécessité de la franchise. Le grand inquisiteur est-il arrivé?

GOMÈS.

Il attend, avec son cortége et tous les grands d'Espagne, que votre majesté veuille bien le recevoir.

PHILIPPE II.

Et vous avez commandé qu'il ne fût introduit que quand don Quexada sera présent? J'ai mes raisons pour qu'il en soit ainsi.

GOMÈS.

Vous avez toujours regardé la peur comme un des meilleurs moyens d'action sur les hommes.

PHILIPPE II.

Comme le meilleur : les titres s'avilissent, quand on les prodigue ; l'argent s'épuise ; la peur ne s'use pas et ne coûte rien.

GOMÈS.

Voici don Quexada.

PHILIPPE II.

Écrivez à la jeune reine, en mon nom, ce qu'il vous plaira ; je signerai sans lire.

SCENE II.

PHILIPPE II, DON RUY GOMÈS, DON QUEXADA,
amené par un officier qui se retire aussitôt.

PHILIPPE II.

Je n'ai plus de colère. Je suis de sang-froid pour être juste. Sans doute vous n'espérez pas votre grâce?

DON QUEXADA.

Je ne la mérite pas, sire; mais votre majesté est si magnanime, que je l'espère.

PHILIPPE II.

Vous aurez affaire au roi ou aux inquisiteurs : la seule faveur que je veuille vous accorder, c'est de choisir entre eux et moi.

DON QUEXADA.

Sire, il y a dans tous les pays chrétiens un vieux proverbe qui dit : « Il vaut mieux avoir affaire à Dieu qu'à ses saints; » et je le crois plus vrai en Espagne que partout ailleurs.

PHILIPPE II.

Mais je ne vous laisserai la liberté du choix qu'autant que je serai satisfait de vos réponses à mes questions. Tout dépendra de votre sincérité.

DON QUEXADA.

Elle sera entière; car si la vérité peut me nuire, je sens que le mensonge me perdrait.

UN OFFICIER DU PALAIS, annonçant.

Son éminence l'inquisiteur apostolique général, don Ferdinand de Valdès!

DON QUEXADA.

Je voudrais être à mille lieues d'ici!

SCENE III.

PHILIPPE II, DON RUY GOMÉS, DON QUEXADA, DON FERDINAND DE VALDÈS, GRANDS D'ESPAGNE, INQUISITEURS, COURTISANS.

DON FERDINAND DE VALDÈS.

Sire, l'inquisition apostolique de Castille vient, solennellement et bannières déployées, renouveler à votre majesté l'invitation d'assister à l'acte de foi qui sera célébré dans la grande place de Tolède, pour le châtiment des crimes de quelques-uns, et la rémission des péchés de tous.

PHILIPPE II.

Je vous en remercie, vénérable don Ferdinand de Valdès, le supplice des coupables ne peut que m'être agréable, comme il l'est à Dieu; et si l'on accusait mon propre fils d'hérésie ou de judaïsme, je serais le premier à vous le livrer pour l'exemple.

DON QUEXADA, à part.

Son fils! hésitera-t-il à livrer son frère?

DON FERDINAND DE VALDÈS.

Je viens en même temps déposer dans les mains de votre majesté la liste des condamnés.

DON QUEXADA, à part.

Pour mon compte, je remercie Dieu qu'elle soit close.

PHILIPPE II.

Sont-ils nombreux?

DON FERDINAND DE VALDÈS.

Hélas! sire, il n'est pas donné à tous d'avoir le même bonheur que l'éminentissime Torquémada, mon prédécesseur, qui, en onze ans d'exercice, fit le procès à cent mille personnes, dont six mille furent brûlées vives.

PHILIPPE II, qui se découvre, ainsi que toute sa cour.

Que sa mémoire soit bénie!

DON QUEXADA, s'inclinant.

Bénie! (A part.) C'est à faire dresser les cheveux sur la tête.

PHILIPPE II, parcourant la liste.

Des Juifs! toujours des Juifs!

DON FERDINAND DE VALDÈS.

Nous n'avons été que justes.

PHILIPPE II.

Et loin de les plaindre, mon père, je les recommande spécialement à votre justice, ainsi que tout Espagnol, si grand qu'il soit, que le moindre contact avec eux aurait souillé de leurs erreurs.

DON QUEXADA, à part.

Oui, les adhérents!... voilà qui nous concerne, don Juan et moi.

DON FERDINAND DE VALDÈS.

L'inquisition, sire, a partout des yeux pour voir et des bras pour sévir.

PHILIPPE II, en regardant don Quexada.

Puis-je ajouter quelques noms à cette liste?

DON QUEXADA.

Plus de doute : il veut ajouter le mien.

DON FERDINAND DE VALDÈS.

Que votre majesté désigne en marge ceux qu'elle accuse; bien que le tribunal soit épuisé de fatigue, il passera toute la nuit à les juger, et ils seront traités demain selon leurs mérites.

PHILIPPE II.

Je vous rends grâces, don Valdès, ainsi qu'à vos vénérables collègues. Le saint office peut se reposer sur ma protection, comme je compte sur son zèle.

DON FERDINAND DE VALDÈS.

En vous quittant, sire, nous n'emportons qu'un regret, c'est que la jeune reine ne soit pas arrivée assez tôt pour

ACTE V, SCÈNE IV.

jouir d'un spectacle qui eût signalé avec tant de solennité sa bienvenue en Castille.

PHILIPPE II.

Votre éminence ne doit rien regretter : le nombre des coupables est si grand, et l'inquisition si vigilante, que vous aurez bientôt une autre occasion de lui procurer ce pieux plaisir. Messieurs, accompagnez son éminence jusqu'au seuil du palais. Ne tardez pas à revenir, don Gomès.

SCÈNE IV.

PHILIPPE II, DON QUEXADA.

PHILIPPE II, assis, tenant à la main la liste des condamnés.

Vous m'avez entendu : cette liste n'est pas tellement remplie qu'on n'y puisse encore trouver place. Je la dépose sur cette table ; mais à la première parole douteuse qui sortira de vos lèvres, j'y mets un nom de plus. Répondez maintenant. Vous connaissez dona Florinde?

DON QUEXADA.

Comme votre majesté la connaît.

PHILIPPE II.

Pas davantage?

DON QUEXADA.

Peut-être moins.

PHILIPPE II.

Que voulez-vous dire?

DON QUEXADA.

Ce que je dis, sire ; rien de plus.

PHILIPPE II.

Depuis quand la connaissez-vous?

DON QUEXADA.

Depuis le jour où votre majesté m'a donné rendez-vous chez elle.

PHILIPPE II, qui étend la main vers la liste.

Don Quexada!

DON QUEXADA.

Ah! sire, arrêtez; vous me condamnez pour avoir été sincère, que ferez-vous si je ne le suis pas?

PHILIPPE II.

Au mépris de mes ordres, vous avez conduit don Juan dans le couvent de Saint-Just; pouvez-vous le nier?

DON QUEXADA.

Je ne le puis.

PHILIPPE II.

Pour qu'il y vît mon père?

DON QUEXADA.

Et le sien.

PHILIPPE II, portant la main sur la liste.

Don Quexada!

DON QUEXADA.

J'en appelle à vous sire, est-ce vrai?

PHILIPPE II.

Et il l'a vu? et il sait tout?

DON QUEXADA.

Non, sire.

PHILIPPE II.

Non? faites bien attention que vous avez dit non.

DON QUEXADA.

Je répète que Charles-Quint n'a pas cessé d'être, pour lui, frère Arsène.

PHILIPPE II, montrant l'épée qui est sur la table.

Mais cette épée fait foi du contraire, et frère Arsène,

ACTE V, SCÈNE IV.

en la lui donnant, a prouvé du moins qu'il ne persistait pas dans les résolutions arrêtées entre nous sur ce jeune homme.

DON QUEXADA.

Je conviens que ce serait un étrange présent s'il destinait encore don Juan à l'église ; mais j'affirme que l'empereur mon maître...

PHILIPPE II.

Qui fut votre maître.

DON QUEXADA.

Que l'empereur Charles-Quint ne l'a pas reconnu pour son fils.

PHILIPPE II.

Vous en êtes sûr?

DON QUEXADA.

Aussi sûr que je le suis peu de vivre demain.

PHILIPPE II, avec violence, en saisissant la liste.

Don Quexada!...

DON QUEXADA.

Sire, le seul bruit de ce papier dans vos mains suffirait pour troubler une meilleure tête que la mienne. Cette torture vaut l'autre ; mais ce que j'affirme est la vérité.

PHILIPPE II, se levant.

Il s'intéresse donc moins à ce fils que je ne le pensais ?

DON QUEXADA, vivement.

Ce n'est pas ce que j'ai voulu dire.

PHILIPPE II.

Et cet intérêt, fût-il de la tendresse, il tomberait de soi-même devant un crime de lèse-majesté, crime que don Juan a commis, et pour lequel il doit périr.

DON QUEXADA, *s'animant malgré lui.*

Non, vous ne prononcerez pas cet arrêt; votre auguste père ne le souffrirait pas.

PHILIPPE II.

Y a-t-il deux rois dans le royaume? Celui qui règne est-il le sujet de celui qui ne règne plus? Charles-Quint est mort pour l'Espagne, mort pour le monde; vous en aurez la preuve : car ce jeune homme périra, en dépit de toutes les volontés ou de toutes les faiblesses d'un moine de Saint-Just.

DON QUEXADA, *s'oubliant tout à fait.*

Eh bien! non; je n'aurai pas entendu parler ainsi de mon royal maître; on n'aura pas condamné son fils en ma présence, sans que moi, leur vieux serviteur, j'aie au moins protesté pour tous deux.

PHILIPPE II.

Est-ce bien vous qui parlez?

DON QUEXADA, *tombant à ses pieds.*

Je ne vous le dirai qu'à genoux, mais je vous le dirai : au nom de la prudence, au nom de la nature et de votre gloire, ne brisez pas la grande âme de Charles-Quint; ne vous heurtez pas contre celui dont la renommée est encore dans toutes les bouches, dont les bienfaits vivent dans tous les cœurs. Ne fût-il plus qu'une ombre, il sortirait du tombeau pour défendre contre vous son sang et le vôtre.

PHILIPPE II, *s'élançant vers la table, où il prend une plume et la liste.*

Ah! c'en est trop.

DON QUEXADA.

Écrivez, sire, écrivez; tuez le vieillard : il ne vous est plus bon à rien; mais épargnez le jeune homme, qui a une existence entière à vous sacrifier, un cœur de vingt ans à dévouer au service de son roi et de son pays; qu'il vive, lui, ou, s'il doit mourir, que ce soit pour vous et non par vous. C'est votre frère! (Se traînant à genoux jusqu'au fauteuil du roi.) Oui, c'est votre frère!... Ah! sire, un roi a si peu d'amis fidèles! peut-il volontairement se priver du dévouement d'un frère?

PHILIPPE II.

Relevez-vous, vieillard; vous êtes encore tout pâle de votre courage. (Après une pause.) Je ne m'engage à rien envers don Juan; mais si je lui laisse la vie, et j'en doute, ce sera pour qu'elle s'éteigne dans les austérités. Je vous permets de l'en instruire. Je sais que vous aurez peu de pouvoir sur son esprit; n'importe, essayez de le convaincre. Allez le trouver, et qu'il vous accompagne ici. (A don Gomès, qui est entré à la fin de la scène.) Amenez devant moi dona Florinde.

DON GOMÈS.

Quoi, sire!...

PHILIPPE II.

Amenez-la, et en même temps donnez des ordres pour que don Quexada puisse voir votre prisonnier. Allez.

DON QUEXADA, à part.

Encore une ambassade! probablement la dernière de toutes.

SCÈNE V.

PHILIPPE II

Un prince de mon nom, de mon sang, un autre moi-même à ma cour ou dans mes armées! Jamais. J'ai assez d'un fils, c'est trop d'un frère. Il faut qu'il meure ou qu'il obéisse. (Marchant avec agitation.) Et quand il se soumettrait, ne trouverais-je pas toujours, sous sa robe sacrée, l'insolent devant lequel j'ai reculé? Ne verrais-je pas, jusque dans sa crosse d'évêque, l'épée nue qu'il a levée sur moi? Point de grâce! qu'il obéisse ou non, il faut qu'il meure. (S'arrêtant.) Mais mon père!... Je me révolte en vain contre un ascendant que je ne saurais secouer; il me domine : sa royauté, toute morte qu'elle est, impose à la mienne. Je le traite de fantôme; mais s'il m'apparaissait tout à coup, aurais-je la force de lui dire : « J'ai tué votre fils?... » Il me semble que ces mots meurent déjà sur mes lèvres, comme s'il était là, comme si son regard d'aigle me faisait rentrer dans la poudre. L'Europe encore pleine de sa gloire, il lui suffirait d'un cri pour la remplir de ma honte. (Après un moment de silence.) Tuer son fils!... tuer son fils!... Je ne puis; (Tombant assis.) je n'ose pas. Mais il obéira; et comment l'y décider? Une seule personne en aura le pouvoir, et s'il résiste, si la tentation devient trop forte, c'est que Dieu voudra que j'y cède, et j'y céderai... Les voici.

SCÈNE VI.

PHILIPPE II, DON QUEXADA et DON JUAN, qui entrent par le fond; puis **DONA FLORINDE et DON RUY GOMÉS**, par la porte latérale.

DON QUEXADA, bas à don Juan.

Ce n'est pas le courage que je vous recommande.

DON JUAN.

Ah! Florinde!

DONA FLORINDE.

Don Juan!...

PHILIPPE II, à Gomès et à Quexada.

Sortez tous deux.

SCENE VII.

Les précédents, excepté DON QUEXADA et DON RUY GOMÈS.

PHILIPPE II, à part.

Ce moment va décider de leur sort; je ne me sens plus de pitié.

DONA FLORINDE, à don Juan.

Vous revoir! c'est un bonheur que je n'espérais pas.

PHILIPPE II.

Mais qui sera court. (A don Juan.) On vous a transmis ma résolution?

DON JUAN.

Oui, sire.

PHILIPPE II.

Quelle est la vôtre?

DON JUAN.

Le comte de Santa-Fiore la connaît trop bien pour que le roi l'ignore.

PHILIPPE II.

Vous y persistez?

DON JUAN.

Prononcer des lèvres ces vœux démentis par mon cœur, ce serait l'acte d'un lâche. Je mourrai, sire; mieux vaut pour l'Espagne un brave gentilhomme de moins qu'un mauvais prêtre de plus.

PHILIPPE II.

Que le sang de cette jeune fille retombe donc sur toi, car son arrêt vient de sortir de ta bouche.

DON JUAN.

Que dites-vous?

PHILIPPE II.

Que si tu résistes, elle va périr, et qu'elle vivra si tu consens.

DON JUAN.

Quoi! sire...

PHILIPPE II.

Oui, cette mort qui détruirait tant de beauté dans sa fleur, ces tourments dont la seule idée te fait pâlir pour elle, je les lui épargnerai. Oui, elle pourra fuir, s'exiler sous le ciel de ses pères; elle pourra même traîner ses misérables jours dans un coin de l'Espagne, où ma justice l'oubliera; don Juan, je vous en donne ma parole royale; mais soumettez-vous.

DONA FLORINDE.

On vous demande plus que votre sang, plus que votre vie : l'abandon de votre liberté. Laissez-moi subir mon sort; il ne faut qu'un peu de courage pour mourir, il vous en faudra tant pour vivre esclave!

DON JUAN.

Esclave! sous une robe de moine, esclave jusqu'au tombeau!... Eh bien! je trouverai dans mon amour le seul courage dont je me croyais incapable. Ma liberté, Florinde, c'est après vous ce que j'ai de plus cher au monde; mais en la perdant, je vous sauve... Ah! ce qui m'eût flétri m'honore, et la honte serait d'hésiter. (A Philippe II avec dignité.) Sire, vous me faites une violence dont vous aurez à répondre un jour; mais vous avez le pouvoir, et vous en abusez : disposez de moi.

DONA FLORINDE.

Non, don Juan!...

PHILIPPE II, l'entraînant vers le crucifix.

Viens donc devant ce Dieu qui t'écoute et qui te jugera, viens t'engager par un serment que tu dois bientôt renouveler à l'autel.

DONA FLORINDE.

Non, oh! non : c'est un sacrifice que je n'accepte pas.

PHILIPPE II.

Mais le ciel et moi, nous l'acceptons.

DON JUAN.

Rien pour vous, sire, rien pour le ciel; tout pour elle seule! (Étendant la main vers le crucifix.) Oui, dussé-je payer sa vie du malheur de la mienne, et de mon éternelle condamnation...

PHILIPPE II, aux grands du royaume qui entrent, la tête découverte, par la porte du fond.

Que me veut-on? Vous ici, messieurs, ma cour tout entière! qui a donné l'ordre d'ouvrir? au péril de sa tête, qui l'a osé?...

SCENE VIII.

PHILIPPE II, DON JUAN, DONA FLORINDE, FRÈRE ARSÈNE, DON QUEXADA, DON RUY GOMÈS, DON FERDINAND DE VALDÈS, PEBLO, INQUISITEURS, COURTISANS.

FRÈRE ARSÈNE.

Moi, don Philippe.

PHILIPPE II.

Grand Dieu! (Se découvrant.) Vous, sire?

DON JUAN.

Qu'entends-je?

DONA FLORINDE.

Ma prière l'a touché!

FRÈRE ARSÈNE.

Moi, qu'un devoir impérieux force à sortir d'une retraite que je croyais ne jamais quitter. Le père de cette jeune fille me rendit un service qui sauva le royaume, et qui fut oublié; elle, au moins, n'aura pas réclamé en vain mon appui. Je viens la demander à ses juges, qui ne me la refuseront pas; à vous, qui devez être de moitié dans ma reconnaissance.

PHILIPPE II.

Sire, notre clémence avait prévenu la vôtre.

FRÈRE ARSÈNE.

Ma mission n'est pas remplie. (Montrant don Juan.) Nous nous sommes trompés tous deux sur la vocation de ce jeune homme; mais il n'est jamais trop tard pour reconnaître une erreur et pour la réparer. Don Juan, un genou en terre devant le roi d'Espagne! En présence de tout ce qu'il y a de grand et de sacré dans l'État, lui promettez-vous obéissance, fidélité, dévouement jusqu'à la mort?

DON JUAN.

Jusqu'à la mort.

FRÈRE ARSÈNE.

Don Philippe, promettez-vous à ce jeune homme protection et amitié?

PHILIPPE II.

Il a eu de grands torts envers moi.

ACTE V, SCÈNE VIII.

FRÈRE ARSÈNE.

Lesquels? parlez.

PHILIPPE II.

Non, sire; je ne les rappellerai pas; car il faut que j'oublie pour que je pardonne.

FRÈRE ARSÈNE.

Et vous oublierez?

PHILIPPE II.

Par condescendance pour vous.

FRÈRE ARSÈNE, à don Juan.

Fils de Charles-Quint, don Juan d'Autriche, mon fils, relevez-vous et embrassez votre frère!

DONA FLORINDE, avec douleur.

Fils de Charles-Quint!...

DON JUAN.

Moi! se peut-il? (Passant des bras du roi dans ceux de frère Arsène.) Moi, le fils du plus grand homme que le siècle ait produit!

FRÈRE ARSÈNE, souriant.

Après François Ier.

DON JUAN.

Ah! sire...

FRÈRE ARSÈNE, à don Juan.

J'ai encore à satisfaire une fantaisie de vieillard : tenez, prince, je vous recommande cet enfant que vous connaissez, et à qui je rends sa liberté de peur qu'il ne la reprenne; faites de lui un page.

PEBLO.

Ah! je vous en prie, monseigneur : père Arsène croit que j'ai la vocation.

DON JUAN.

Et je le crois aussi.

FRÈRE ARSÈNE.

Eh bien! don Quexada, ai-je eu tort de me dire, en m'éveillant ce matin : La journée sera bonne?

DON QUEXADA.

Sire, elle finit mieux qu'elle n'a commencé. (A part.) S'il m'arrive de me mettre en tiers dans une confidence royale!...

PHILIPPE II, à frère Arsène.

Votre majesté ne me tiendra pas rigueur; elle m'accordera au moins un jour.

FRÈRE ARSÈNE, bas au roi.

Don Philippe, c'est chose embarrassante pour une cour que de faire bon visage au passé, sans se compromettre avec le présent ; entre la reconnaissance et l'intérêt, le plus habile serait quelque peu en peine de sa personne : n'en essayons ni l'un ni l'autre. (Haut.) Je vous quitte, mon fils : la majesté qui n'est plus doit céder la place à celle qui règne.

PHILIPPE II.

Je n'ose insister.

DON QUEXADA, à part.

De peur que l'ombre n'éclipse le soleil.

FRÈRE ARSÈNE.

Partons, dona Florinde.

DON JUAN.

Quoi! sire, quoi! mon père!...

DONA FLORINDE.

Prince, nous ne nous reverrons plus en ce monde; mais nous resterons unis dans mes prières au Dieu de tous; je lui demanderai pour moi la résignation qui donne la force de souffrir sans se plaindre, et pour vous la gloire qui fait qu'on oublie.

ACTE V, SCÈNE VIII.

DON JUAN.

Vous oublier! ah! jamais, jamais.

FRÈRE ARSÈNE, à Philippe II.

Adieu, sire! (A don Juan.) A revoir, prince! (A Peblo qu'il amène sur le devant de la scène.) Reste, Peblo; te voilà de la cour: es-tu content?

PEBLO.

Je le crois bien, père Arsène; c'est un si beau lieu, où tout le monde sourit, où l'on s'embrasse, et où l'on s'aime...

FRÈRE ARSÈNE, lui donnant un petit coup sur la joue.

Comme au couvent.

FIN DU CINQUIÈME ET DERNIER ACTE.

EXAMEN CRITIQUE

DE

DON JUAN D'AUTRICHE,

PAR M. PROSPER POITEVIN.

Qui se fût avisé, il y a seulement trente ans, de jeter dans une intrigue comique et d'y placer sur le premier plan la grande et historique figure de don Juan d'Autriche ? Assurément personne. La comédie n'admettait alors que des personnages consacrés par une longue tradition : c'était à la bourgeoisie qu'elle empruntait ses héros; les médecins, les financiers, les gens de robe, les valets enfin, agents indispensables de toute intrigue comique, tels étaient ceux que Thalie choisissait le plus habituellement pour ses interprètes.

On se permettait bien, il est vrai, d'introduire de temps en temps quelques petits marquis sur la scène; mais on donnait à ces personnages de noble race tant de grâce et d'esprit, que la noblesse pardonnait volontiers à de rares et innocentes épigrammes en faveur des flatteries que les auteurs trouvaient toujours moyen de lui adresser.

C'était donc au sein de la société moyenne que la comédie puisait ordinairement ses inspirations : obligée de fermer les yeux sur les vices des grands, elle s'attaquait aux travers des petits : sa verve s'exerçait tour à tour contre la noble bourgeoisie et la noblesse bourgeoise; jamais ses traits ne portaient plus haut, ni ne tombaient plus bas; elle sentait qu'en généralisant ses attaques, ou, si l'on veut, ses leçons, elle pouvait tout à la fois s'exposer et se compromettre : aussi ne cherchait-elle pas à sortir du cercle étroit où les convenances et la nécessité des temps la retenaient captive.

Le siècle était loin où, libre de tout frein, elle avait pu attaquer de front tous les ridicules, faire sans danger la leçon au chef de l'État, et amuser Paris de ses saillies joyeuses aux dépens du chef suprême de l'Église. Le règne des *Enfants sans souci* n'avait pas duré plus long-temps que celui de Louis XII. Son successeur, beaucoup moins tolérant ou moins débonnaire que lui, s'était hâté de réprimer une liberté devant laquelle il craignait sans doute de ne pas trouver grâce. Il ne se sentait pas, lui, plus disposé à souffrir qu'on lui adressât des remontrances du haut du théâtre, que Louis XIV du haut de la chaire.

François Ier, qui a mérité le glorieux surnom du *Père des lettres*, ne fut certainement pas celui de la comédie; car peu s'en est fallu qu'il ne l'ait étouffée au berceau. Jetée brusquement par lui en dehors de ses habitudes, elle tâtonna long-temps avant de découvrir quelle nouvelle route elle devait suivre pour mériter la bienveillance du pouvoir et se concilier celle du public. Elle se voyait condamnée à tant de respect, contrainte à une telle réserve, qu'elle ne savait véritablement plus à qui se prendre; aussi jusqu'au jour où parut Corneille ne produisit-elle que des essais si informes, qu'ils devaient faire désespérer de son avenir en France.

Comme il lui était interdit *de par le roi* d'exposer au grand jour du théâtre les vices, les ridicules et la sottise des gens de cour, la comédie ne put naturellement songer à les admettre au nombre de ses interprètes habituels, et l'exclusion qu'elle en fit dès lors se perpétua jusqu'au commencement de ce siècle.

Nul doute que, dégagée de toute entrave, elle ne se fût ouvert en France une route nouvelle, et que, tout en subissant les modifications que le temps et l'art devaient nécessairement apporter à sa forme primitive, elle n'eût conservé cette physionomie originale qu'on ne peut méconnaître dans ses premières productions. Mais force lui fut d'abandonner son allure naïve, d'abdiquer le caractère qui lui appartenait en propre, et d'entrer dans les sentiers battus de l'imitation aussi servilement que l'avait fait la comédie latine.

Molière lui-même, contraint par le besoin d'accepter de grossières traditions, subit, à son début, l'influence que l'Italie et l'Espagne exerçaient alors sur notre double scène. Mais bientôt, rejetant les langes qui retenaient son génie captif, il s'abandonna à ses propres inspirations, en dépit de la colère des gens de routine et des criailleries de l'ignorance et du mauvais goût.

Si Louis XIV, au lieu de son incertaine et insuffisante protection, eût accordé un peu de liberté à Molière, combien l'art n'y eût-il pas gagné! Que de portraits perdus, de caractères originaux alors, et aujourd'hui complétement effacés, n'eût-il pas ajoutés à sa riche galerie! Dans cette cour où s'agitaient tant de passions diverses, où se formaient et se croisaient tant d'intrigues; sur ce brillant théâtre où les grands se faisaient si petits, et se disputaient si ouvertement la faveur du souverain, la bienveillance d'une maîtresse et les bonnes grâces d'un confesseur, combien le génie de Molière ne dût-il pas puiser de pensées fécondes, d'idées comiques, qui, mises en œuvre, auraient, sans contredit, ajouté à sa gloire en ajoutant à nos plaisirs! Mais s'il était admis à Versailles, c'était moins à titre de poëte qu'en qualité de valet de chambre du grand roi; il venait là pour s'acquitter d'un service et non pour y faire un cours d'observations. Il était dangereux pour le poëte comique d'emporter de la royale demeure le moindre souvenir dont pût profiter le théâtre: le marquis du *Bourgeois gentilhomme* fut une tentative hardie et malheureuse; la vérité du portrait fit peur aux modèles, et Molière comprit qu'il y aurait imprudence de sa part à renouveler un essai de ce genre.

Libre de faire paraître sur la scène quelques personnages de plus noble maison que les Sganarelle, les Jourdain et les Arnolphe, Molière ne se fût certainement pas contenté d'en stigmatiser les travers, d'en peindre le caractère et les mœurs; il eût senti le besoin, en se servant de nouveaux acteurs, de donner à la comédie une physionomie nouvelle; il eût été naturellement conduit à la rendre plus intéressante, et, grâce aux prodigieuses ressources de son génie, il eût su ménager l'intérêt avec tant d'art et d'habileté que, loin d'affaiblir le comique par l'emploi de ce nouveau moyen, il lui eût donné plus d'effet à l'aide d'une foule de contrastes heureux et d'oppositions vives et inattendues.

Tartufe est certainement la preuve de cette vérité. Dans cet ouvrage, qui peut être considéré comme le dernier mot de Molière sur la comédie, il y a alliance bien marquée de l'intérêt et du comique, alliance devenue nécessaire par le seul fait de l'introduction d'un personnage nouveau qu'il était impossible de jeter convenablement dans une intrigue légère.

Pourquoi faut-il que Molière n'ait eu ni le temps ni la liberté de parcourir la voie nouvelle dans laquelle son premier pas avait été signalé par un chef-d'œuvre? S'il eût pu traduire sur la scène les intrigues des gens de cour aussi bien que l'hypocrisie des gens de religion, quelles conquêtes notre théâtre n'eût-il pas faites? Les limites de l'art eussent été peut-être invariablement posées dès lors, et Molière, en conservant à la comédie son caractère originel, eût accompli dans un ordre élevé une révolution qui fut tentée un siècle après lui dans un ordre trop vulgaire, et au grand préjudice de l'art.

Aujourd'hui que la comédie peut prendre ses acteurs où bon lui semble, et les choisir même parmi les personnages qu'on croyait dévolus en toute propriété à la sévère et grave Melpomène, il lui est devenu beaucoup plus facile d'inventer des sujets où le comique et l'intérêt s'allient et s'harmonisent heureusement. Dans une intrigue bourgeoise, quelque habileté qu'on y mette d'ailleurs, il est presque impossible de ne pas sacrifier l'un à l'autre : c'est forcément ou la gaieté ou l'intérêt qui domine. Aussi un sujet historique habilement choisi est-il, entre tous, celui qui nous paraît offrir le plus de ressources à un auteur comique : c'est un heureux champ où son esprit peut se donner carrière et se développer à l'aise : passions, mœurs, caractères, ridicules généraux ou particuliers, imaginés ou réels, il peut là tout mettre à profit, tout exploiter avec avantage et en pleine liberté; la seule variété des personnages lui permet de prendre tous les tons, de s'élever ou de s'abaisser à son gré, sans blesser le goût ni choquer la vraisemblance; tour à tour grave ou légère, sa muse peut, selon son caprice, toucher le cœur ou charmer l'esprit, exciter le rire ou les larmes, et faire passer rapidement de l'émotion la plus douce à la gaieté la plus vive et la plus franche.

C'est évidemment vers ce double but que doivent tendre de tous leurs efforts, aujourd'hui, les poètes comiques; car il ne suffit pas maintenant de faire rire, et ce n'est pas assez non plus d'intéresser uniquement : on se lasse presque aussi facilement du rire prolongé que des larmes incessantes. C'est surtout au théâtre qu'il faut prendre garde de ressembler à ces auteurs qui *d'un divertissement nous font une fatigue.* Or quiconque saura concilier l'intérêt et la gaieté, et, par d'ingénieuses combinaisons, rendre leur alliance intime, naturelle et nécessaire, sauvera au public la fatigue des effets et des situations uniformes, et augmentera ses plaisirs de tout l'attrait qu'y ajoute la variété.

Pour fondre dans un ouvrage le comique et l'intérêt, et les répartir dans une mesure à peu près égale, il était difficile de s'emparer d'une idée plus heureuse et plus féconde que la prétendue destination de don Juan d'Autriche au cloître. Aussi, quel merveilleux parti en a tiré M. Casimir Delavigne ! Où est l'ouvrage qui offre une succession plus rapide, un plus agréable mélange de situations fortes et dramatiques, de scènes comiques et gracieuses ? et cependant comme tout cela s'allie et s'enchaîne franchement ! Quelle vérité, quel naturel, quel charme..... et aussi quel succès !!!

Suivons à grands pas la marche de l'auteur.

Charles-Quint, le jour même de son abdication, a confié à Quexada le secret de la naissance du jeune don Juan, et lui a remis le soin de diriger son éducation : c'est une éducation toute chrétienne qu'il doit lui donner, car Charles destine son fils aux modestes honneurs et aux paisibles jouissances de la vie monastique. Quexada a tout fait pour seconder les paternelles intentions de son maître ; mais par malheur, don Juan, tourmenté d'un vague désir de gloire, et dominé par une profane passion que lui a inspirée et que partage la plus belle des Andalouses, est resté insensible et froid aux sages exhortations de son vieux précepteur. Cependant, pour faire preuve de soumission et de respect envers Quexada, dont il se croit le fils, il s'est efforcé de prendre les dehors d'une vocation qu'il n'a pas. Tous les jours il les consacre en prières ; mais quand la nuit arrive, il s'échappe furtivement et court dans Tolède les galantes aventures.

Philippe II, jaloux de s'assurer des dispositions de son frère, arrive chez don Quexada sans être attendu ; celui-ci trace au roi un touchant tableau des vertus de son élève ; il a fait, dit-il, un chef-d'œuvre d'éducation chrétienne. Ces éloges, tout rassurants qu'ils sont pour Philippe II, ne lui suffisent pas cependant, il veut voir et interroger lui-même don Juan, qui, dans la scène la plus ravissante et la plus originale, laisse échapper de son âme débordante de franchise et de naïveté ses goûts, ses penchants, ses espérances et jusqu'à l'aveu de son amour. Le perfide monarque voit qu'il a été trompé par Quexada, comme Quexada par son élève; mais, en adroit politique, il impose silence à sa colère, se réservant de châtier don Juan plus tard, et d'infliger à son digne précepteur la récompense qu'il mérite. Ici finit le premier acte, l'acte le plus vif, le plus animé et le plus intéressant qui soit au théâtre.

Comme dans le reste de la pièce, il n'y a rien là d'historiquement vrai, on le voit, mais tout est moralement vraisemblable; c'est ainsi et non autrement qu'il faut transporter l'histoire au théâtre. Que Philippe II ait vu pour la première fois don Juan d'Autriche dans les jardins de Valladolid et l'ait reconnu pour son frère en présence de toute sa cour, que nous importe et qu'y a-t-il en cela d'intéressant? rien, certes; et pourtant voilà l'histoire. M. Casimir Delavigne a donc agi en artiste habile et en grand poète en substituant à la vérité *vraie* et terne des faits une vérité dramatique vive et saisissante; et puis, comme tous ses caractères sont tracés avec vigueur! comme il a bien su placer ses principaux personnages dans des situations favorables au développement de leur grande et historique figure! Qui ne reconnaît dans ce pétulant et fougueux jeune homme le bâtard de Charles-Quint; dans ce monarque dévot et cruel, l'astucieux Philippe II? Y a-t-il un seul trait de leur physionomie qui ait échappé à l'auteur? Croit-on qu'il fût possible de les faire revivre d'une manière plus complète?

Un critique a rapproché le Philippe II de M. Casimir Delavigne du Philippe II de Schiller, et a, bien entendu, donné la préférence au dernier. Dans ce temps-ci, il n'est guère possible qu'un poète français ait raison contre un poète allemand ou anglais. Molière donnerait aujourd'hui *Tartufe*, que ce chef-d'œuvre serait mis au-dessous de *l'École de Scandale*, nous n'en faisons aucun doute. Diderot reprochait aux critiques de son temps d'exalter sottement le mérite des écrivains étrangers, et de rabaisser injustement le mérite des écrivains nationaux : la critique du dix-neuvième siècle ne serait-elle donc que la continuation de la critique du dix-huitième?

Que le Philippe de *Don Carlos* et celui de *Don Juan* diffèrent, c'est ce que personne ne contestera; mais n'était-il pas indispensable, dans l'intérêt même de la vérité, que ces deux grandes figures ne se ressemblassent pas dans l'un et l'autre ouvrage? Quand l'âge apporte de si notables changements dans les traits d'un homme, peut-on supposer qu'il n'en apporte aucun dans son caractère? Philippe II jeune et passionné, déçu dans ses espérances d'amour par la préférence qu'on accorde à un rival, peut-il se montrer le même que Philippe II usé et vieilli par les débauches, et trahi à la fois par sa femme et son fils? Non, mille fois non; et les deux poètes, en traçant deux portraits différents, ont eu raison l'un et l'autre : ils ont fait ce que feraient deux grands peintres, qui, à vingt-cinq années de distance, seraient chargés de reproduire les traits du même individu; ils exécuteraient probablement deux portraits dissemblables entre eux, et qui cependant n'en seraient pas moins la copie fidèle, l'image vivante du même modèle pris à deux époques différentes.

Mais revenons à don Juan, qui nous attend aux pieds de dona Florinde, sa belle fiancée. Dans une scène gracieuse et touchante, la jeune fille révèle à son amant qu'elle est juive; eh! qu'importe à don Juan à quelle religion appartient sa maîtresse? ils prieront Dieu chacun à sa manière, voilà tout; ils ne s'en aimeront pas moins; leur amour, d'ailleurs, n'est-il pas leur première et leur plus sainte religion, et ne suffit-il pas qu'en celle-là ils soient d'accord et se comprennent?

On a accusé don Juan de se montrer beaucoup trop philosophe pour son siècle. Nous admettrions cette critique comme fondée en raison, si l'auteur n'avait pas fait don Juan amoureux; mais, nous le demandons, quels sont les préjugés si dominants, quelles sont les croyances si saintes, au-dessus desquelles l'amour ne puisse en tous les temps élever un homme, même vulgaire?

Bientôt survient Philippe II, qui reconnaît dans dona Florinde une jeune fille qu'il aime, et dont il rêve la possession jusqu'au pied des autels, depuis le jour où elle s'est montrée à lui dans une des sombres allées du Prado. Dès qu'il se voit seul avec elle, Philippe lui parle, ou plutôt l'épouvante de son amour; car il ne le lui déclare pas en amant qui tremble et supplie, mais en maître qui commande et veut être écouté.

M. Casimir Delavigne a peint dans cette scène la seule passion qu'ait pu ressentir Philippe II, une passion farouche et brutale, impatiente de se voir satisfaite et assouvie. La jeune fille est entre ses mains; qu'elle l'aime ou non, il faut qu'elle soit à lui. Le sort de don Juan est dès ce moment décidé; il ira expier dans les austérités du cloître l'impardonnable tort de s'être fait aimer.

Pauvre Quexada, dans quels embarras plaisants le jette l'étourderie de son élève, et comme il arrive toujours naturellement et à propos, lui, pour nous reposer des fortes émotions du drame par quelques scènes de bonne et franche comédie!

Grâce à un heureux anachronisme dont nous devons lui savoir gré, M. Casimir Delavigne nous transporte, au troisième acte, dans le couvent de Saint-Just, où nous trouvons Charles-Quint.

« Ce troisième acte, » dit un critique dont nous nous plaisons à reproduire ici l'opinion, « est beau tout entier. C'est un chef-d'œuvre
» de style, d'émotion, de comique et d'intérêt. C'est ici qu'il faut
» admirer le tact exquis et le bon goût, toujours sûr, de M. Casimir
» Delavigne..... Quelles grandes pensées un homme de talent vul-
» gaire se serait cru obligé d'avoir à propos de Charles-Quint sous
» l'habit d'un moine!..... Heureusement M. Casimir Delavigne, en
» écrivain prudent et sage, sait trop bien que rien n'est plus facile
» que d'avoir de grandes pensées, et que rien ne vaut l'action dans
» un drame, pas même l'admirable récit de Théramène; il a donc
» laissé de côté toutes les déclamations pour aller droit au fait, et,
» en vérité, on ne pouvait pas aller à son fait avec plus de grâce,
» d'imagination et d'esprit. »

Le rôle de Charles-Quint est conçu avec un rare bonheur. Cette vieille majesté découronnée ne nous apparaît d'abord que comme l'ombre d'elle-même : la vie semble prête à abandonner ce corps usé par les souffrances et la maladie; dans cette tête autrefois si ardente et si active, toute intelligence paraît éteinte : le moine a pris la place de l'empereur, et c'est vainement que dans frère Arsène on chercherait à reconnaître celui qui fut Charles-Quint; mais quand don Juan arrive au couvent de Saint-Just, quand dans ce novice inconnu frère Arsène retrouve son fils, alors le moine disparaît, et Charles-Quint se montre à nous tout entier. Son génie n'était point éteint, mais assoupi; et maintenant qu'il s'agit de délivrer don Juan, ce génie autrefois si fécond et si actif se réveille dans toute la puissance de son énergie.

C'est assurément une heureuse et dramatique conception que celle-là; et ce personnage, vu sous ces deux faces différentes, ne pouvait manquer de plaire et d'intéresser : aussi le succès en a-t-il été complet.

Le rôle quelque peu épisodique de Peblo est une création charmante; l'auteur a donné à ce petit moine tant de grâce, de malice, d'esprit, qu'il en a fait, comme de don Juan, un caractère tout à fait neuf au théâtre, et qui lui appartient en entier.

La scène où Charles-Quint reconnaît don Juan est d'un grand effet; le cœur est délicieusement ému à la vue de ce malheureux père que le respect humain condamne à refouler au fond de son cœur sa tendresse et sa joie, et qui, pour ne pas trahir un secret qui l'accuse, se refuse au bonheur de serrer son fils entre ses bras.

Dans cet acte où l'intérêt occupe tant de place, il était bien difficile que le comique ne fût pas sacrifié; et cependant il n'en est pas arrivé ainsi : l'auteur, par un art infini, a su, là, comme ailleurs, faire marcher de front le drame et la comédie. Charles-Quint, sous sa robe de moine, ne nous amuse pas moins que don Juan, Quexada et Peblo, personnages beaucoup moins graves de leur nature et qui semblaient seuls appelés à égayer la triste et solitaire retraite du moine de Saint-Just.

Délivré par son père qu'il a quitté sans le connaître, don Juan accourt chez doña Florinde; elle est absente, et comparaît en ce moment devant le tribunal du saint-office; don Juan, qui sait à quelle religion appartient sa maîtresse, tremble pour elle, et le vieux Quexada, en apprenant ce secret, tremble pour lui. Encore et toujours la comédie et le drame; mais ici, cependant, l'intérêt domine, et l'on pressent à quelle hauteur le poète va le porter. C'est Philippe II qui a fait citer Florinde au tribunal de l'inquisition; il a cru pouvoir vaincre par la terreur les répugnances de la jeune fille; il se flatte que, pour échapper à la sentence dont elle est menacée, elle consentira enfin à satisfaire à ses abominables désirs; vain espoir, Florinde préfère la mort à l'infamie qui lui est offerte comme unique refuge. Irrité de cette résistance inattendue, Philippe veut recourir à la violence; mais, par ces mots qui la sauvent et la perdent, « Je suis une Juive! » Florinde fait reculer d'horreur le dévot et superstitieux monarque.

Heureuse d'avoir pu échapper à l'amour du roi, elle écoute sans terreur les menaces dont il l'accable; mais ces menaces, don Juan les a entendues; il accourt, provoque et insulte son rival, lève sur lui son épée et va l'en frapper au visage, quand à ce cri de Florinde : « C'est le roi! » l'arme déjà suspendue s'échappe de ses mains.

Je doute qu'il soit au théâtre une scène à la fois plus audacieuse et plus habilement exécutée que celle où Philippe veut obtenir par la force ce qu'une jeune fille sans défense refuse obstinément d'accorder à son amour. Il ne fallait pas moins que le talent consommé de M. Casimir Delavigne, sa connaissance profonde de la scène, pour oser aborder franchement une situation si neuve et si hardie; mais il l'a préparée et développée avec tant d'art, de convenance et de mesure; il s'est montré audacieux avec tant de sagesse, que le public a frémi du danger que courait Florinde sans paraître même se douter du péril plus réel où s'était volontairement exposé l'auteur.

La scène de provocation qui termine cet acte diffère essentiellement de ses deux aînées, celle de *l'École des Vieillards* et celle de *Marino*; mais elle est digne de l'une comme de l'autre : c'est dans un autre genre la même chaleur et la même énergie. Il n'y a, à coup sûr, qu'un homme d'un grand talent qui puisse tirer des effets aussi opposés de situations à peu près identiques.

Pour sauver les deux amants coupables, au premier chef, du crime de lèse-majesté divine et humaine, l'intervention d'un personnage supérieur était indispensablement nécessaire; aussi le vieux Charles-Quint apparaît-il tout à coup comme une de ces divinités que les Grecs évoquaient à leur aide, pour opérer un dénouement devenu impossible sans elles.

M. Casimir Delavigne ne pouvait assurément terminer sa pièce d'une manière plus imposante; aucun autre dénouement ne convenait mieux à cette vaste et gigantesque comédie.

Le succès de *Don Juan* a été immense, et il devait l'être. Il y a dans cet ouvrage de si éminentes qualités, une telle abondance d'esprit, tant d'intérêt et de gaieté, qu'il était presque impossible que le public, constamment tenu sous le charme, s'aperçût du bon marché que faisait l'auteur, pour la première fois, des trois unités aristotéliques, et qu'il remarquât quelques légers défauts que certains journaux se sont empressés de signaler avec leur rigueur ordinaire.

Chose étrange! de tous les auteurs dramatiques, M. Casimir Delavigne est depuis quinze ans celui que la critique attaque avec le plus d'obstination, et celui que de son côté le public soutient avec le plus de constance. Il n'est pas un seul de ses ouvrages qui n'ait obtenu au théâtre un succès éclatant, et pas un seul non plus dont le mérite et les qualités les plus incontestables n'aient été, de la part de presque tous les journaux, l'objet d'une foule d'attaques toujours vives, souvent passionnées et la plupart du temps injustes.

Quelle est donc la cause de l'affection du public, nous pourrions même dire de sa prédilection, pour l'auteur de *Don Juan*, et quelle est en même temps la source de l'antipathie mal déguisée de quelques feuilles pour un homme qui, à force de travail et d'art, d'étude et d'habileté, de puissance et de flexibilité d'esprit, est parvenu tour à tour à s'inspirer avec un égal bonheur des immortels chefs-d'œuvre des Corneille et des Molière, des Racine et des Shakspeare?

Le public se serait-il par hasard trompé, en accueillant, dans leur nouveauté, de ses bravos unanimes, *les Vêpres, les Comédiens, le Paria, l'Ecole des Vieillards, Marino, Louis XI* et *les Enfants d'Édouard*? Serait-ce à son mauvais goût ou à son ignorance qu'il faudrait attribuer le succès de chacun de ces ouvrages, et n'est-ce enfin que par suite d'une première erreur qu'il les salue encore quand il les revoit comme de bons et vieux amis?

Non, le public ne se trompe pas aujourd'hui et ne s'est pas trompé autrefois; en matière dramatique, il est doué d'un merveilleux instinct, d'un goût sûr, d'une raison qui presque jamais ne se fourvoie : incapable sans doute d'analyser à la manière des rhéteurs les beautés et les défauts d'un ouvrage, nul n'est plus habile que lui à les sentir; livré à lui-même, c'est, sans conteste, le meilleur de tous les juges; étranger à toute coterie, libre au théâtre de tout esprit de parti, il porte avec une entière indépendance des jugements sans appel, et il sait au besoin casser les arrêts d'une critique élogieuse ou jalouse, et faire respecter ses propres décisions, qui seules acquièrent force de loi.

Quiconque sait lui plaire et l'intéresser sans blesser la vraisemblance est sûr de réussir, car tout ce qu'il vient chercher au théâtre, c'est de l'intérêt et de l'amusement; et quelle que soit la forme de l'ouvrage qui réunit ces deux conditions, à quelque genre et à quelque école qu'il appartienne, il applaudit, sans savoir à qui ses applaudissements s'adressent, bien plus souvent la pièce que l'auteur qu'il ne connaît pas, et auquel il ne s'intéresse qu'en raison du plaisir qu'il lui procure habituellement.

Aussi, que l'auteur de *Don Juan* eût été tout autre que M. Casimir Delavigne, auprès du public le succès de l'ouvrage eût été le même; le parterre eût passé alternativement et avec un égal plaisir du rire aux larmes, applaudi d'entraînement et sans obéir à un signal donné; immobile à sa place pendant cinq heures, toujours silencieux et toujours attentif, l'esprit captivé et le cœur ému, il eût suivi avec une curiosité non moins avide la marche de ce drame touchant et passionné, de cette comédie si neuve et si originale.

UNE FAMILLE
AU TEMPS DE LUTHER,

TRAGÉDIE EN UN ACTE,

REPRÉSENTÉE POUR LA PREMIÈRE FOIS, A PARIS, SUR LE THÉATRE-FRANÇAIS, LE 19 AVRIL 1836.

PERSONNAGES.

LUIGI DE MONTALTE.
PAOLO, frère de Luigi.
MARCO, vieux serviteur de la famille.
THÉCLA, mère de Luigi et de Paolo.
ELCI, fille de Luigi.
Un Messager.

(La scène se passe aux environs d'Augsbourg.)

UNE FAMILLE
AU TEMPS DE LUTHER,
TRAGÉDIE.

Une salle commune dans une métairie; d'un côté, une fenêtre donnant sur la campagne; plus loin, une cheminée; de l'autre, un escalier. Sur le devant, une table et ce qu'il faut pour écrire.

SCENE I.

LUIGI, assis près de la table, une Bible ouverte devant lui; THÉCLA, qui l'écoute en filant.

LUIGI.

Bible, manne céleste, adorable parole,
Livre qu'on peut nommer le livre qui console,
Œuvre de vérité, dont chaque mot guérit
Une douleur de l'âme, une erreur de l'esprit,
Je jure d'accomplir tes préceptes austères
Et baise avec ardeur tes sacrés caractères !

THÉCLA.

Bien! Gloire à Dieu, Luigi! Du moins mon premier-né
Suit l'exemple pieux qu'à deux fils j'ai donné.
Puissé-je voir ton frère entrer dans cette voie,
Et comme Siméon je mourrai de ma joie.

LUIGI.

Cher Paolo!

THÉCLA.

Rougis de son aveuglement.

LUIGI.

J'en gémis.

THÉCLA.

Il s'y plaît, s'attache obstinément
A Rome, à ce cadavre, à cette chair impure
Qu'un souffle de Luther a mise en pourriture.

LUIGI.

Triste erreur!

THÉCLA.

Crime horrible envers le Dieu jaloux!

LUIGI.

Ce Dieu repousse-t-il Montalte, votre époux,
Mon père, qui, les yeux fermés à la lumière,
Mourut dans les liens de votre foi première?
Lui, si tendre, si bon!

THÉCLA.

Mais catholique!

LUIGI.

Aimé
Du pauvre qu'il aimait.

THÉCLA.

Catholique!

LUIGI.

Estimé,
Béni, pleuré de tous.

THÉCLA.

Et digne qu'on le pleure,
Que je regretterai jusqu'à ma dernière heure;
Mais catholique enfin!

SCÈNE I.

LUIGI.

Et ne l'étiez-vous pas
Quand un voyage heureux porta vers vous ses pas?
Gentilhomme romain, dans cette métairie
Il oublia pour vous sa brillante patrie.
C'est un prêtre romain qui vous unit tous deux;
Une église d'Augsbourg fut témoin de vos nœuds.

THÉCLA.

Église alors, mon fils; mais nos ardents hommages
Au ciel, en holocauste, ont offert ses images,
Ses marbres, ses tableaux, jusqu'à ce Raphaël,
Dont les lambeaux brûlants sont tombés sur l'autel.

LUIGI.

Hélas!

THÉCLA.

Point de soupir! Laissez à l'Italie
D'un culte qui se meurt l'idolâtre folie.
Le courroux des élus fit œuvre de raison
Lorsqu'en brûlant un meuble il sauva la maison,
Et, sans votre séjour dans une autre Gomorre,
Vous n'auriez pas, mon fils, pour des arts que j'abhorre,
Des simulacres vains, sans vie et sans pouvoir,
Ces mollesses de cœur que j'ai honte à vous voir.

LUIGI.

Il est vrai, j'admirai dans mon adolescence
Et Rome, et son soleil, et sa magnificence:
Par Montalte avec moi mon frère y fut conduit;
Quel œil de ses splendeurs n'eût pas été séduit?

THÉCLA.

Ce fut alors qu'au sein de son humble servante
Descendit du Seigneur la parole vivante;

Mais par vous aux faux dieux Paolo confié
Ne suça point ce lait qui l'eût purifié.

LUIGI.

Un prélat lui promit honneurs, crédit, richesse...

THÉCLA.

Et, prélat qu'il était, ne tint pas sa promesse.
L'Ecclésiaste a dit : « Tout n'est que vanité. »
Paolo se crut riche, et pauvre il est resté.

LUIGI.

Nous revînmes sans lui.

THÉCLA.

Confiance imprudente !

LUIGI.

Qui l'excuse du moins. Son humeur sombre, ardente,
Ses désirs excités et jamais assouvis,
S'irritaient, s'enflammaient au fond des saints parvis :
Son cœur s'y consumait en extases mystiques,
Comme les pâles feux mourant sous leurs portiques,
Et dans les flots d'encens de leurs solennités
Vers les cieux s'exhalait, ivre de voluptés ;
Mais quels attraits divins lui paraient son idole !
Pompe auguste, rayons d'une triple auréole,
Gloire morte et vivante, œuvres des arts, beaux jours...
Ah ! quand on les a vus on y rêve toujours.

THÉCLA.

Au moment d'abjurer la loi qu'on y professe,
Vers sa fange, mon fils, quel regret vous rabaisse ?

LUIGI.

Non, de Rome pour moi craignez peu le poison ;
Ce qui charme mes sens y blesse ma raison.

SCÈNE I.

THÉCLA.

Et vous la détestez en secouant sa chaîne?

LUIGI.

J'abjure sans regret, mais j'abjure sans haine.

THÉCLA.

De la robe du Christ qui revêt la blancheur
Doit haïr le péché.

LUIGI.

Mais non pas le pécheur.

THÉCLA.

Jusqu'au pécheur lui-même, alors qu'il persévère,
Fût-ce un frère, le vôtre; oui, votre propre frère.

LUIGI.

Paolo!

THÉCLA.

De mon cœur je le chasse aujourd'hui.

LUIGI.

Qui? vous?

THÉCLA.

Je l'en arrache, et je ne vois en lui
Qu'une âme par l'orgueil de lèpre dévorée,
Qu'une impure brebis d'Israël séparée,
Loin du bercail céleste errant à l'abandon,
Et pour qui je n'ai plus ni baisers ni pardon.

LUIGI.

Une mère!

THÉCLA.

Qui? moi! redevenir la sienne!
Jamais!... et c'est ainsi qu'une mère est chrétienne.

LUIGI.

Mais s'il vous tend les bras...

THÉCLA.

Je ferai mon devoir :

Jamais!

LUIGI, vivement.

Et cependant vous allez le revoir.

THÉCLA.

Qu'entends-je?... Il cède enfin à vos longues prières?

LUIGI.

De lui-même il revient.

THÉCLA.

Pour fermer mes paupières ?

LUIGI.

Pour réjouir vos yeux.

THÉCLA.

L'absent revient à nous!
Ta servante, ô mon Dieu! t'en rend grâce à genoux.

LUIGI.

Ah! je vous reconnais.

THÉCLA.

Suis-je donc insensible?
Étouffer la nature est-ce un effort possible?
Le voir après quinze ans! Mon fils!... il m'est rendu!
Je puis mourir : le fils que je croyais perdu
De sa vieille Thécla suivra les funérailles ;
Lui, dont le doux fardeau fit frémir mes entrailles,
Lui, le sang de mon sang, le fruit de mes douleurs,
Lui... je... Ma voix expire et s'éteint dans mes pleurs.

LUIGI.

Les siens vont s'y mêler.

THÉCLA, d'un air de reproche.

Me le cacher!

SCÈNE II.

LUIGI.

Sans doute
J'eus tort; mais...

THÉCLA.

Il arrive! et quand? par quelle route?
Comment?

LUIGI.

C'est aujourd'hui que nous l'embrasserons.

THÉCLA.

Et peut-être, Luigi, nous le convertirons.

LUIGI, souriant.

N'y pensons que plus tard.

THÉCLA.

O joie inespérée!
Sa chambre d'autrefois est-elle préparée,
Celle où vos lits voisins se touchaient tous les deux?

LUIGI.

Je la lui destinais.

THÉCLA.

Il faut encor... je veux...
(Appelant.)
Marco! M'entendra-t-il? Marco!

SCÈNE II.

LUIGI, THÉCLA, MARCO.

MARCO.

J'accours, maîtresse.

THÉCLA.

Retrouve tes vingt ans, rajeunis d'allégresse :
Mon Paolo revient.

LUIGI.

Il le sait.

MARCO.

Tout est prêt.

THÉCLA.

Quoi! la maison entière était dans le secret?

LUIGI.

Jusqu'à ma fille Elci; sans la connaître, il l'aime.

MARCO.

Nous serons donc céans deux à penser de même.

THÉCLA, regardant Marco sévèrement.

Oui, catholique aussi!

LUIGI, lui frappant sur l'épaule.

Mais sage.

THÉCLA.

Ne va pas
Prendre avec lui les airs de nous blâmer tout bas.

MARCO.

Que chacun suive en paix le culte qu'il préfère;
Choisir entre les deux n'est pas petite affaire.
Le tisserand d'Augsbourg, Frantz, qui s'en est mêlé,
En a l'esprit malade et le cerveau fêlé :
Le mien tient bon; je fais ce que faisait mon père,
Et chrétien comme lui, je crois, j'aime et j'espère.

THÉCLA.

C'est bien; mais à quoi bon vos hymnes, votre encens,
Vos cloches dont le branle assourdit les passants,
Vos saints qu'un cierge éclaire et que votre œil adore
Sur la toile enfumée où le ver les dévore?

LUIGI, bas à sa mère.

Est-ce donc le moment de prêcher un vieillard?

SCÈNE II.

THÉCLA.

Pour corriger un fou jamais il n'est trop tard.

MARCO.

Fou! tant qu'il vous plaira! Sans crier anathème,
J'entends le son joyeux qui fêta mon baptême;
Je sens comme un besoin d'être meilleur encor
Quand mon patron me luit dans son grand cadre d'or :
Mains jointes devant moi, ce saint que je contemple
M'encourage à prier en me donnant l'exemple.
Un bel alléluia m'épanouit le cœur,
Et je me fais plaisir quand je me mêle au chœur.
Ma voix chevrote un peu, mais son timbre résonne,
Et je ne vois pas, moi, sinon que je détonne,
Quel grand mal je commets lorsque dans le saint lieu
Je chante à plein gosier les louanges de Dieu.

THÉCLA.

Mais le jour du repos, vous le passez en fête.

LUIGI, à sa mère.

Assez!

THÉCLA.

De vos refrains vous nous brisez la tête.

MARCO.

Je crois très-fermement qu'au mépris de l'autel,
Travailler le dimanche est un péché mortel;
Et puissent me punir Rome et son saint collége
Si j'ai quelque accointance avec ce sacrilége!
Mais des actes permis le rire est-il exclus?
Vous et les dissidents...

THÉCLA, avec colère.

Marco!

MARCO.

                    Non! les élus :
Froids, recueillis, muets, vous craignez, je suppose,
D'éveiller de si loin Dieu quand il se repose.
Dieu vous approuve, soit; mais en chantre zélé,
Pour sa gloire au lutrin lorsqu'on s'est signalé,
Défend-il de noyer au fond de quelque tonne
La soif qu'il nous causa dans le vin qu'il nous donne?
Le refrain vient de source; et chez maître Martin,
Les coudes sur la table, autour du broc d'étain
Qui passe en se vidant et repasse à la ronde,
Nous célébrons celui qui fit l'homme et le monde,
Et croyons qu'en buvant, qu'en chantant le vin vieux,
Nous le glorifions dans ce qu'il fit de mieux.

THÉCLA.

Ai-je mis à l'entendre assez de patience?

LUIGI.

Montrez pour Paolo cette même indulgence.

THÉCLA.

En aurai-je besoin?

LUIGI.

                  Cachez-lui qu'avant peu
Je fais de mes erreurs l'éclatant désaveu.

THÉCLA.

Le cacher!

LUIGI.

           S'il repart, ce coup toujours pénible,
Mais reçu loin de nous, lui sera moins sensible :
S'il reste, laissez-moi par mes ménagements
D'un cœur qui va saigner adoucir les tourments.

SCÈNE II.

THÉCLA.

Peur terrestre, Luigi! La vérité qui blesse,
Je l'entends sans colère et la dis sans faiblesse.

MARCO.
(Vivement)

Et s'il vous disait, lui... ce que je ne dis point...

THÉCLA.

Quoi?

MARCO.

Que mon maître et vous errez sur plus d'un point?

THÉCLA, avec violence.

Merci de Dieu! Marco, voulez-vous qu'on vous chasse?

MARCO, à part.

Voilà comme elle entend la vérité.

LUIGI, à sa mère.

De grâce,
N'allez pas sur un mot prendre feu sans sujet;
Le pieux Mélanchton approuve mon projet :
« Au fiel de ces débats qu'en famille on agite,
» L'amitié perd, dit-il, sans que la foi profite. »

THÉCLA.

De notre grand Luther l'apôtre préféré
Des lumières du siècle est sans doute éclairé;
Mais ne demandez pas à sa science humaine
Ce courroux vigoureux, cette ferveur de haine
Où son maître puisa l'âcre sincérité
Qui débordait en lui contre l'iniquité,
Quand pour l'aveugle même il a rendu visible
Jusqu'où pouvait faillir la parole infaillible,
Et qu'il a mis à nu, de ses viriles mains,
Tout ce ramas honteux de mensonges romains.

Mélanchton, qui n'a point cette franchise amère,
Eût-il pu rien détruire?

     LUIGI.

       Il peut fonder, ma mère :
Dieu réserve à chacun l'œuvre qu'il accomplit ;
La violence abat, la douceur établit.
Mais de vos deux enfants si l'intérêt vous touche,
Par pitié, par amour, qu'il vous ferme la bouche.

     THÉCLA.

Ah! faible que je suis!

     LUIGI.

   Cédez.

     THÉCLA.

       Pénible effort!

     LUIGI.

Vous vous l'imposerez.

     THÉCLA.

     Si je puis ; mais j'ai tort.
A ta langue, Marco, tu feras violence!

     MARCO.

Mon amour pour la paix garantit mon silence.
 (A part.)
L'anneau de Salomon me répondrait du sien,
Je ne m'y fierais pas.

     THÉCLA.

    Que murmurez-vous?

     MARCO.

        Rien.

Mais j'aperçois Elci.

SCENE III.

LUIGI, THÉCLA, MARCO, ELCI.

THÉCLA.

Venez, petite fille :
Vous étiez contre moi du complot de famille.

ELCI.

Contre vous, bonne mère ! Ah ! dites mieux, pour vous.
Un plaisir qui surprend n'en est-il pas plus doux?

LUIGI.

Avec l'aube naissante elle s'était levée.

MARCO.

Pour aller de son oncle épier l'arrivée.

ELCI.

Comment ne pas l'aimer? Il m'aime, et tous les ans
Je reçois de sa part quelques nouveaux présents.

LUIGI.

Oui, pauvre, il donne encor.

THÉCLA.

Ces cadeaux d'Italie,
Je les crains.

ELCI.

Et moi pas ; ils me rendent jolie.

THÉCLA.

Aussi, pour votre bien, je vous dis sans détours
Qu'un peu de vanité se sent dans vos atours.

ELCI.

Rien qu'un peu?

LUIGI.

C'est permis.

MARCO.

L'Église, qu'elle imite,
En parure de fête à se parer l'invite.

THÉCLA.

Pas aujourd'hui, Marco.

MARCO.

Mais le jour du Seigneur.
Chacun s'ajuste au mieux, et je m'en fais honneur :
Je tire l'habit neuf de l'armoire d'ébène,
Et suis beau sans remords une fois par semaine.

ELCI.

Et ces atours d'ailleurs, qui les rend plus mondains?
Vous.

THÉCLA.

Moi?

ELCI.

Ces bijoux d'or sont un don de vos mains :
Reprenez-les.

THÉCLA.

Prends garde.

ELCI.

Osez.

THÉCLA.

Tu ris, friponne.

ELCI, qui lui donne un baiser.

Vous n'oseriez.

LUIGI.

Eh bien! tu n'as donc vu personne?

ELCI.

Hélas! pas lui, du moins.

SCÈNE III.

LUIGI.

Mais, mon Elci, comment
L'aurais-tu reconnu?

ELCI.

D'instinct, de sentiment :
Mon cœur m'eût dit : C'est lui! De plaisir transportée,
En trois bonds dans ses bras je me serais jetée.

MARCO.

Au risque d'embrasser un passant tout surpris
D'un bonheur imprévu qu'il n'aurait pas compris.

ELCI.

Lasse d'attendre enfin, j'ai fait comme l'abeille,
Qui retourne au travail sitôt qu'elle s'éveille,
Et, parfumée encor des courses du matin,
Dans sa ruche en rentrant rapporte son butin.

(Ouvrant son tablier.)

Je n'ai pas épargné les blés du voisinage;
Ces touffes de bleuets en rendent témoignage;
Mon oncle aimait ces fleurs.

THÉCLA.

Il est vrai, quand jadis
Le long des épis verts je suivais mes deux fils.

LUIGI.

Beaux jours!

ELCI, secouant son tablier dans les mains de Marco.

Prends pour orner la chambre qu'il préfère.

MARCO.

Voilà de quoi fleurir une chapelle entière.

LUIGI.

Aimable enfant, qui, tendre et folâtre à la fois,
Chante, saute et s'ébat comme l'oiseau des bois.

24.

ELCI.

La gaîté vous plaît tant!

THÉCLA.

Souvent je la vois grave.

ELCI.

Vous aimez qu'on le soit.

LUIGI.

De tous nos goûts esclave.

THÉCLA.

Devinant tous nos vœux!

MARCO.

Écoutant sans dédain
Les contes que je fais, quand elle est au jardin.

ELCI.

Mais du pauvre conteur les fruits sont au pillage.

MARCO.

Cueillez, coupez, pillez; il en vient davantage :
C'est bénédiction.

LUIGI, faisant asseoir Elci sur ses genoux.

Ange, qu'il faut chérir;
Oui, sa main bénit tout et fait tout refleurir.
Le bonjour dans les yeux, le souris sur la bouche,
Quand elle ouvre à demi les rideaux de ma couche,
De sa joie innocente elle vient m'égayer
Comme un reflet du ciel qui rit sur mon foyer.

THÉCLA.

Il ne lui manque plus que d'aller dans le temple
Honorer ma vieillesse en suivant votre exemple.

ELCI, à son père.

Ordonnez.

SCÈNE III.

LUIGI.

J'aurais tort d'exprimer un désir.
N'obéis pas, choisis; mais attends pour choisir,
Attends, pour abjurer le culte que j'abjure;
Ce qu'il faut consulter, quand ton âme plus mûre
Aura pu s'éclairer par la comparaison,
Ce n'est pas mon exemple, Elci, c'est ta raison.

ELCI.

Ma résolution ne peut rester douteuse :
Je veux être avec vous heureuse ou malheureuse.

LUIGI, en l'embrassant.

Ma fille !

THÉCLA, à Marco, d'un air de triomphe.

Tu l'entends ?

MARCO.

Fait-elle bien ou mal ?
Dieu le sait ! mais son culte est l'amour filial.

LUIGI.

Brisons là.

THÉCLA.

Voici l'heure où, dans leur conférence,
Luther et Mélanchton font assaut d'éloquence :
De leur présence auguste ils veulent honorer
La fête qui bientôt doit vous régénérer :
Venez puiser d'avance une nouvelle vie
A ce banquet de l'âme où leur voix vous convie.

LUIGI.

C'est un devoir.

THÉCLA, à Elci.

Au temple ils prêcheront demain ;
Y viendras-tu ?

ELCI.

Peut-être.

MARCO, à Elci.

A l'office prochain
Je suivrai le bon oncle; irez-vous?

ELCI.

C'est possible.

LUIGI.

Chacun veut la gagner.

THÉCLA, à Luigi.

Ce bras-là pour ma Bible,
L'autre pour moi! Partons.

LUIGI, à Marco.

Garde-toi de sortir,
Et de son arrivée accours nous avertir.

(Thécla sort appuyée sur le bras de Luigi.)

SCENE IV.

MARCO, ELCI.

ELCI.

Adieu, Marco!

MARCO.

Déjà?

ELCI.

Ma tâche est commencée :
J'habille du voisin la pauvre fiancée.
J'achèverai trop tard si je perds un moment,
Et donner à propos c'est donner doublement.

MARCO.

Hâtez-vous. Je descends jusqu'au bord de la source,

SCÈNE V.

Pour voir si du ruisseau rien n'arrête la course :
Quand il suit son chemin il fait un bruit si doux !
Je veux que les amis, bras dessus, bras dessous,
Épanchent leurs deux cœurs près de ses ondes fraîches,
En caressant de l'œil le duvet de mes pêches.

ELCI.

Dieu bénisse, Marco, tes soins industrieux :
Va, qui travaille prie.

MARCO.
     Et qui donne fait mieux,
Ange de charité !

(Elci sort.)

SCÈNE V.

MARCO.

    Protestante ou fidèle,
Elle ira droit aux cieux ; mais pour s'emparer d'elle
Et l'y mener tous deux par différents chemins,
La messe avec le prêche ici vont être aux mains.
Non, ce cher Paolo par respect doit se taire :
Il était à cinq ans quelque peu volontaire.
Mon préféré, mon fils, ce petit révolté
Qu'à l'école autrefois malgré lui j'ai porté,
Je vais donc le revoir aujourd'hui, tout à l'heure,
L'embrasser le premier !.... On vient... Allons, je pleure !
Tout ému que je suis, restons maître de moi :
Avant que de pleurer il faut savoir pourquoi.
Quel air sombre ! Est-ce lui ?

SCENE VI.

PAOLO, suivi d'un messager à qui il a remis sa besace et son bâton de voyage, et qui reste au fond. MARCO, retiré dans un coin d'où il observe Paolo.

PAOLO, à voix basse en tombant sur un siége.

Dieu vengeur, je t'offense,
Mais, à l'aspect des lieux témoins de notre enfance,
Je me sens défaillir sous l'horrible dessein
Que, depuis mon départ, je porte dans mon sein.

MARCO, qui s'approche.

Mon ancienne amitié ne peut le méconnaître;
Non, c'est toi, c'est bien toi!...

PAOLO.

Marco!

MARCO.

C'est vous, mon maître!

PAOLO.

Dans mes bras!

MARCO.

Je n'osais.

PAOLO.

Encor!

MARCO.

Jamais assez!

PAOLO.

Mon bon, mon digne ami!

MARCO.

Vous me reconnaissez?

SCÈNE VI.

PAOLO.

Malgré tes cheveux blancs.

MARCO.

J'ai vieilli.

PAOLO.

Mon visage
Plus pâle que le tien a vieilli davantage.

MARCO.

Qu'est-ce? un peu de fatigue?

PAOLO.

Un mal plus grand.

MARCO.

L'ennui
Qu'un triste pèlerin traîne en route avec lui?

PAOLO.

Non; les veilles, Marco, le jeûne, une pensée...
(Portant la main à son front.)
Elle est là.

MARCO.

Pourquoi donc ne l'avoir pas chassée?

PAOLO.

Mais toi, toujours dispos, l'œil vif, le teint fleuri,
Satisfait de ton sort!

MARCO.

Bien vêtu, bien nourri,
Je suffis, sans fatigue, aux soins du jardinage.
L'hiver j'ai du loisir; l'été je me ménage.
Si mes melons ont soif, je suis leur sommelier;
Mais quand j'ai soif aussi, je me sers le premier.

PAOLO.

Et ta religion?

MARCO.

Je la suis.

PAOLO.

En fidèle?

MARCO.

Mais en vieillard.

PAOLO.

Comment?

MARCO.

A ma façon.

PAOLO.

Laquelle?

MARCO.

Vous jeûnez; moi, je tiens que, passé soixante ans,
On peut en prendre à l'aise avec les Quatre-Temps.
Pour les veilles, néant; hors si Noël arrive,
Vu que le réveillon me met sur le qui-vive.
Quant à mon confesseur, ses avis sont ma loi;
Mais le vieux que j'ai pris dit toujours comme moi;
Et si, par grand hasard, il me prêche abstinence,
C'est chose de santé plus que de continence.
Je ne blâme personne et ne m'émeus de rien;
Doux pour moi, bon pour tous, je ris et mène à bien,
Sans faire l'esprit fort, ni trancher de l'apôtre,
Ma joie en ce bas monde et mon salut dans l'autre.

PAOLO.

Et tu vis d'un œil froid nos autels profanés?

MARCO.

Non.

PAOLO.

Leurs trésors détruits?

SCÈNE VI.

MARCO.

Non pas.

PAOLO.

Abandonnés
Au pillage, aux fureurs d'un peuple frénétique?

MARCO.

Et que pouvait contre eux un pauvre domestique?
J'ai crié, mais tout bas; car, à ne point mentir,
Je n'eus jamais en moi l'étoffe d'un martyr.

PAOLO.

Je devais donc trouver cette tiédeur de zèle
Dans le vieil héritier de la foi paternelle!
Et de ces insensés il n'est pas le plus grand :
Le moindre crime ici, c'est d'être indifférent.
Luigi?...

MARCO.

Vous hésitez!

PAOLO.

Mon bon frère...

MARCO.

Il vous aime.

PAOLO.

Comme autrefois, oui; mais...

MARCO.

Il est toujours le même.

PAOLO.

Oui, pour moi; mais... pour Rome?

MARCO.

Expliquez-vous.

PAOLO.

Eh! bien!

On assure, et je crois... non, non, je ne crois rien.
S'il était vrai !

MARCO.

Parlez.

PAOLO.

Je ne le puis; je tremble.
Oh! non; je maudirais le jour qui nous rassemble :
Luigi, traître à son Dieu !

MARCO.

Qui répand ce bruit-là ?

PAOLO.

C'est faux ?

MARCO.

Quelque ennemi !

PAOLO.

Tu l'affirmes ?

MARCO.

Voilà
Comme on brouille les gens !

PAOLO.

Achève ; je t'écoute.
J'arrivais convaincu ; tu m'as parlé, je doute :

(Le repoussant.)

Je doute ; ah! sois béni !... Mais puis-je croire en toi ?

MARCO.

Eh! pourquoi pas ?

PAOLO.

Chrétien incertain dans ta foi !

MARCO.

Incertain !

PAOLO.

Cœur glacé !

SCÈNE VI.

MARCO.
Souffrez que je m'explique.

PAOLO.
Tu te souviens encor que tu fus catholique ;
Tu ne l'es plus.

MARCO.
Si fait.

PAOLO.
Tu ne l'es plus ; va, fui.

MARCO, à part.
Je le suis trop pour elle et pas assez pour lui.

PAOLO, montrant le messager.
J'ai besoin d'être seul ; chez moi conduis cet homme :
Je veux lui confier une lettre pour Rome ;
Je vais l'écrire.

MARCO.
Au moins...

PAOLO.
Qu'il la prenne en partant.

MARCO.
Au moins voyez la chambre où vous vous plaisiez tant.

PAOLO.
Non, sors !

MARCO.
Des deux côtés voilà qu'on me soupçonne :
Soyez donc modéré, pour ne plaire à personne.
(Au messager en lui montrant les degrés qui conduisent à la chambre de Paolo.)
Montez.

SCENE VII.

PAOLO.

Dieu me l'a dit; Dieu m'a dit : « Je le veux. »
J'ai senti sur mon front se dresser mes cheveux;
Il m'a répété : « Marche! » et, plein d'un saint courage,
J'ai pris, pour obéir, mon bâton de voyage;
J'ai marché; me voici!... Mais devant l'attentat
Qui sans vie à mes pieds doit jeter l'apostat,
Mon bras peut hésiter si Dieu ne le décide.
Apostat? lui, jamais! plutôt moi... fratricide!
Et puisque j'ai faibli malgré tous mes efforts,
Je ne puis me lier par des nœuds assez forts :
Écrivons.

(Il s'assied près de la table.)

« Au révérend frère Anastasio, pénitencier de Sainte-
» Marie-Majeure.

« Mon père, »

Ma main tremble.

« Peut-être le bruit répandu sur l'apostasie de mon
» frère n'est qu'une œuvre de mensonge, ou, du moins,
» je pourrai par mes paroles raffermir sa foi chancelante.
» Tel est le devoir que je me suis imposé en m'éclairant
» de vos conseils, et qu'il me sera donné de remplir si
» votre pieuse inspiration m'anime. »

Inexprimable ivresse!
Mon cœur se rouvrirait, et des pleurs de tendresse,

Des pleurs rafraîchissants, par la joie arrachés,
Jailliraient vers mon Dieu de mes yeux desséchés!

« Mais il est une autre mission connue de moi seul et
» que j'ai reçue d'un plus grand, d'un plus saint que vous,
» du Tout-Puissant, qui ne veut pas que je sois séparé de
» mon frère durant cette vie dont les joies ou les tour-
» ments seront sans fin. Priez donc, oh! priez à genoux,
» pour qu'il ne se fasse pas, en s'obstinant à se perdre,
» une vertu de l'endurcissement ; car, je l'ai juré à Dieu,
» et je vous écris pour vous le jurer à vous-même, la veille
» de son abjuration... »

La veille! et si demain... Ah! qu'il cède, qu'il vive,
Qu'il vive, et que jamais cette veille n'arrive!

« La veille de son abjuration, je supplierai le ciel, les
» mains jointes et le front contre terre, de répandre sur
» lui les grâces d'un dernier repentir, et, dût mon âme se
» déchirer..., je sauverai la sienne. »

SCÈNE VIII.

PAOLO, MARCO, qui descend suivi du messager.

MARCO.

Je cours vers votre frère.

PAOLO, se retournant brusquement.

Hein! quoi? qui m'a parlé?
Où vas-tu? Que veux-tu? T'avais-je rappelé?
Que m'as-tu dit?

MARCO, intimidé.

Pardon!

PAOLO.

Vers mon frère !

MARCO.

Sans doute,
Et je vais, j'en suis sûr, le trouver sur ma route,
Qui, les deux bras tendus, et de larmes baigné...

PAOLO, avec douceur.

Va, Marco !

MARCO, sortant.

Je m'y perds.

SCÈNE IX.

PAOLO, LE MESSAGER, au fond.

PAOLO, reprenant la plume.

Achevons.

« Si je reviens parjure, montrez-moi cette lettre, et que
» la malédiction de mon souverain juge pèse sur moi dans
» ce monde et dans l'autre ; je l'accepte. En signant ce que
» je vous écris, je mets mon nom au bas de mon éter-
» nelle condamnation. »

(Il se lève.)

J'ai signé.

(Au messager.)

Piétro, rends cette lettre à celui qui m'envoie.

(Le messager sort.)

J'aurai consommé l'œuvre avant qu'il me revoie.

THÉCLA, du dehors.

Il est ici !

LUIGI, de même.

Mon frère ?

SCÈNE X.

PAOLO.

Ah! qu'entends-je? à ce cri,
Ce cri qui m'est si doux, frissonnant, attendri,
De joie et de douleur je sens mon cœur se fondre :
Nos bras vont s'enlacer, nos sanglots se confondre,
Et j'ai signé!...

SCENE X.

PAOLO, THÉCLA, LUIGI, MARCO.

THÉCLA.

Mon fils!

LUIGI.

Ah! mon frère!

THÉCLA.

Seul bien
Qu'au ciel je demandais!

LUIGI.

Mon Paolo!

THÉCLA.

Le mien,
Le mien, qui m'est rendu!

LUIGI.

Doux retour! que de charmes
Je goûte à te revoir!

PAOLO.

Où suis-je?

THÉCLA.

Sous les larmes,
Les baisers maternels.

LUIGI.

Sur le sein d'un ami.

THÉCLA.

Parle-moi.

LUIGI.

Réponds-nous.

PAOLO.

Ne vivant qu'à demi,
Chancelant sous le poids d'un bonheur qui m'oppresse,
Puis-je trouver des mots pour en peindre l'ivresse!

LUIGI.

Nous te regrettions tant!

THÉCLA.

J'ai tant gémi sur toi!

PAOLO, à Thécla.

Moi, sur vous!

THÉCLA.

Je n'étais que malheureuse.

PAOLO.

Et moi,
J'étais coupable?

LUIGI.

Non.

THÉCLA, froidement.

Vous plaindre, est-ce une offense?

PAOLO.

Je vous plaignais de même; est-ce un crime?

LUIGI, vivement.

Je pense
Que nous avions raison de nous plaindre tous trois;
L'absence est si cruelle!

SCENE X.

THÉCLA.
Ah! c'est vrai.

MARCO, à part.
Cette fois,
Il a paré le coup.

THÉCLA.
Grâce à la Providence,
Tu trouveras ici la gaîté, l'abondance,
L'union.

MARCO, à part.
Qu'elle y reste!

LUIGI.
Oui, tout m'a réussi,
Frère, j'ai prospéré.

THÉCLA.
Mais c'était juste aussi;
Dieu protége les siens.

PAOLO.
Comment les siens?

LUIGI.
En père,
Il nous protége tous.

THÉCLA.
Cependant l'un prospère;
Mais l'autre...

PAOLO.
On le châtie.

LUIGI.
Eh! de quels torts?

PAOLO.
Pourquoi?

THÉCLA.

Je m'entends.

PAOLO, prenant la main de son frère.

L'un et l'autre ils ont la même foi.

THÉCLA.

Qu'à l'esprit qui s'obstine un jour le ciel pardonne!
C'est mon vœu.

PAOLO.

Comme un jour au cœur qui l'abandonne!
C'est le mien.

THÉCLA.

Pour l'aveugle à quoi sert la clarté?

PAOLO.

A qui poursuit l'erreur que fait la vérité?

THÉCLA.

L'erreur!

PAOLO.

L'aveuglement!

MARCO, à part.

Ah! la voilà partie!
Le démon de Luther se met de la partie.

LUIGI.

Ma mère, Paolo, ne pensons qu'au bonheur
D'être unis tous les trois dans la paix du Seigneur.

THÉCLA, à Paolo avec effusion.

Unis, toujours unis, en priant l'un pour l'autre!
Oublions tout... Ta main!

LUIGI, en la mettant dans celle de Thécla.

Elle cherchait la vôtre.

THÉCLA, à Paolo.

Embrassons-nous, mon fils, et de bonne amitié.

SCÈNE XI.

Je vous quitte; Marco ne fait rien qu'à moitié.
(A Marco.)
J'aurai du soin pour deux. Que le foyer pétille;
Grand feu! fête au logis et banquet de famille!
Après un si long deuil que la joie ait son tour,
Puisque l'enfant prodigue est enfin de retour.

MARCO, bas, en riant, à sa maîtresse.

Fausse comparaison, maîtresse; car j'estime
Qu'il n'a pu, n'ayant rien, manger sa légitime.

THÉCLA, sévèrement.

Respect à l'Écriture! en rire, c'est pécher.

MARCO.

Bon! Dieu fera le sourd pour ne s'en pas fâcher.

THÉCLA.

Silence! et suivez-moi.

MARCO, à part.

                Le premier choc fut rude;
Mais quand de disputer ils auront l'habitude...
(Il suit Thécla.)

SCÈNE XI.

PAOLO, LUIGI.

LUIGI, à part.

Ménageons sa faiblesse.

PAOLO, de même.

                Un cœur prêt à faillir
Avec cet abandon n'aurait pu m'accueillir :
On m'a trompé.
(Haut, avec émotion.)
Luigi.

LUIGI.
Frère !
PAOLO.
Je crois renaître ;
Une ineffable paix se répand dans mon être.
Ah ! mon ami !

LUIGI, montrant le fauteuil de famille.
C'est là que, se penchant vers nous,
Celui qui manque ici nous prit sur ses genoux.
Frère, tu t'en souviens ?

PAOLO.
C'est là qu'à ma demande,
De quelque saint martyr il contait la légende,
Et que ma mère... alors elle invoquait les saints ;
Ma mère, pour prier, joignait nos jeunes mains.
Tu t'en souviens, Luigi ?

LUIGI.
L'été, sous la feuillée,
Rappelle-toi nos jeux.

PAOLO.
Comme de la veillée
Les heures fuyaient vite à ces pieux récits !

LUIGI.
Quels plaisirs nous goûtions l'un près de l'autre assis !

PAOLO.
Qu'ils étaient purs !

LUIGI.
Ces jours reviendront, car tu restes ?

PAOLO.
Nous connaîtrons encor ces voluptés célestes...
Car tu n'es pas changé !

SCÈNE XI.

LUIGI, l'attirant vers la fenêtre ouverte.

Regarde.

PAOLO.

Où donc?

LUIGI.

Là-bas,
Près du pommier, témoin de nos joyeux combats...

PAOLO.

Lorsque ses fruits vermeils, qui pendaient jusqu'à terre,
Présentaient aux deux camps des armes pour la guerre.

LUIGI.

Une maison s'élève.

PAOLO.

Oui.

LUIGI.

Bâtie à mon goût;
Bien modeste.

PAOLO.

A la tienne elle ressemble en tout.

LUIGI.

Dis-moi quelle est des deux celle que tu préfères?

PAOLO.

Elles sont sœurs, Luigi.

LUIGI.

Comme nous sommes frères.

PAOLO.

Qui l'habite?

LUIGI.

Un ami va bientôt l'habiter,
Et tu le connaîtrais si tu devais rester.

PAOLO.

C'est ton vœu?

LUIGI.

Le plus cher.

PAOLO, à part.

Il craindrait ma présence,
S'il n'était devant moi fort de son innocence :
On m'a trompé.

LUIGI.

Consens!

PAOLO.

Me promets-tu qu'un jour,
Comme à seize ans, pour Rome épris d'un pur amour,
A celui qui de Dieu sur la terre est l'image...

LUIGI.

Tu consens?

PAOLO.

Nous irons rendre un dernier hommage?

LUIGI.

Eh! comment ferais-tu pour ne pas consentir?
Tu verrais sur le seuil, si tu voulais partir,
Les souvenirs vivants de notre premier âge,
En te tendant les bras, t'arrêter au passage.
Reste! Ton ciel natal, Paolo, le voici!
Ce toit, c'est ton berceau; ce vieux foyer noirci,
Où nos tremblantes mains se réchauffaient ensemble,
Nous réunit enfants, vieillards; qu'il nous rassemble.
Nos deux chiffres, c'est là que tu les as laissés;
Comme d'anciens amis se tenant embrassés,
Ils sont unis encor; pourrions-nous ne plus l'être?
Reste! Eh! par où nous fuir? Dans cet enclos champêtre

SCÈNE XI.

Tu ne peux faire un pas, regarder, respirer,
Sans qu'un parfum connu qui revient t'enivrer,
L'allée où, chancelant, tu courais sur ma trace,
Le fleuve où de la mort tu m'as sauvé, la place
Où, plus âgé que toi, je vengeai ton affront,
La croix qui si souvent vit s'incliner ton front,
L'eau qui fuit, l'air qui passe ou le vent qui soupire,
Emprunte, en s'animant, une voix pour te dire :
« Reste! aime encor ton frère aux lieux où tu l'aimais;
» Es-tu sûr, si tu pars, de le revoir jamais? »

PAOLO.

Et toi, si tu me suis dans la ville éternelle,
Pourras-tu l'admirer sans oublier pour elle
De ton pays natal le soleil éclipsé,
Sans rajeunir de joie en rêvant au passé?
Il a brillé pour toi, son ciel, où ta prière
Ne montait qu'à travers l'azur et la lumière;
Son pavé triomphal a tressailli sous toi;
Ses débris t'ont parlé; du cirque, où pour ta foi
De ses héros chrétiens mourut la sainte armée,
Tu sentis palpiter la poussière animée.
Quand Rome en deuil suivit son Sauveur au tombeau,
Tu pleurais! Mais quel jour! qu'il fut grand, qu'il fut beau!
Qu'il t'enivra, ce jour où des voiles funèbres
Rome, en ressuscitant, déchira les ténèbres!
Tous les chants, tous les bruits à la fois renaissants,
Ces cortéges sacrés, ces nuages d'encens,
Ces palmes qui du Christ couronnaient la victoire,
Un homme, un prêtre, un Dieu, qui planait dans sa gloire
Entre Rome et les cieux, et, des cieux entr'ouverts,
Répandait les pardons sur Rome et l'univers;

Quel spectacle!... O Luigi, les transports qu'il inspire
N'ont-ils pas à leur tour une voix pour te dire :
« Viens! le grand jour approche; ah! viens, venez tous deux,
» Pleins de la même foi, brûlés des mêmes feux
» Qu'il versait par torrents dans votre âme embrasée,
» De ses divins pardons recueillir la rosée! »

LUIGI.

Paolo!...

PAOLO.

Tu viendras! Et quand nous sentirons
La grâce à flots sacrés s'épancher sur nos fronts,
Puissent nos cœurs noyés dans cette joie intime,
Dans ce bonheur de croire où la raison s'abîme,
Mourir, et, confondus, voler d'un même essor
Au sein de l'Éternel pour s'y confondre encor.
Oui, réunis aux cieux!... Tu pleures!... Ah! mon frère,
On te calomniait; mais qu'un aveu sincère
Me punisse du moins de t'avoir soupçonné.
Toi que je jugeais mal, toi que j'ai condamné,
Apprends...

SCENE XII.

PAOLO, LUIGI, MARCO.

MARCO, à Luigi, d'un air de mystère.

Mon maître...

LUIGI.

Eh bien!

MARCO.

Un mot!

SCÈNE XII.

PAOLO, à l'écart.

Quelque surprise
Qu'on veut me ménager!

MARCO, bas à Luigi.

Cet homme à barbe grise,
Ce moine, qui jamais ne parle sans prêcher,
Et même quand il prie a l'air de se fâcher,
Il est en bas.

LUIGI, bas.

Luther!

MARCO.

La diète, qui l'exile,
Entend que sous deux jours il cherche un autre asile ;
Mais il veut en partant vous bénir de sa main,
Et la cérémonie est fixée à demain.

LUIGI.

Ciel! que m'annonces-tu, Marco?

MARCO.

Ce qui se passe,
Et ce qu'à ma maîtresse il contait à voix basse.
Mais s'il allait monter...

LUIGI, vivement à Paolo.

Je sors et je revien :
Tu le permets?

PAOLO.

Va, frère ; avant cet entretien
Pour moi la solitude était un long supplice ;
Seul, je puis maintenant rêver avec délice.
Va, je suis sûr de toi.

LUIGI, à Marco.

Cours chercher mon Elci.

MARCO.

Je viens de l'avertir.

PAOLO, à Luigi.

Ta fille, elle est ici?
Et je l'attends encor! Loin de moi, que fait-elle?

LUIGI, sortant.

Tu vas la voir.

SCENE XIII.

PAOLO, MARCO.

PAOLO.

Elle a de la Vierge immortelle
L'angélique douceur, l'aimable pureté!
Le moindre de ses dons, Marco, c'est la beauté,
N'est-ce pas?

MARCO.

Sur ce point m'en croirez-vous?

PAOLO.

Pardonne.
Qui peut douter d'un frère a-t-il foi dans personne?
J'étais bien malheureux; car j'aurais mieux aimé
Le trouver au retour sanglant, inanimé,
Mort, que traître à son culte et frappé d'anathème;
Oui, mort.

MARCO.

C'est d'un bon frère.

PAOLO.

Et toi, Marco, toi-même,
Si tu sentais fléchir ton zèle chancelant,

N'aimerais-tu pas mieux qu'un ami, t'immolant,
Dans ta bouche entr'ouverte arrêtât ton parjure
Que de le proférer?

MARCO.

L'alternative est dure.

PAOLO.

Quoi! tu balancerais?

MARCO.

Je ne dis pas cela;
Mais je n'ai pas d'ami qui m'aime à ce point-là.
(A part.)
Heureusement!

PAOLO, avec gravité.

Peut-être.

MARCO, effrayé.

En tout cas je proclame
Que je suis bon chrétien, chrétien de cœur et d'âme,
Pour que vous le sachiez et le fassiez savoir
Aux amis trop ardents que je pourrais avoir.
Mais votre nièce accourt; je vous laisse avec elle.

SCENE XIV.

PAOLO, MARCO, ELCI.

PAOLO.

Venez, vous que ma voix, vous que mon cœur appelle.

ELCI.

Mon oncle en m'écrivant ne me disait pas : vous.

PAOLO.

Non, toi, chère Elci, toi!

MARCO.

Dans ces sentiments doux,
Qu'elle inspire si bien, que le ciel vous maintienne!
(A part.)
Adieu!... Comme il entend la charité chrétienne!
Quel homme!

(Il sort.)

SCÈNE XV.

PAOLO, ELCI.

PAOLO.

Toi, ma fille!

ELCI.

A la bonne heure; au moins
Vous me donnez mon nom.

PAOLO.

Oui, ton nom.

ELCI.

Par mes soins
Je veux vous retenir en cherchant à vous plaire;
Je veux vous enchaîner.

PAOLO.

Je me laisserai faire.

ELCI.

Pour toujours!

PAOLO.

Son regard, ses traits, ses blonds cheveux,
Rappellent la madone à qui j'offrais mes vœux.

ELCI.

Dont vos mains sur l'ivoire ont reproduit l'image?

SCÈNE XV.

PAOLO.

Que je te destinais.

ELCI.

Admirant votre ouvrage,
Pour vous, soir et matin, je priais.

PAOLO.

Comme moi,
J'admirais le modèle et je priais pour toi.

ELCI.

Je disais : Qu'il revienne et me chérisse en père!

PAOLO.

Moi : Qu'elle soit heureuse autant qu'elle m'est chère,
Belle, pure, adorable!

ELCI.

Et j'obtiens...

PAOLO.

J'ai trouvé...

ELCI.

Plus que je n'espérais.

PAOLO.

Mieux que je n'ai rêvé.

(Il s'assied en l'attirant vers lui.)

Quoi! tu ne craignais pas ma piété sévère,
Qui peut blesser ici quelqu'un que je révère?

ELCI, tantôt debout près de son oncle, tantôt assise sur le bras de son fauteuil.

Non, car je comptais bien mettre la paix ici
Entre vous et quelqu'un que je révère aussi.

PAOLO.

Sois donc par ta douceur l'ange qui nous rapproche;
Sois mon conseil.

ELCI.

Comment?

PAOLO.

Veux-tu?

ELCI.

Jusqu'au reproche
Vous écouterez tout?

PAOLO.

Avec humilité :
Des lèvres d'un enfant descend la vérité.

ELCI.

Alors je vais remplir mon grave ministère.

PAOLO.

Déjà!

ELCI.

Vous avez peur?

PAOLO.

Moins que toi.

ELCI.

Si ma mère
Traite certain sujet avec un peu d'aigreur,
Vous serez indulgent?

PAOLO.

Comme on l'est pour l'erreur.

ELCI.

Sans répondre?

PAOLO.

Pourtant...

ELCI, d'un air suppliant.

Sans répondre.

SCÈNE XV.

PAOLO.

Sa grâce
Me désarme d'avance.

ELCI.

Et c'est convenu ?

PAOLO.

Passe :
Je saurai me contraindre.

ELCI.

En cercle, quand le soir
Tous quatre autour du feu nous viendrons nous asseoir,
Ne vous offensez pas si je prends soin moi-même
De placer sous ses yeux le seul livre qu'elle aime.

PAOLO.

Lequel ?

ELCI.

La Bible.

PAOLO.

Elci, c'est un livre sacré.

ELCI.

La Bible... de Luther.

PAOLO, *se levant à demi.*

Qu'entends-je ? Et je verrai,
Sans le mettre en lambeaux...

ELCI, *qui le fait rasseoir en lui passant ses bras autour du cou.*

Pendant cette lecture,
Vous me regarderez.

PAOLO.

Charmante créature !

ELCI.

Nous causerons de Rome.

PAOLO.
Oui.
ELCI.
Nous lirons tous deux.
PAOLO.
Saintement.
ELCI.
Mais bien bas, sans nous occuper d'eux.
PAOLO.
D'eux!... Comment? Que dis-tu?
ELCI.
C'est chose naturelle
Qu'il ait sa liberté, s'il veut lire avec elle.
PAOLO.
Qui donc, Elci?
ELCI.
Mon père.
PAOLO.
Eh! quoi?...
ELCI.
Ne craignez rien :
Il respecte mon culte en pratiquant le sien.
PAOLO.
Le sien!
ELCI.
Bon comme lui, vous suivrez son exemple,
Et, le jour du Seigneur, quand·ils iront au temple...
PAOLO, se levant.
Au temple!
ELCI.
Qu'avez-vous?

SCÈNE XV.

PAOLO.

Aurait-il abjuré?

ELCI.

Pas encor.

PAOLO.

Mais cet acte, il n'est que différé?

ELCI.

De quelques jours.

PAOLO.

Mon frère!... au temple!... Est-il possible?

ELCI.

Ne me regardez pas avec cet œil terrible.

PAOLO.

Affirmer qu'il abjure, et c'est vous qui l'osez!

ELCI.

Je tremble.

PAOLO.

Savez-vous de quoi vous l'accusez?

ELCI.

Moi!

PAOLO.

D'un crime.

ELCI.

Qui? moi!

PAOLO.

C'est faux : j'en ai pour gage
Sa voix, ses traits émus et son touchant langage,
Ses pleurs que sur mon front je crois encor sentir :
C'est faux, c'est un mensonge.

ELCI.

Aurais-je pu mentir?

PAOLO.

Ah! cet accent si vrai, qui m'éclaire et me tue,
Anéantit l'espoir de mon âme abattue.
Malheureux!

ELCI.

Et par moi!

PAOLO, avec violence.

Mais il ne le peut pas;
Mais je me jetterais au-devant de ses pas;
Mais je mettrais ma main sur sa bouche infidèle;
Mais, non; mais de ces bras l'étreinte fraternelle,
Lui comprimant le cœur dans un dernier adieu,
Étoufferait sa voix prête à blasphémer Dieu!
Il ne le peut pas; non, renier sa croyance,
Non, renier son Dieu n'est pas en sa puissance.

SCENE XVI.

PAOLO, ELCI, THÉCLA.

THÉCLA, à Paolo.

Et qui vous rend ici l'arbitre de sa foi?

PAOLO.

Celui dont vos leçons m'ont enseigné la loi.

THÉCLA.

Que dit-elle?

PAOLO.

D'aimer, de secourir son frère.

THÉCLA.

Mais, avant tout, mon fils, de respecter sa mère.

PAOLO.

Je n'en ai plus.

SCÈNE XVII.

THÉCLA, à Elci.

Sortez.

ELCI.

De grâce!...

THÉCLA.

Faites voir
Que ce respect pour vous est encore un devoir.

ELCI.

J'obéis.

SCENE XVII.

PAOLO, THÉCLA.

PAOLO.

Mon retour ne me l'a pas rendue.
Perdue en cette vie, et pour jamais perdue,
Celle qui nous disait : Enfants, restez unis;
Croyez ce que je crois, et vous serez bénis.

THÉCLA.

Vain souvenir d'un temps où je fus idolâtre!

PAOLO.

Fidèle.

THÉCLA.

Nuit d'erreur!

PAOLO.

Jour pur!

THÉCLA.

J'étais marâtre.

PAOLO.

Vous étiez mère.

THÉCLA.

Alors, les égarant tous deux,
Je perdais mes enfants.

PAOLO.

Vous les sauviez.

THÉCLA.

L'un d'eux
Va se rouvrir le ciel.

PAOLO.

L'un n'ira pas sans l'autre.

THÉCLA.

Quittez donc votre culte.

PAOLO.

Abandonnez le vôtre.

THÉCLA.

Il est fatal.

PAOLO.

Plus bas!

THÉCLA.

Sacrilége.

PAOLO.

Plus bas!
Mon père vous entend.

THÉCLA.

Et ne vous voit-il pas?

PAOLO.

Il m'approuve du moins.

THÉCLA.

Est-ce de faire outrage
A tous les droits sacrés qu'avec lui je partage?

SCÈNE XVII.

PAOLO.

L'Éternel qui m'envoie, et Rome d'où je viens,
Font céder au devoir les terrestres liens.

THÉCLA.

Retournez donc à Rome, où l'esprit d'imposture
Triomphe et foule aux pieds les lois de la nature.

PAOLO.

J'irai, mais non pas seul.

THÉCLA.

    Lui, vous suivre?

PAOLO.

         Priez,
Priez pour qu'il me suive.

THÉCLA.

      Ah! plutôt à mes pieds
Que le courroux du ciel!...

PAOLO.

      Arrêtez! vœu funeste,
Que vous ne formez pas, que votre cœur déteste,
Il appelle la mort; il tue... Ah! gardez-vous
De tenter par ce vœu le céleste courroux.

THÉCLA.

Ne l'as-tu pas, toi-même, arraché de ma bouche?
Va donc; fuis, porte ailleurs ta piété farouche.
Rome te tend les bras; fuis les miens, fuis ces lieux;
Mère, frère, pays, fuis tout; dans ses adieux,
Celle qu'un fils ingrat traite ici d'étrangère
N'a plus de fils en lui, puisqu'il n'a plus de mère.

SCENE XVIII.

PAOLO, THÉCLA, LUIGI.

LUIGI.

Que dites-vous, grand Dieu?

THÉCLA.

Vous avez entendu.
Qu'au plus saint des devoirs par vous il soit rendu;
Qu'il dompte son orgueil; qu'il force sa colère
A respecter en moi ce qu'en lui je tolère;
N'exiger rien de plus c'est me contraindre assez;
S'il ne le peut, qu'il parte, ou je pars : choisissez.

SCENE XIX.

(La nuit vient par degrés pendant cette scène.)

LUIGI, PAOLO.

LUIGI.

Condamné dans ton cœur, j'ai droit de me défendre,
Paolo.

PAOLO, voulant s'éloigner.

Laissez-moi.

LUIGI.

Demeure; il faut m'entendre.
Maintenant ou jamais.

PAOLO, faisant un pas pour sortir.

Jamais.

SCÈNE XIX.

LUIGI.

Séparons-nous.

PAOLO, qui revient et s'arrête sans le regarder.

Qu'avez-vous à me dire et que me voulez-vous?

LUIGI.

Plaise au ciel que ma voix jusqu'à ton âme arrive!
Car pour notre amitié cette heure est décisive.

PAOLO.

Parlez.

LUIGI.

En ennemi tu détournes les yeux :
Regarde-moi, mon frère, et tu m'entendras mieux.

PAOLO, avec émotion, en le regardant.

Ah! Luigi! ta croyance est-elle encor la mienne?

LUIGI.

Je ne te répondrai que ma main dans la tienne.

PAOLO, lui serrant la main.

Réponds.

LUIGI.

Instruit de tout, devrais-tu l'exiger,
Cet aveu qui me coûte et qui va t'affliger?

PAOLO, qui s'éloigne de lui.

Tu l'as donc résolu? C'est vrai? Tu me déclares
Que pour l'éternité de moi tu te sépares?

LUIGI.

Calme-toi.

PAOLO.

Je le veux : rien encor n'est perdu.

LUIGI.

On supporte avec peine un coup inattendu...

PAOLO.

Puis, l'espoir qui renaît nous le rend moins sensible.

LUIGI.

Le temps adoucit tout.

PAOLO.

A Dieu tout est possible.

LUIGI, qui se rapproche de son frère.

Indulgents l'un pour l'autre, on s'apaise en sentant
Que, sans penser de même, on peut s'aimer autant.

PAOLO, de même.

L'opinion de l'un, l'autre enfin la partage,
Et l'on est étonné de s'aimer davantage.
Un de nous doit errer.

LUIGI.

Qu'importe ?

PAOLO.

Si j'ai tort,
J'en conviendrai, Luigi.

LUIGI.

Pour vivre en bon accord,
N'est-il pas des sujets qu'il faut nous interdire ?

PAOLO.

Aucun.

LUIGI.

Tu crois ?

PAOLO.

C'est sûr.

LUIGI.

Quoi que nous puissions dire,
Nous resterons amis ?

PAOLO, avec tendresse.

Toujours !

SCÈNE XIX.

LUIGI.
De quel fardeau
Tu soulages mon cœur !

PAOLO, l'embrassant.
Amis jusqu'au tombeau.
(Il s'assied et invite du geste son frère à l'imiter.)
Parlons donc franchement. Cher Luigi, je m'étonne,
Mais sans m'en irriter, que mon frère abandonne
L'humble paix du chrétien qui n'a jamais douté,
Pour l'orgueilleux plaisir de l'incrédulité.

LUIGI.
Moi, ce qui me surprend, sans que je m'en offense,
C'est qu'un esprit si droit par habitude encense,
Avec un vieux respect qui n'est plus de saison,
Des abus avérés que proscrit la raison.

PAOLO.
Triste fruit des discours, des livres d'un sectaire !

LUIGI.
Les as-tu lus ?

PAOLO.
Moi ! non.

LUIGI.
Fais-le donc.

PAOLO.
Pour le faire
Je les méprise trop.

LUIGI.
Avant de condamner,
Tu conviendras pourtant qu'il faut examiner.

PAOLO.
Quoi ? les rêves d'un fou ?

LUIGI.

    Que plus d'un sage écoute.

PAOLO.

Le lire ou l'écouter, c'est admettre qu'on doute.

LUIGI.

Douter c'est faire un pas.

PAOLO.

    Vers le mal.

LUIGI.

        Vers le bien.

PAOLO.

Nous différons d'avis.

LUIGI.

    Tu crois tout.

PAOLO.

        Et toi, rien.

LUIGI.

Je crois sans fanatisme.

PAOLO.

    On est donc fanatique
En ne se traînant pas aux pieds d'un hérétique?

LUIGI.

Voilà votre grand mot!

PAOLO.

    C'est le mot juste.

LUIGI.

        Non.

PAOLO, se levant.

Eh bien! d'un apostat, pour lui donner son nom.

LUIGI.

Luther!... Tu vas trop loin.

SCÈNE XIX.

PAOLO.

Pas assez : je proclame
Que c'est un être vil.

LUIGI.

Ah! prends garde!

PAOLO.

Un infâme.

LUIGI

Lui!

PAOLO.

Le dernier de tous.

LUIGI.

C'est un prêtre inspiré.

PAOLO.

Par l'enfer.

LUIGI.

Par le ciel.

PAOLO.

Pour qui rien n'est sacré.

LUIGI.

Mais...

PAOLO.

S'il écrit il ment, et s'il parle il blasphème.

LUIGI, se levant aussi.

Mais l'insulter chez moi, c'est m'insulter moi-même.

PAOLO.

Chez toi! Comme ta mère es-tu las de m'y voir?

LUIGI.

Le droit de m'y braver, penses-tu donc l'avoir?

PAOLO.

J'ai le droit d'accabler, d'écraser sous l'injure

L'imposteur déhonté qui te pousse au parjure ;
Le misérable !...

LUIGI.

Arrête, ou...

PAOLO.

Quoi?

LUIGI.

Je me contien.

PAOLO.

Quoi ! tu me chasserais ? Ose le dire.

LUIGI.

Eh bien !
Admets que je l'ai dit.

PAOLO, après un silence.

Je m'y devais attendre.
Luther te saura gré d'une amitié si tendre.

LUIGI.

Encor !

PAOLO.

Mon Dieu ! je pars ; mais j'ai la liberté
De reprendre chez toi ce peu que j'apportai.
Tu m'en laisses le temps?

LUIGI, avec embarras, en arrêtant son frère au bord de l'escalier.

Voici la nuit.

PAOLO.

Qu'importe?

LUIGI.

Le ciel est orageux.

PAOLO.

En refermant ta porte,
Sous ce toit fraternel, où je n'ai pas dormi,

SCÈNE XIX.

Tu te riras des vents; et qui sait? un ami,
Ton moine, s'il survient, prendra ma place vide;
Mais que ton frère absent dehors marche sans guide,
Trouve un gîte dans l'ombre ou doive s'en passer,
Le bienvenu Luther t'en voudrait d'y penser.

LUIGI.

Toujours!

PAOLO.

De l'eau du ciel, des coups de la tempête,
Quelque portail d'église abritera ma tête,
Et sur la froide couche où tu m'auras jeté,
Par celui qui voit tout je serai visité.
Nul ne viendra du moins me disputer la pierre
Où cet hôte divin fermera ma paupière :
On est sûr de l'abri qu'on cherche dans ses bras;
Lui vous reçoit toujours et ne vous chasse pas.

LUIGI.

Tu peux jusqu'à demain retarder ton voyage.

PAOLO.

Comment? le cœur te manque? Allons, reprends courage.
Au reste, près d'ici prolongeant mon séjour,
Je veux de ton triomphe attendre le grand jour :
Il est fixé sans doute et la veille... Pardonne,
Car j'abuse du temps que ta pitié me donne.
Adieu, parjure!

LUIGI.

Adieu.
(Paolo monte les degrés qui conduisent à sa chambre.)

SCENE XX.

LUIGI.

Des hauteurs de sa foi
Doit-il fouler aux pieds la vertu devant moi,
Étouffer la raison sous l'erreur qu'il préfère?
Non, certes; j'ai bien fait; je ne pouvais mieux faire.
Qu'il parte!.. Ah! dans nos jeux, lorsque nous nous quittions,
C'était pour revenir, enfants que nous étions :
Point de torts qu'à douze ans ne répare un sourire.
Ce temps n'est plus; le mot que je viens de lui dire
Au cœur d'un vieil ami n'entre pas à moitié,
Et reste dans la plaie en tuant l'amitié :
Elle est morte.

SCÈNE XXI.

LUIGI, THÉCLA, ELCI et MARCO, apportant des flambeaux,
et préparant la table pour le repas du soir.

THÉCLA.

A mon fils dois-je céder la place?

LUIGI.

Ma mère, demeurez.

THÉCLA.

Il met bas son audace?

LUIGI.

N'en redoutez plus rien.

THÉCLA.

Son orgueil a fléchi?

SCÈNE XXI.

LUIGI.

Du joug qu'il m'imposait je me suis affranchi.

THÉCLA.

Gloire à vous!

LUIGI.

Diffamer une vie exemplaire!
Flétrir l'élu du ciel dont la raison m'éclaire!

THÉCLA.

Et sous votre courroux vous l'avez terrassé?
Et vous l'avez fait taire? Et vous...

LUIGI.

Je l'ai chassé.

THÉCLA, tombant sur un siége près de la table.

Chassé!

ELCI.

Qui? votre frère!

MARCO.

Après quinze ans d'absence!

LUIGI, à Marco.

Pas un mot, ou sortez!

ELCI.

Ah! c'est cruel.

LUIGI, à sa fille.

Silence!
Pour me blâmer ici tout le monde est d'accord.

ELCI.

On le plaint.

LUIGI.

On m'offense.

MARCO.

Allez, qui n'a pas tort

Sans s'offenser de rien souffre qu'on lui réponde :
Mécontent de soi-même, on l'est de tout le monde.

ELCI.

Vous ne m'avez jamais parlé si durement.

LUIGI.

C'est qu'on n'a jamais vu pareil aveuglement ;
C'est que chacun s'obstine à me trouver coupable ;
Prend parti contre moi, me méconnaît, m'accable ;
Excepté vous, ma mère.

THÉCLA, avec désespoir, en se levant.

Et vous ne l'avez pas,
Quand il a dit : « Je pars, » retenu dans vos bras !

LUIGI.

Vous aussi !

THÉCLA.

Le chasser des lieux qui l'ont vu naître !
De chez vous, de chez lui !... Sous ce toit dont le maître
A cette heure de paix nous bénit tant de fois,
Nous devions une nuit reposer tous les trois.

LUIGI.

Indigné pour Luther, j'eus tort de le défendre ?

THÉCLA.

Non ; je ne dis plus rien.

LUIGI.

Paolo va descendre.

ELCI.

Il est encore ici ?

LUIGI.

Qu'il me tende la main,
Je fais pour l'embrasser la moitié du chemin ;
Sinon, il partira.

SCÈNE XXII.

ELCI.
Quoi! le jour qu'il arrive?
THÉCLA.
Sans qu'une fois du moins il soit notre convive?
MARCO, à Luigi.
Adieu! puisqu'à choisir le ciel me réserva,
Je suis le serviteur de celui qui s'en va.
LUIGI.
Libre à toi.

SCENE XXII.

LUIGI, THÉCLA, ELCI, MARCO, PAOLO,
qui descend lentement les degrés.

ELCI, bas à Thécla.
Le voici.
THÉCLA.
Je me tais et je pleure.
ELCI, de même à son père.
Vous lui direz un mot!
LUIGI.
Non.
MARCO, à Luigi.
Faites qu'il demeure,
Ou vos nuits sans repos commencent aujourd'hui,
Et vous aurez chassé le sommeil avec lui.
LUIGI, à sa mère.
M'honorer d'un adieu lui semble une bassesse.
THÉCLA.
Il est vrai.

LUIGI.

Puis-je alors l'aborder sans faiblesse?

ELCI.

Vous ne le verrez plus.

LUIGI.

C'est lui donner raison;

(Plus bas, à lui-même.)

Et je ne puis pas, moi, lui demander pardon!...

MARCO, à Luigi, tandis que Paolo, qui est descendu, s'éloigne sans détourner la tête.

Il part.

THÉCLA.

Tout est fini!

LUIGI.

Tout!

ELCI, qui s'est mise à genoux sur le seuil de la porte, à Paolo.

Pardon pour mon père!

PAOLO.

Elci!

ELCI.

Vous resterez.

PAOLO, faisant effort pour sortir.

Laisse-moi ma colère :
Il a rompu les nœuds dont Dieu nous a liés.

ELCI.

Rien ne pouvait les rompre.

PAOLO.

Il m'a dit...

ELCI, qui lui met la main sur la bouche en s'élançant à son cou.

Oubliez!

LUIGI.

Mon frère!

SCÈNE XXII.

THÉCLA.

Mes enfants!

PAOLO.

Oui, j'oublierai, j'oublie;
Mais, par pitié pour toi, pour moi, qui t'en supplie,
Cesse de m'arrêter; je veux fuir : dans ce lieu
Je vois planer sur nous les vengeances de Dieu;
La foudre gronde.

LUIGI.

Ah! viens.

PAOLO.

C'est le deuil que j'apporte.

THÉCLA.

Le bonheur.

MARCO.

S'il le faut, je garderai la porte.

ELCI.

Et moi, mon prisonnier.

PAOLO, à sa nièce, qui l'entraîne vers la table.

Que fais-tu, chère Elci?
J'aurais dû résister.

THÉCLA, à Paolo, en le faisant asseoir.

Toi, là; ton frère, ici;
Votre mère entre vous.

ELCI, à Paolo.

Près de vous votre fille!

MARCO.

Et personne d'absent au banquet de famille!

LUIGI.

Grâce au ciel!

THÉCLA.

Un de moins, tous étaient malheureux.

PAOLO, à Elci, qui s'empresse de le servir.

Tu ne penses qu'à moi.

ELCI.

C'est penser à nous deux.

MARCO, à Paolo.

Laissez-la vous choyer; je vous dis à l'oreille
Que vous pourrez chez vous lui rendre la pareille.

PAOLO.

Ai-je un chez moi?

LUIGI.

Marco, tu trahis mon secret.

PAOLO.

Comment?...

LUIGI.

Cette maison que mon frère admirait,
C'est la sienne.

PAOLO.

De grâce!...

LUIGI.

Ou tu m'en veux encore,
Ou tu l'accepteras.

PAOLO.

Dieu, que pour lui j'implore,
Tu l'entends!

THÉCLA, à Paolo.

Prends, mon fils.

ELCI, à Paolo.

Ces fruits, ils sont à vous:
Car dans votre verger je les ai cueillis tous.

PAOLO.

Toi!

SCÈNE XXII.

MARCO.

Quand mettrai-je à bas vos blés qui sont superbes?
Je suis prêt.

LUIGI, à Paolo.

De mes mains j'irai lier les gerbes.

THÉCLA.

Moi, les compter.

ELCI.

Et moi, me mêlant aux glaneurs,
De vos épis tombés leur faire les honneurs.

PAOLO.

Mon cœur est inondé d'une ivresse inconnue.

LUIGI, à son frère, en lui montrant Marco.

Tu permets qu'un vieillard boive à ta bienvenue?

MARCO, à Elci qui lui verse à boire.

Jusqu'aux bords!

LUIGI, qui se lève, ainsi que tous les convives.

A l'ami qui s'est fait désirer,
Mais dont rien désormais ne peut nous séparer!

THÉCLA.

Par qui de mes beaux ans la verdeur va renaître!

ELCI.

Que j'appris à chérir avant de le connaître!

MARCO.

A l'enfant bien-aimé pour qui j'ai fait des vœux,
Lorsque l'eau du baptême a mouillé ses cheveux!

PAOLO.

Qu'à son banquet céleste ainsi Dieu nous rassemble!

MARCO, exalté.

Oui, tous les braves gens y trinqueront ensemble :
Vous et lui.

PAOLO, sévèrement.

Tu le crois?

MARCO.

Quand je me porte bien;
Indisposé, j'ai peur et n'affirme plus rien.
Mais un beau jour d'octobre, où la recolte donne,
Vient-il me ranimer, plus gaillard, je raisonne;
Comment? en jardinier. Je me dis : Les humains
Ressemblent aux fruits mûrs qui tombent dans nos mains,
Nous jetons les mauvais; pour les bons, qui s'informe
S'ils diffèrent de goût, de couleur et de forme?
Ainsi de nous, le jour où comme eux nous tombons :
Dieu ne fait que deux parts : les mauvais et les bons.

PAOLO.

Ta morale, Marco, me semble peu sévère.

ELCI, vivement.

La faute en est au vin dont j'ai rempli son verre.

THÉCLA, en regardant Marco d'un air mécontent.

Soit; mais...

LUIGI.

Un voyageur a besoin de sommeil :
Va reposer, mon frère.

THÉCLA, à Paolo.

Adieu jusqu'au réveil.

ELCI.

Ici pour vous revoir je serai la première.

THÉCLA, à Luigi.

J'y viendrai, cette nuit, le front dans la poussière,
Conjurer le Seigneur d'être avec toi demain.

PAOLO, à part.

Demain, grand Dieu!

SCÈNE XXIII.

MARCO, à Paolo, en lui indiquant sa chambre.

Faut-il vous montrer le chemin?

PAOLO.

Je le sais; va dormir.

MARCO.

De grand cœur; jamais homme,
Si l'homme heureux dort bien, n'aura fait meilleur somme.

SCENE XXIII.

PAOLO, LUIGI, qui prend un flambeau pour se retirer.

PAOLO.

Luigi!...

LUIGI.

Que veux-tu, frère?

PAOLO.

Un dernier entretien.

LUIGI.

Crois-moi; pour mon repos autant que pour le tien,
Il vaut mieux l'ajourner.

PAOLO.

Non, car je le redoute.

LUIGI.

Tu me pardonneras un refus qui me coûte :
Je ne dois sur mon lit me jeter qu'un instant;
A minuit je me lève, et c'est en méditant
Que j'attendrai le jour.

PAOLO.

Pourquoi?

LUIGI.

Je te l'apprendre.
Le temps n'est pas venu.

PAOLO.

Reste; un mot peut me rendre
La paix dont j'ai besoin pour que du haut des cieux
Le sommeil qui me fuit descende sur mes yeux.
Si ce mot consolant expire dans ta bouche,
Passer toute une nuit si voisin de ta couche,
Je ne le puis; j'ai peur d'y faire un rêve affreux :
Je sortirai d'ici; j'y serais...

LUIGI.

Malheureux?
Peux-tu l'être avec nous?

PAOLO.

Bien malheureux, sans doute,
Désespéré, Luigi.

LUIGI.

Ta main est froide.

PAOLO.

Écoute!...
N'as-tu rien entendu?

LUIGI.

Rien qui m'alarme.

PAOLO.

Eh! quoi!
Aucun avis du ciel n'est venu jusqu'à toi?

LUIGI.

J'entends les vents gémir dans la cime des hêtres,
La pluie à coups pressés bat contre les fenêtres :
Un orage en passant trouble la paix des nuits.

SCÈNE XXIII.

PAOLO.

Rien d'étrange pour toi ne se mêle à ces bruits?
Mais les vents, quand leur souffle, autour des sépultures,
Prête à l'arbre des morts de si tristes murmures;
La foudre, quand ses feux, en sillonnant les airs,
Blanchissent les tombeaux de leurs pâles éclairs;
Non, la foudre et les vents, dans l'horreur des ténèbres,
Sans un ordre de Dieu, n'ont pas ces voix funèbres.

LUIGI.

Rappelle ta raison.

PAOLO.

Ma raison! devant lui
Qui peut mettre sa force en un si frêle appui?
La foi nous soutient seule; et tu trahis la tienne.
Mais ce mot où j'aspire, il faut que je l'obtienne;
Je veux te l'arracher : dis-moi, tu le diras,
Que sous l'œil irrité de ce Dieu dont le bras,
En suspens pour frapper, choisit déjà la place,
Tu sens s'évanouir ta sacrilége audace.

LUIGI.

Ce serait t'abuser.

PAOLO.

Réponds, jure qu'au moins
Ce jour où du forfait les cieux seraient témoins,
Ce jour, déjà mortel même avant qu'il arrive,
Qui soulève mon sein d'une horreur convulsive,
Décolore mon front, fait fléchir mes genoux,
Ce jour de désespoir est encor loin de nous.

LUIGI.

Il est prochain.

PAOLO.

Qu'il n'ait ni lendemain, ni veille;

Qu'il ne soit pas, ce jour! Si sa clarté m'éveille,
Ce sera pour gémir, pour te pleurer absent.
O mon bien-aimé frère! ô mon ami! mon sang!
Toi, frappé sur l'autel! par qui? c'est impossible!
Repens-toi; tu le veux!... Il le veut; Dieu terrible,
Ne le condamnez pas. Faut-il, pour t'attendrir,
A ton cou suspendu, de mes pleurs te couvrir?
Repens-toi; tu les sens inonder ta poitrine;
Faut-il, pour amollir ton orgueil qui s'obstine,
Que, navré de douleur, que, palpitant d'effroi,
Je me traîne à tes pieds? M'y voici : repens-toi,
Repens-toi; n'attends pas que Dieu, qui te menace,
Marque ton front maudit du sceau que rien n'efface,
Et, laissant choir le coup que sa pitié retient,
Dise à l'éternité : Prends ce qui t'appartient!
Ah! repens-toi, Luigi.

LUIGI.

Ton espoir n'est qu'un songe;
Dois-je, en le confirmant, m'abaisser au mensonge?
Je n'y descendrai pas.

PAOLO.

Tu te perds.

LUIGI.

Mon erreur,
Je la désavouerai sans remords, sans terreur...

PAOLO.

Mais tu te perds, te dis-je!

LUIGI.

Et ce grand sacrifice,
Qu'impose à ma raison la céleste justice,
Que ne peut retarder aucun effort humain...

SCÈNE XXIV.

PAOLO.

Tais-toi.

LUIGI.

Je l'offrirai...

PAOLO.

Ne dis pas quand !

LUIGI.

Demain.

PAOLO, tombant sur un siége.

C'est demain !

LUIGI.

Tu sais tout. S'il est vrai que tu m'aimes,
Après l'acte accompli, nous resterons les mêmes :
Si je te fais horreur, j'aimerai seul, et Dieu
Jugera qui de nous suit son précepte. Adieu,
(Revenant sur ses pas pour lui serrer la main.)
Ou plutôt à revoir !

SCENE XXIV.

PAOLO.

Demain ! Ce mot funeste
A de ma vie éteinte anéanti le reste,
Et, brisé sous le coup, mon cœur sans battement
A semblé de terreur s'arrêter un moment.
Relevez, ô mon Dieu, ma force défaillante.
Demain !... La voilà donc cette veille sanglante !
Elle avance dans l'ombre ; elle expire à minuit :
Qu'aura-t-il fait ce bras quand finira la nuit ?
Il tombe inanimé. Dois-je fuir ?... Je l'ignore.

Celui que j'aimais tant, que j'aime plus encore,
C'est là qu'il s'est assis au banquet du retour ;
Là, je l'ai vu, pleurant, souriant tour à tour,
Épancher de son cœur la gaîté familière ;
Là, ma coupe a touché sa coupe hospitalière ;
J'ai rendu vœux pour vœux à sa vieille amitié,
Et du pain qu'il m'offrait j'ai rompu la moitié.
(Se levant.)
Arrière ! loin de moi cet acte horrible, infâme !
Fuyons ; sauvons sa vie ; ah ! fuyons...
(S'arrêtant tout à coup.)
                    Mais son âme !
Il la perd ; il se damne ; et le ciel, qui pour lui
Se fermera demain, peut s'ouvrir aujourd'hui...
Je ne sais quel pouvoir agit sur tout mon être ;
L'ardeur d'un vin fumeux bouillonne en moi peut-être :
Par le jeûne affaibli, devais-je à ce poison
Redemander ma force et livrer ma raison !
(Avec terreur, après s'être recueilli un moment.)
Ce n'est pas sa vapeur qui dans mon sein fermente ;
Je lutte contre Dieu dont l'esprit me tourmente ;
Oui, c'est Dieu, je m'épuise en efforts impuissants ;
Dieu qui m'abat sous lui !
(Se laissant tomber à genoux.)
                C'est Dieu même !... Je sens
Passer dans mes cheveux son souffle qui me glace ;
Il va venir, il vient me parler face à face,
Et je tremble, agité de ce frémissement
Dont nous tremblerons tous au jour du jugement.
Paolo !... Par mon nom je l'entends qui m'appelle.
Si j'obéis, Seigneur, doit-il mourir fidèle ?
Pour le régénérer il suffit d'un remord :

SCÈNE XXV.

Dites que son salut doit sortir de sa mort.
« Frappe et sauve! »
(Se relevant.)
Il l'a dit : voici l'heure!... Ah! pardonne :
Colère du Très-Haut, si ta voix me l'ordonne,
A ta voix frissonnant, si je suis plein de toi,
Un ordre encor! un signe! et marche devant moi.
(S'avançant vers la chambre de Luigi.)
Marche et je te suivrai, marche, sainte colère,
Consume et purifie, immole et régénère.
Mais, un signe! un seul mot!... Si l'ordre est répété,
Je ne le verrai plus que dans l'éternité.
Ciel! ma mère.

SCÈNE XXV.

PAOLO, à la porte de la chambre de son frère; THÉCLA, les yeux attachés sur la Bible et absorbée dans sa lecture.

THÉCLA, après s'être assise.

Prions pour Luigi qui sommeille.
Du sacrifice enfin c'est aujourd'hui la veille :
Dieu, de t'offrir mon fils le moment est venu.
Meure en lui le pécheur qui t'avait méconnu...

PAOLO.

Que dit-elle?

THÉCLA.

Et vers toi que le chrétien s'élance!
Tu l'attends : ton oracle a rompu le silence.
Oui, ce livre inspiré, je l'ouvris au hasard,
Et le verset du texte où tomba mon regard
Me dit qu'en l'acceptant tu bénirais l'offrande;

(Debout et avec exaltation.)

Car voici, Saint des saints, ce que ta voix commande :

PAOLO.

J'écoute.

THÉCLA, lisant la Bible.

« Prends celui que tu aimes, ton unique sur la terre, et » va me l'offrir en holocauste! »

PAOLO, qui s'élance dans la chambre.

J'obéis.

THÉCLA.

Couronnant mes efforts,
Achève, Dieu vainqueur, fais-moi boire à pleins bords
Les pures voluptés dont ta coupe est remplie :
Que je jouisse enfin de mon œuvre accomplie,
Dans la joie et l'orgueil de la maternité;
Achève et mets le comble à ma félicité!
Qu'entends-je?... Crainte vaine!... Il veillait, il médite;
(Paolo sort à pas lents de la chambre et vient s'appuyer sur la rampe de l'escalier.)
D'une ardente ferveur l'émotion l'agite,
Et ces sons étouffés qui me glaçaient d'effroi...
Non, des gémissements arrivent jusqu'à moi.

LUIGI, en dehors.

Paolo!

PAOLO.

Je succombe.

THÉCLA.

Il appelle son frère.
Ah! courons; je frémis.

SCENE XXVI.

PAOLO.

Ombre de mon vieux père,
Murmure à son chevet des mots de repentir,
Et sauve, en l'assistant, l'âme qui va partir!
Je ne le puis.

(Aux cris que pousse Thécla.)
Où fuir cette voix déchirante?

SCENE XXVII.

PAOLO, ELCI, qui s'élance vers lui au moment où il va sortir.

ELCI.

Arrêtez!

PAOLO.

Encor vous!...

ELCI.

Calmez mon épouvante.

PAOLO.

C'est Dieu qui l'a voulu.

ELCI.

Quoi?

PAOLO.

C'est vous : sur le seuil
Ne vous ai-je pas dit que j'apportais le deuil?

ELCI.

Il est ici!

TOM. III.

PAOLO.
La mort!

ELCI.
Elle a frappé!

PAOLO.
Sans crime;
Par devoir.

ELCI.
Qui?

PAOLO.
Priez!

ELCI.
Pour qui?

PAOLO.
Pour la victime.

ELCI.
Quelle est-elle?

PAOLO.
Un pécheur qui lutte près de nous
Entre l'enfer et Dieu.

ELCI.
Je frissonne.

PAOLO.
A genoux!
Priez, enfant, priez; l'éternelle clémence
Ne repoussera pas les vœux de l'innocence.

SCENE XXVIII.

PAOLO, ELCI, THECLA, puis LUIGI.

THÉCLA, du dehors.
Sanglant! frappé dans l'ombre!... Un meurtre!... Des secours!

SCÈNE XXVIII.

(En entrant.)

Des secours!... Non! mort, mort!

ELCI.

Mon père!

THÉCLA.

Elci, viens, cours!
Viens, mon fils, courons tous; qu'il rouvre sa paupière
Sous les embrassements de sa famille entière!

ELCI, apercevant Luigi.

Ah! que vois-je? c'est lui!

THÉCLA, qui s'élance pour le soutenir.

Ton père assassiné!

LUIGI.

Paolo! ton ami jusqu'à toi s'est traîné.

PAOLO, à part.

Mon ami!

ELCI, à son père.

Mes baisers vous rendront à la vie;
Ils vont vous ranimer.

LUIGI, se laissant tomber sur un siége.

La force m'est ravie.

THÉCLA, à Paolo.

Vois mes pleurs, vois le sang qui coule de son sein!
Cours, Paolo; poursuis, punis son assassin;
Venge-nous tous.

LUIGI, à Paolo.

Demeure; un mourant te l'ordonne;
Pardonne à l'assassin comme je lui pardonne.

PAOLO.

Ah! Luigi!...

LUIGI.

   Dans tes bras presse-moi, mon Elci!
Des ombres du tombeau mon regard obscurci,
Sur ces traits adorés que la douleur altère,
Cherche encore un rayon du bonheur de la terre.
Enfant, je vais dormir de mon dernier sommeil,
Je ne te verrai plus me sourire au réveil.

THÉCLA.

Pense au ciel et renie un culte abominable!

PAOLO.

Crains ton juge et reviens à la foi véritable!

THÉCLA.

Abjure et sois chrétien!

PAOLO.

   Crois et sois enfanté
Par une mort chrétienne à l'immortalité!

ELCI.

Non, ne me quittez pas!

LUIGI.

   La peur de ta colère
N'affaiblit point, Seigneur, la raison qui m'éclaire;
Et ce que j'aurais fait pour vivre sous ta loi,
Je le fais en mourant pour me rejoindre à toi :

(Se levant soutenu par Elci et Thécla.)

J'abjure.

THÉCLA.

 Il est sauvé!

PAOLO.

Perdu!

ELCI.

   Votre croyance,
Je l'embrasse, ô mon père! elle est mon espérance :

SCÈNE XXVIII.

Je vous suivrai du moins.

PAOLO, à lui-même.

Dieu, tu m'as donc trompé?

LUIGI, d'une voix éteinte.

Nous devons nous revoir : le coup qui m'a frappé
N'a pu rompre les nœuds d'une amitié si tendre...
Je vous quitte ici-bas... mais... je vais vous attendre!

ELCI.

Il expire!

THÉCLA, relevant avec une morne douleur la tête de Luigi et lui donnant un baiser sur le front.

Mon fils!...

(Avec explosion.)

Ah! que le meurtrier,
Rebut des siens, horreur de son propre foyer,
Fuyant sa solitude et partout solitaire,
Privé de l'eau, du feu, sans abri sur la terre
Où s'arrêter le jour, où s'étendre le soir,
Et sans repos, s'il vit, et s'il meurt, sans espoir,
Soit maudit par le prêtre à son heure suprême,
Maudit par tous, maudit par son père lui-même,
Maudit par celle enfin dont les flancs ont porté
Cet exécrable fruit de leur fécondité!
Cieux, entendez ce cri de ma douleur profonde;
Vengez-moi, justes cieux, moi, qui suis seule au monde,
Moi, qui n'ai plus de fils!...

(Se retournant vers Paolo, en lui tendant les bras.)

Ah! pardon! qu'ai-je dit?
Il m'en reste un encor.

PAOLO, qui la repousse et s'enfuit épouvanté.

Non, vous l'avez maudit!

FIN.

EXAMEN CRITIQUE

D'UNE

FAMILLE AU TEMPS DE LUTHER

PAR M. PROSPER POITEVIN.

Présenter au théâtre un ouvrage simple et sévère, une tragédie en dehors du cadre habituel et d'où l'amour, cette inépuisable source d'intérêt, fût exclu; peindre des passions qui ne sont plus les nôtres, des sentiments qui ne peuvent éveiller aucune sympathie; s'imposer, par le seul amour de l'art, la difficile tâche de reproduire des caractères entièrement effacés, c'était sans contredit, dans ce siècle de folles témérités, une tentative si sérieusement téméraire, qu'un grand succès pouvait seul la justifier.

Ce succès, *Une Famille au temps de Luther* l'a obtenu : nous en félicitons d'autant plus sincèrement M. Casimir Delavigne, que nous sommes convaincu que, dans la liste de ses nombreux triomphes, il n'assignera pas à celui-ci la dernière place. Mais disons-le, ce succès, si honorable qu'il soit pour l'auteur, n'est pas moins honorable pour le public qui a su donner, en cette circonstance, une haute et incontestable preuve d'intelligence et de bon goût; car l'extrême simplicité du sujet, la sévérité de la forme, la couleur antique qui se reflète sur presque toutes les parties du drame, donnaient à cette tragédie un caractère si inaccoutumé, une physionomie si nouvelle, que le poète devait craindre qu'habitué aujourd'hui à des émotions communes et vulgaires, le parterre ne lui tînt pas compte du mérite et de la hardiesse de son œuvre.

On a souvent répété que M. Casimir Delavigne entait prudemment ses succès sur des idées auxquelles il savait acquises d'avance les sympathies de la foule, et qu'il n'osait jamais au théâtre que ce qu'on y peut oser sans péril. A ces accusations étranges un autre se serait empressé de répondre par une préface; M. Casimir Delavigne a mieux aimé répondre par deux ouvrages : à chacun sa manière ; mais à coup sûr celle-ci vaut au moins l'autre, et de toutes les réfutations, aucune n'eût pu être, selon nous, aussi formelle et aussi péremptoire que les Enfants d'Edouard et Une Famille au temps de Luther.

Quelles sont, en effet, les idées populaires ayant cours qu'ait flattées et caressées l'auteur dans la première? Quelles sont les inutiles traditions consacrées au théâtre dont il ne se soit pas affranchi dans la seconde? Et, dans ce temps, où est le poëte qui ait obéi à son inspiration avec plus d'indépendance, et qui ait su concilier, avec un dédain plus manifeste de règles vieillies, plus de respect pour ce qu'il y a d'immuable et d'absolu dans l'art?

M. Casimir Delavigne ose au théâtre tout ce qu'on y peut oser avec convenance; il se garde bien, et nous lui en savons un gré infini, de pousser la hardiesse poétique au delà. Un goût sûr, une profonde connaissance de la scène, le garantissent de ces inconcevables écarts auxquels le mauvais goût d'un temps ou d'un siècle peut bien applaudir, mais que condamne la raison qui, elle, est de tous les temps et de tous les siècles :

> Quelquefois dans sa course un esprit vigoureux,
> Trop resserré par l'art, sort des règles prescrites,
> Et de l'art même apprend à franchir leurs limites.

Oui, assurément, il est des licences que l'art lui-même conseille et autorise : le vieux et sévère législateur de notre Parnasse en convient. Il a trouvé fort naturel que, de son temps, Corneille et Molière aient, dans quelques-uns de leurs ouvrages, secoué le joug d'une poétique exigeante à l'excès et gênante pour eux hors de tout propos : et aujourd'hui personne ne blâmerait un auteur qui saurait, comme eux, se révolter avec intelligence contre la règle, et l'enfreindre au profit de l'art.

Mais, sous prétexte de suivre leur exemple, peut-on se permettre de fouler aux pieds toutes les idées reçues, et de s'abandonner sans frein à ses capricieuses et bizarres inspirations? S'il est des règles arbitraires dont on peut s'affranchir sans danger, n'est-il pas aussi des principes invariables qu'il faut nécessairement respecter, des lois qu'on ne peut enfreindre sans péril? Travailler de ses deux mains à briser tout entier le vieux moule comme s'il n'en pouvait plus sortir de chefs-d'œuvre, n'est-ce pas agir en Érostrate et faire de la profanation un moyen de célébrité?

Aucun homme de sens, aucun écrivain qui se respecte ne se montrera jaloux d'une pareille gloire. Il est beaucoup plus commode, nous en convenons, de se faire un rapide renom par la bizarrerie et l'incohérence des conceptions, par l'âpreté et la *sauvagerie* du style, que de se distinguer par des œuvres dont le fond soit simple et la forme noble et sévère : aussi peu d'écrivains se condamnent-ils volontiers au laborieux enfantement qu'exigent les ouvrages de ce genre : il faut, pour lutter victorieusement contre les obstacles que l'art oppose, une étendue et une flexibilité d'esprit que la nature n'a pas accordées à tous, et ceux qui proclament la nécessité d'une réforme complète au théâtre trahissent, selon nous, à leur insu, le secret de leur impuissance.

M. Casimir Delavigne, dans sa tragédie d'*Une Famille au temps de Luther*, ne s'est pas certes montré l'esclave de toutes les règles en vertu desquelles les tragédies étaient habituellement conçues autrefois; mais il a respecté celles qu'il n'est permis à personne de violer : il a donc usé de son droit de poète sans en excéder les limites. Il a su, à l'aide de moyens simples et naturels, produire au théâtre avec intérêt le duel entre deux croyances rivales, entre deux fanatismes haineux et implacables. Ce n'est pas par des effets multipliés de scène, par le choc des événements et des situations qu'il a voulu nous émouvoir, il a même négligé à tel point l'avantage qu'il eût pu tirer de ces ressources qu'il nous initie franchement et tout d'abord au secret de son dénoûment, un des plus dramatiques et des plus terribles qui soient peut-être au théâtre. Mais quelle tendre émotion n'excite-t-il pas en notre âme par le seul développement des caractères, par la peinture savante des passions dont il a animé ses différents personnages! Que d'habiles contrastes, que d'oppositions heureuses dans les sentiments de ceux mêmes que réunit la communauté des croyances !

Les principes religieux de Thécla et de Luigi émanent de la même source ; cependant quelle diversité de nuances entre le protestantisme de l'un et celui de l'autre! Luigi voit dans la réforme la tolérance, le retour à la raison; Thécla, un changement complet de doctrine, la substitution d'un enthousiasme à un autre. Qu'ils soient ou non ses coreligionnaires, l'un regarde tous les hommes comme des amis et des frères; tandis que l'autre, dans l'emportement et l'exagération de son zèle, va presque jusqu'à maudire la mémoire de son époux, mort sans avoir voulu abjurer sa foi première.

D'un autre côté, quelle différence encore entre le catholicisme de Paolo et celui du vieux Marco ! Chez celui-ci, quelle raison éclairée, quelle douceur évangélique et chrétienne ! Chez celui-là quelle aveugle exaltation, quel ardent fanatisme ! Marco ne divise pas les hommes en catholiques, protestants, musulmans ou juifs, mais en bons et en mauvais, et il trouve dans son âme autant d'amour pour les uns que d'indulgence pour les autres. Mais Paolo, élevé à Rome, dans les sentiments d'une piété inflexible, ne verrait, lui, dans son bien-aimé frère, qu'un implacable ennemi, s'il abandonnait jamais l'étendard de la foi pour passer sous le drapeau de l'examen.

De ce conflit de croyances opposées et de sentiments extrêmes, quel intérêt puissant le poète n'a-t-il pas su faire découler ! La raison aux prises avec le fanatisme devait succomber : et en effet elle succombe; mais voyez l'art merveilleux avec lequel M. Casimir Delavigne prépare et amène sa terrible catastrophe.

Paolo ignore que son frère est décidé à abjurer ; s'il a quitté l'Italie, c'est qu'il a craint pour Luigi la funeste influence de Thécla ; il arrive donc avec la ferme résolution d'empêcher un pareil crime ; il entend n'être séparé de son frère ni dans ce monde ni dans l'autre : la vie éternelle de Luigi lui est mille fois plus chère que sa vie mortelle et périssable, et il sent que pour sauver la première il trouverait, au besoin, dans son amitié et dans son zèle, le courage de faire à Dieu, sans hésitation, le sacrifice de la seconde.

La sanglante résolution de Paolo est irrévocable : lui révéler le secret qu'il ignore, c'est le pousser au fratricide. Qui donc lui apprendra la vérité? Ce ne sera évidemment ni Luigi, ni Marco : le poète aurait-il voulu faire peser sur Thécla la responsabilité de cette funeste révélation? Est-ce elle qui, dans l'orgueil de son triomphe, dira à Paolo : Ton frère abjure demain? Oh! que M. Delavigne est bien trop habile pour commettre une pareille faute : un mot imprudent, une demi-confidence, même involontaire, eût rendu Thécla odieuse, et il n'a pas voulu qu'on pût reprocher à une mère le meurtre de son enfant. C'est Elci, simple et innocente jeune fille, qui, en implorant l'indulgence de son oncle pour sa grand'mère, apprend à Paolo, sans songer même qu'elle le lui révèle, un secret dont elle le croyait instruit depuis long-temps.

Cette scène charmante, et qui se termine d'une manière si dramatique et si inattendue, produit une péripétie complète dans les sentiments de Paolo : le frère disparaît à nos yeux pour faire place à l'ardent religionnaire : une querelle s'engage alors entre lui et Thécla qui survient, querelle violente des deux parts, car les deux fanatismes se trouvent en présence, et leur haine s'exhale et déborde avec la plus incroyable violence. Luigi arrive, mais trop tard ; car il entend sa mère adresser à Paolo ces paroles terribles :

> Va donc, fuis, porte ailleurs ta piété farouche;
> Rome te tend les bras : fuis les miens, fuis ces lieux ;
> Mère, frère, pays, fuis tout : dans ses adieux
> Celle qu'un fils ingrat traite ici d'étrangère
> N'a plus de fils en lui, puisqu'il n'a plus de mère.

C'en est fait désormais de ce bonheur que le retour de Paolo avait fait espérer à Luigi, de cette douce union de famille qu'il avait rêvée : cependant il cherche à calmer Paolo. Une discussion engagée amicalement alors entre les deux frères dégénère bientôt en une dispute vive et passionnée ; car Paolo fait intervenir le nom de Luther, et Luigi, qu'une attaque dogmatique eût trouvé calme, ne peut se contenir en entendant outrager celui qu'il regarde comme un réformateur inspiré. Il y a dans cet incident, bien simple en apparence, une grande preuve de tact de la part du poète : il est en effet de notre nature de nous irriter bien plus à propos des hommes qu'à propos des choses dont ils sont la vivante expression.

Luigi s'emporte au point de chasser son frère, et Thécla, en apprenant ce qui s'est passé, redevient mère, et s'écrie avec désespoir :

> Et vous ne l'avez pas,
> Quand il a dit : « Je pars, » retenu dans vos bras?

La scène de la réconciliation, scène neuve au théâtre, est d'une simplicité et d'une beauté tout à fait antiques : nous ne connaissons aucune situation d'un intérêt plus vrai et plus touchant.

La nuit arrive, et la famille, heureuse du rapprochement qui s'est opéré, se sépare..... Mais Paolo retient Luigi, il veut savoir la vérité tout entière : celui-ci hésite d'abord, puis il avoue enfin qu'il doit abjurer le lendemain. A ce mot, Paolo frémit ; car il entend une voix qui lui crie : Sauve ton frère ! Il essaie donc, mais en vain, de le détourner de sa funeste résolution ; il conjure, supplie et pleure ; Luigi reste inflexible, et s'éloigne en adressant à Paolo ces paroles chrétiennes :

> ...... Tu sais tout : s'il est vrai que tu m'aimes,
> Après l'acte accompli nous resterons les mêmes :
> Si je te fais horreur, j'aimerai seul, et Dieu
> Jugera qui de nous suit son précepte..... Adieu.

Mais le démon du fanatisme l'emporte. Paolo, croyant obéir à l'ordre de Dieu, frappe Luigi endormi. Toute la famille accourt aux cris de la victime, et là, fidèles à leurs caractères, Thécla et Paolo, dont le crime n'est pas soupçonné, se disputent le mourant au profit de leur croyance. Avant d'expirer Luigi abjure, et Paolo, souillé d'un crime inutile, s'enfuit chargé de la malédiction de sa mère.

Rien de plus simple assurément que cette action ; il fallait que le poète fût bien sûr de lui pour oser la transporter en ce temps-ci au théâtre ; mais quel sujet si ingrat et si stérile ne serait pas pour M. Casimir Delavigne un moyen assuré de succès? Et ici, quelle richesse de détails, quelle ravissante poésie ! Dans *Une Famille au temps de Luther* se trouvent réunies toutes les qualités qui caractérisent le beau talent de M. Delavigne : une grande sagesse de conception, un sentiment exquis des convenances, une merveilleuse flexibilité de style, une raison toujours élevée, et pour tout dire enfin, un esprit si franc et si vrai, qu'il n'est autre chose que la raison parée et embellie.

Comment s'étonner qu'avec un talent si fécond en ressources, chacun de ses ouvrages soit pour l'auteur une nouvelle occasion de triomphe?

TABLE DES MATIÈRES

CONTENUES DANS CE VOLUME.

Les Enfants d'Édouard. 1
Examen critique des Enfants d'Édouard, par M. Duviquet. . 135
Don Juan d'Autriche, ou la Vocation. 145
Examen critique de Don Juan d'Autriche, par M. Prosper
    Poitevin. 343
Une Famille au temps de Luther. 355
Examen critique d'Une Famille au temps de Luther, par
    M. Prosper Poitevin. 439

FIN DE LA TABLE.

www.ingramcontent.com/pod-product-compliance
Lightning Source LLC
Chambersburg PA
CBHW070544230426
43665CB00014B/1803